VERÖFFENTLICHUNGEN
DES FORSCHUNGSINSTITUTS FÜR WIRTSCHAFTSPOLITIK
AN DER UNIVERSITÄT MAINZ

Herausgegeben von
Helmut Diederich   Otto Gandenberger
Walter Hamm   Erich Welter

Band 26

Das Forschungsinstitut für Wirtschaftspolitik an der Universität Mainz hat ein doppeltes Ziel: Es möchte die Grundlagen der Ordnung der Wirtschaft — Geld, Eigentum und Wettbewerb — untersuchen und hofft, Verbesserungen der geltenden Ordnung vorschlagen zu können. Daneben will das Institut von dem gewonnenen Standpunkt aus zu aktuellen Spezialfragen der Wirtschaftspolitik Stellung nehmen. Es dient weder Interessenten noch Interessentenorganisationen. Die Ergebnisse der wissenschaftlichen Arbeit des Instituts einem breiteren Kreis zugänglich zu machen, ist der Sinn dieser Schriftenreihe.

KAPAZITÄTSABBAU MIT STAATSHILFE

Die Stillegungsaktion in der Mühlenwirtschaft als Beispiel

von

Dr. KONRAD SCHULTZE-GISEVIUS

DUNCKER & HUMBLOT / BERLIN

Gedruckt 1971 bei Berliner Buchdruckerei Union GmbH., Berlin 61
Printed in Germany

ISBN 3 428 02587 3

INHALTSVERZEICHNIS

ERSTES KAPITEL

Struktur und wirtschaftliche Lage der Mühlenwirtschaft

ZWEITES KAPITEL

Die Ursachen der Überkapazität

DRITTES KAPITEL

Entstehung, Ziele und Inhalt des Mühlengesetzes

VIERTES KAPITEL

Kritik an der Ausgestaltung der Stillegungsaktion

FÜNFTES KAPITEL

Vor- und Nachteile einer Stillegungsaktion

EINFÜHRUNG

1. Interventionen in schrumpfenden Branchen

In marktwirtschaftlich ausgerichteten Ländern entscheiden über Investitionen in privaten Betrieben allein die Unternehmer. Aber in allen Ländern gibt es Branchen, deren Produzenten meinen, der Staat solle ihnen zu Hilfe kommen und auf ihre Investitionstätigkeit Einfluß nehmen. In einigen — wie der Elektronikindustrie — soll er die Produktion ausweiten helfen, weil so anregende Impulse auf den technischen Fortschritt in der übrigen Wirtschaft verstärkt würden. Anderen — wie der Filmindustrie — soll der Staat helfen, das frühere Produktionsvolumen zu halten, weil von der nachdrängenden ausländischen Konkurrenz unerwünschte Einflüsse ausgehen könnten. Eine dritte Gruppe bilden Branchen, in denen Produktionsmöglichkeiten nicht ausgenutzt werden, die Preise sinken und die Unternehmen in die Verlustzone geraten. Hier wird der Staat gerufen, die Kapazitäten der veränderten Marktlage anpassen zu helfen, und die Ertragslage auch in der Übergangszeit zu verbessern. Sobald die Branche wieder „gesund" sei, könne sie wieder aus dem Schutz des Staates entlassen werden und im normalen Wettbewerb bestehen.

Die vorliegende Arbeit beschäftigt sich nur mit staatlichen Hilfen für Branchen, deren Kapazitäten schrumpfen oder schrumpfen sollen. Die Produzentengruppen begründen ihre Wünsche mit unterschiedlichen Argumenten. Vielfach weisen sie auf die Kleinunternehmer ihrer Branche hin, deren wirtschaftliche Existenz durch die ständigen Verluste gefährdet sei. Diesen Unternehmern zu helfen, in ihrem bisherigen Markt bestehen zu können oder in einem anderen eine gute Ausgangsposition zu bekommen, sei eine soziale Notwendigkeit. In anderen Fällen wird die starke ausländische Konkurrenz — beim gleichen Produkt oder bei Substitutionsgütern — als Grund für eine staatliche Anpassungshilfe vorgebracht.

Gelegentlich soll der Staat auch nur den Schaden wieder gut machen, den er durch seine Wirtschaftspolitik angerichtet habe. Besonders schwer scheint dieses Argument zu wiegen, wenn der Staat aus militärischen oder autarkistischen Erwägungen eine Produktion ins Leben gerufen hat, die ohne massive Einfuhrbeschränkungen nicht rentabel sein kann [1,2]. Aber schon aus der zeitweiligen Streichung einer längere Zeit gewährten Steuererleichterung für Kleinunternehmer leiteten Herstellerverbände Entschädigungsforderungen ab, die mit einer Stillegungshilfe abgegolten werden sollten [3]. Häufig begründen die Produzenten ihre Forderungen auch damit, daß die staatliche Hilfe beim Abbau der Kapazitäten nicht nur ihnen selbst zugute komme, sondern auch dem Gemeinwohl diene. So wird seitens des Steinkohlenbergbaus auf die Gefahren für die Sicherheit der Energieversorgung hingewiesen, die einen staatlichen Eingriff erforderten. Diese Begründung weicht entscheidend von den bisher aufgeführten ab: Dort geben die Branchenvertreter zu, daß der übrigen Wirtschaft Mittel entzogen und dem hilfsbedürftigen Bereich zugeleitet werden sollen. Hier aber wird behauptet, daß die Allgemeinheit gewichtige Vorteile davon habe, den Schrumpfungsprozeß nicht dem normalen Auslesewettbewerb zu überlassen [4]. Dieses Argument zu überprüfen, ist wesentliche Aufgabe der vorliegenden Arbeit, weil es die Effizienz des marktwirtschaftlichen Prozesses in einem wichtigen Bereich anzweifelt.

Für eine Stützungspolitik steht dem Staat eine große Anzahl von Instrumenten zur Verfügung. Er kann für eine Zeit der Anpassung Steuerprivilegien und Kredite gewähren oder Kartellgenehmigungen erteilen. Er kann zeitweilig die aus-

---

1 Hierzu und zu den Entstehungsgründen von Überkapazitäten allgemein siehe Egon Tuchtfeldt, Engpässe und Überkapazitäten als Probleme der Strukturpolitik, in: Methoden und Probleme der Wirtschaftspolitik, Gedächtnisschrift für Hans-Jürgen Seraphim, herausgegeben von Hans Ohm, Berlin 1964, S. 111 ff.

2 Zum Beispiel einige Bereiche des Erzbergbaus.

3 Heinrich Ellrott, Bereinigung eines Wirtschaftszweiges: Die Liquidationshilfe in der Tabakindustrie, in: Karl-Heinrich Hansmeyer, Subventionen in der Bundesrepublik Deutschland, Berlin 1963, S. 105.

4 Dabei sind zwei Fälle zu unterscheiden: Im ersten kann die gestützte Branche mehr erhalten, als der übrigen Wirtschaft entzogen wird. Im zweiten haben beide einen Vorteil. Meist ist es jedoch unmöglich, ein Hilfegesuch einem der beiden Fälle zuzuordnen, weil die der Allgemeinheit in Aussicht gestellten Vorteile in aller Regel nicht quantifizierbar sind. (Der Wert einer angeblich sichereren künftigen Energieversorgung ist nicht meßbar.)

ländischen Konkurrenten mit Schutzzöllen zurückdrängen oder bei der staatlichen Auftragsvergabe benachteiligen. In gleicher Weise kann er auch gegen Substitutionsprodukte vorgehen.

Wie die Erfahrung zeigt, besteht bei allen diesen Maßnahmen die Gefahr, daß die vom Wettbewerb abgeschirmte Branche nur geringe Anstrengungen macht, sich anzupassen. Wenn die Produzenten bei Ablauf der vorgesehenen Schutzfrist behaupten, sie könnten noch nicht aus eigener Kraft rentabel arbeiten, erreichen sie nur zu oft eine Verlängerung der staatlichen Hilfe [5]. So ist in vielen Fällen aus einer Anpassungshilfe ein dauernder Schutz entstanden. Diese Gefahr scheint bei einem anderen Instrument gering zu sein: der Stilllegungsaktion. Hier erhalten im Prinzip nur die Unternehmer etwas, die tatsächlich Kapazitäten abbauen [6]. Die Hoffnung, mit der Stillegungsaktion ein Mittel gefunden zu haben, das nicht zu dauerhaftem Branchenschutz zu führen droht, sinkt allerdings bei näherer Betrachtung: Stillegungsaktionen sind oft mit anderen Eingriffen verbunden, die sich als recht langlebig erweisen können [7]. Wer sich mit Stillegungsaktionen beschäftigt, fragt sich, ob es tatsächlich sinnvoll sein kann, Unternehmern dafür etwas zu zahlen, daß sie Produktionsanlagen stillegen, bevor sie wirtschaftlich nicht mehr nutzbar sind. Der grundsätzliche Wert des Instrumentes Stillegungsaktion ist bislang kaum untersucht worden [8].

---

[5] Hansmeyer schreibt dazu: „Immer besteht die Möglichkeit, ein ‚one-way-program' aus einer Subvention zu machen, sei es, daß die verteilende Bürokratie ihre Bedeutung nachweisen will, sei es, daß die Interessenvertreter mächtig genug sind, immer wieder Bundesgenossen für eine Fortführung der Maßnahmen zu finden." Karl-Heinrich Hansmeyer, Subventionen in der Bundesrepublik Deutschland, a. a. O., S. 27 f.

[6] Die Hilfe kann auch in der Senkung von Steuern bestehen.

[7] Importschutz, Preiskartell, Steuervergünstigung oder Investitionsbeschränkung. Es sind die gleichen Maßnahmen, die auch sonst Instrumente eines Branchenschutzes sein können.

[8] In einigen Arbeiten wird die Stillegungsaktion aus der Sicht der Branche beurteilt, in der sie angewandt wurde. So etwa Friedrich Jonas, Staatliche Hilfe bei wirtschaftlichen Strukturänderungen dargestellt am Cotton Industry Act, 1959, Schriftenreihe der Hochschule Speyer, Band 18, Berlin 1963 und Werner Kamm, Anlaß und Umfang der manipulierten Kapazitätseinschränkungen auf dem Gebiete des deutschen Mühlengewerbes, Dissertation, Mannheim 1964.

Mit dieser Arbeit soll versucht werden zu prüfen, ob beim Abbau überzähliger Kapazitäten eine Stillegungsaktion der Bereinigung durch den Preiswettbewerb überlegen sein kann. Dabei soll als Hauptziel der Wirtschaftspolitik in diesem Bereich die Steigerung der Effizienz der Volkswirtschaft angesehen werden. Einige Nebenziele, wie Vermeidung regionaler Arbeitslosigkeit oder Senkung der Produktpreise, sind meist ebenfalls vorgegeben. Zu untersuchen sind die wichtigsten Wirkungen einer Stillegungsaktion im Vergleich zum Auslesewettbewerb. Auch sind verschiedene Formen des Instrumentes auf ihre Zweckmäßigkeit zu prüfen. Thema dieser Arbeit soll die Stillegungsaktion im allgemeinen sein; dabei scheint es zweckmäßig, die Untersuchung „exemplarisch", also an einem konkreten Beispiel zu führen. Dadurch wird die Darstellung weniger abstrakt. Einige Wirkungen lassen sich quantifizieren. Wie sehr sich die Interessenvertreter bemühen, positive Nebenwirkungen einer Stillegungsaktion und negative des Wettbewerbs herauszustellen, ließe sich bei einer allgemeinen Darstellung nicht zeigen. Es wäre zudem unmöglich, alle denkbaren richtigen und falschen Argumente zu finden, die im Zusammenhang mit Stillegungsaktionen vorgebracht werden können. Es sollte daher ausreichen, eine einzige Branche darzustellen, und bei den Argumenten zu trennen zwischen branchenspezifischen und solchen, die auch in anderen Wirtschaftsbereichen — ob berechtigt oder nicht — vorgebracht werden könnten.

2. Die Mühlenstillegung als Beispiel

Die Wahl fiel aus mehreren Gründen auf die Stillegungsaktion in der westdeutschen Getreidemüllerei nach dem Mühlengesetz von 1957 [9].

(a) Bei der verwirklichten Mühlenstillegung lassen sich Ergebnisse analysieren; bei der Untersuchung einer geplanten Stillegungsaktion ließen sich die Folgen nur vermuten.

[9] Gesetz über die Errichtung, Inbetriebnahme, Verlegung, Erweiterung und Finanzierung der Stillegung von Mühlen (Mühlengesetz) vom 27. Juni 1957, Bundesgesetzblatt I, S. 664.

(b) Die Mühlenstillegung liegt lange genug zurück, um die Folgen in einem größeren Zeitabschnitt überschauen zu können. Auf der anderen Seite ist es noch möglich, die Beteiligten zu befragen.

(c) Die Mühlenwirtschaft bietet ein besonders drastisches Beispiel für Überkapazität: Vor Beginn der Stillegungen war die technische Kapazität nur zu 39 Prozent ausgelastet [10,11]. Schon seit der Jahrhundertwende klagt die Mühlenwirtschaft über unzureichende Beschäftigung [12].

(d) Über die Müllerei ist genügend Zahlenmaterial vorhanden.

(e) An der recht komplizierten Mühlenstillegung läßt sich eine Reihe von Nebenwirkungen beobachten, die es bei einer einfacheren Form nicht gegeben hätte.

Mit ein Grund für die differenzierte Regelung ist die Vielgestaltigkeit der Mühlenwirtschaft [13]. Bei der Betriebsgröße [14], den Rohstoffen, den Absatzwegen und der Verarbeitungstechnik gibt es große Unterschiede [15]. Weil die Mühlenwirtschaft hier nur als Beispiel dient, können zahlreiche Sonderfragen unberücksichtigt bleiben: Dazu gehören die Probleme, die beim Rückgang der Lohnmüllerei, bei der Rückführung des

---

[10] Nach Hans Furthmann, Ursachen und Auswirkungen von Strukturwandlungen im Mühlengewerbe des Bundesgebietes, Bonn 1963 und 1966, Tabelle 105. Im folgenden zitiert als Furthmann, Ursachen . . . Diese unveröffentlichte Arbeit wird gelegentlich auch als Mühlenenquete bezeichnet; so bei Werner Kamm, a. a. O., der auch einige Ergebnisse übernahm.

[11] Die Überkapazität betrug aber nicht etwa 61 Prozent, da nicht jede technisch mögliche Produktion wirtschaftlich sinnvoll wäre. Zum Begriff Überkapazität siehe S. 15.

[12] Vergleiche Friedrich Fuchs, Die Problematik der wirtschaftlichen Lage der deutschen Getreidemüllerei, Dissertation Mannheim 1960, S. 1 bis 3.

[13] Die Vielfalt der Branche bringt es mit sich, daß Zahlen über die Mühlenwirtschaft von verschiedenen Institutionen nach unterschiedlichen Merkmalen zusammengestellt werden. Zwar ist das Gewicht der industriellen Betriebe, die auf eigene Rechnung Roggen und Weizen verarbeiten, sehr groß, aber der Begriff Mühlenwirtschaft wird doch unterschiedlich weit gefaßt. Teilweise sind auch Betriebe berücksichtigt, die Backschrot herstellen oder Hartweizen für Teigwaren, Ölfrüchte oder Reis verarbeiten. Die in dieser Arbeit verwendeten Zahlen sind deshalb nicht immer miteinander vergleichbar.

[14] Die Getreidemenge, die eine Mühle an einem Tag verarbeiten kann, reicht von wenigen Zentnern bis 1 200 Tonnen.

[15] Näheres dazu S. 31 ff.

Saarlandes und bei den Sondervergünstigungen für „Ostmüller" aufgetreten sind. Auch die Abfindungen für die Arbeitnehmer stillgelegter Mühlen werden nicht behandelt.

Wenn die Stillegungsaktion als wirtschaftspolitisches Instrument behandelt werden soll und dabei eine konkrete Stillegungsaktion als Anwendungsbeispiel dient, kann der Wert des Instrumentes nicht allein am Erfolg oder Mißerfolg des einen Anwendungsfalles gemessen werden. Die Kapazitätsbereinigung nach dem Mühlengesetz scheint ein Fehlschlag gewesen zu sein: 1971, vierzehn Jahre nach Inkrafttreten des Gesetzes, ist die Branche immer noch schlecht beschäftigt und fordert staatliche Hilfe. Dabei gilt das Mühlengesetz in modifizierter Form noch heute. Hätte nicht der Auslesewettbewerb die Bereinigung inzwischen längst bewirkt? Zu fragen ist, warum die Stillegungsaktion ihr Ziel nicht erreichte. Dem Instrument Stillegungsaktion wird man aber nur dann gerecht, wenn man untersucht, ob nicht ein besserer Stillegungsplan erfolgreich gewesen wäre. Alternative Formen von Stillegungsaktionen sind miteinander zu vergleichen, um eine „optimale" herauszuarbeiten. Anschließend muß geprüft werden, ob diese „optimale" Stillegungsaktion oder der Auslesewettbewerb vorzuziehen wäre. Es bietet sich daher an, eine von der EWG-Kommission vorbereitete Mühlenstillegung in die Betrachtung einzubeziehen [16]. Sie ist eine Weiterentwicklung der deutschen Mühlenstillegung und versucht, deren Fehler zu vermeiden [17].

In dieser Arbeit wird versucht, auch die zu erwartenden Wirkungen der EWG-Mühlenstillegung zu untersuchen. Allerdings kann dabei nur die westdeutsche Mühlenwirtschaft betrachtet werden. Die Folgen in den anderen EWG-Ländern müssen unberücksichtigt bleiben, weil sonst der Rahmen der

---

[16] Kommission der EWG: Vorschlag für eine Verordnung des Rats zur Sanierung des Marktes für Erzeugnisse der Brotgetreidevermahlung. Bundestagsdrucksache V/1857 vom 12. Juni 1967. Im folgenden zitiert als „EWG-Vorschlag".

[17] Der EWG-Vorschlag wird jedoch wahrscheinlich nicht als Verordnung verwirklicht werden. Eher möglich ist eine EWG-Richtlinie; die Art des Kapazitätsabbaus wäre dann Sache der Einzelstaaten. Siehe die Begründung zum Entwurf eines Sechsten Gesetzes zur Änderung des Mühlengesetzes vom 7. März 1969, Bundestagsdrucksache V/4115.

Arbeit gesprengt würde [18]. Stattdessen wird hier versucht, aus den Erfahrungen mit dem Mühlengesetz eine Alternative zu dem Vorschlag der EWG-Kommission abzuleiten. Wenn auch diese beiden Stillegungsprojekte weniger vorteilhaft scheinen als die Kapazitätsbereinigung im Wettbewerb, wird man schließen können, daß sich für die Mühlenwirtschaft eine Stilllegungsaktion nicht eignet.

Ein abschließendes Urteil über Stillegungsaktionen überhaupt wird nicht möglich sein, ohne deren Wirkungen an einer größeren Zahl von Branchen zu prüfen. Wenn sich aber zeigt, daß die Argumente für eine Mühlenstillegung kaum branchenspezifisch sind, sondern in der Mehrzahl auch von Vertretern anderer Wirtschaftszweige stammen könnten, scheint es doch möglich zu sein, von der Mühlenwirtschaft auf andere Branchen zu schließen.

3. Kapazität und Überkapazität

In der Mühlenwirtschaft ist es üblich, die Kapazität eines Betriebes an der Getreidemenge zu messen, die unter normalen Bedingungen in 24 Stunden oder in einem Jahr [19] vermahlen werden kann [20]. Dabei wird nur der Betriebsteil Mühle im engeren Sinn betrachtet; ein Engpaß in einem anderen Teil des Betriebes, etwa beim Lager, vermindert daher die Kapazität in dieser Definition nicht. Außer Ansatz bleibt ferner, ob genügend Arbeitskräfte vorhanden sind, die Maschinen Tag und Nacht zu bedienen. Es geht nur um die Sachkapazitäten für die Mehlproduktion.

---

[18] Es scheint, daß die Lage der Müllerei in den anderen Ländern nicht so eingehend erforscht ist, denn auch die EWG-Kommission argumentiert meist an deutschen Beispielen. Einen Überblick gibt Heinrich Clausen, Entwicklung und gegenwärtige Struktur der Mühlenwirtschaft in westeuropäischen Ländern, Dissertation Kiel 1959.

[19] Bei der Umrechnung von Tages- auf Jahreskapazität wurde früher von 300 Mahltagen im Jahr ausgegangen. Die Verkürzung der wöchentlichen Arbeitszeit führte dann zu Schlüsseln von 1 : 276 und später von 1 : 250.

[20] Siehe Paragraph 2 II des Mühlengesetzes. Dort werden allerdings für Tageskapazität die Begriffe Höchstleistung und Tagesleistung verwendet. Näheres zu den Schwierigkeiten bei der Messung der technischen Kapazität in der Mühlenwirtschaft bei Werner Kamm, a. a. O., S. 36 bis 42, und Otto Strecker, Zur Problematik der Kapazitätsermittlung in der Ernährungsindustrie, Dissertation Bonn 1959, S. 84 bis 88.

Der Kapazitätsbegriff der Müllerei scheint nur von technischen Daten der Betriebe bestimmt zu sein. Bei näherer Betrachtung zeigt sich aber, daß wirtschaftliche Änderungen die „technische“ Kapazität doch beeinflussen. Wären zum Beispiel die Löhne wesentlich niedriger als heute, würde eine kontinuierliche Vermahlung über die Wochenenden hinweg lohnend. Die Jahreskapazität würde wachsen [21]. Die Produktionsmöglichkeiten nähmen auch dann zu, wenn die Qualitätsanforderungen bei Mehl zurückgingen.

So unbefriedigend dieser Kapazitätsbegriff auch ist, kann er doch nicht umgangen werden, weil er allen vorhandenen Angaben über die Produktionsmöglichkeiten der Mühlenwirtschaft zugrunde liegt. Wenn also in dieser Arbeit von Tageskapazität die Rede ist, handelt es sich um die übliche, weitgehend technische Definition, bei der 24 Arbeitsstunden je Tag unterstellt sind.

Die Überkapazität wird meist als Differenz angesehen, die zwischen der vorhandenen Kapazität und der für die Befriedigung des Bedarfs benötigten besteht [22]. Diese Definition schließt sich zu sehr am Kapazitätsbegriff der Mühlenwirtschaft und damit an technischen Gegebenheiten an und vernachlässigt engere wirtschaftliche Grenzen der einzelnen Mühlen.

(a) Die Kapazität der Mühle als Betriebsteil ist oft größer als die des Unternehmens insgesamt. Bei Vertrieb, Lagerung, Verwaltung und Finanzierung können Engpässe liegen. Der größte Teil der Kleinmühlen, die in Deutschland kaum 20 Prozent ihrer Kapazität ausnützen, wird nie in drei

---

[21] Vergleiche auch das Jahresgutachten 1968 des Sachverständigenrates zur Begutachtung der gesamtwirtschaftlichen Entwicklung, Bundestagsdrucksache V/3550 vom 2. Dezember 1968 (als Buch veröffentlicht unter dem Titel „Alternativen außenwirtschaftlicher Anpassung“, Jahresgutachten 1968/69, Stuttgart und Mainz 1968), Anhang, Abschnitt IV, Methodische Erläuterungen, S. 104, insbesondere Fußnote 1.

[22] So heißt es im EWG-Vorschlag (a. a. O., S. 4, Artikel 3): „Für jeden Mitgliedsstaat wird die überschüssige Vermahlungskapazität auf der Grundlage des Unterschieds zwischen der ... Jahreskapazität ... einerseits und der für den ... Bedarf benötigten Kapazität andererseits festgesetzt.“ Für den Bedarf wird ein mittlerer Wert angesetzt, bei dem kurzfristige Schwankungen ausgeschaltet sind. Siehe auch Werner Kamm, a. a. O., S. 50.

Schichten arbeiten können. Auch mittlere Mühlen haben häufig eine zu große technische Kapazität im Vergleich zu anderen Betriebsabteilungen [23].

(b) Das Minimum der Stückkosten scheint nicht erst bei technischer Vollbeschäftigung, sondern schon bei einer Auslastung von etwa 80 bis 90 Prozent erreicht zu sein [24]. Je nach Höhe der Absatzpreise werden die Großmühlen eine Auslastung zwischen etwa 75 und 100 Prozent anstreben.

(c) Es wird unterstellt, auch die Nachfrage nach Mehl sei preisunelastisch. Solange der Import unterbunden ist, verändert sich die inländische Nachfrage im relevanten Bereich bei Preisveränderungen kaum. Der Mehlexport dagegen wird von der Höhe der Mehlpreise stark beeinflußt [25].

Die Überkapazität aus dem Vergleich von technischer Kapazität und Bedarf zu berechnen, ist unmöglich, weil Angebot und Nachfrage nicht nur von physikalischen Größen abhängen, sondern auch von Preisen und Löhnen [26,27].

---

23 Dies wird im EWG-Vorschlag teilweise berücksichtigt, da die Kapazität um 5 Prozent auf „ökonomische Kapazität" reduziert wird.

24 Vergleiche auch Werner Kamm, a. a. O., S. 44 f., und Jahresbericht 1966 der Arbeitsgemeinschaft Deutscher Handelsmühlen, Bonn 1967, S. 13.

25 Die EWG-Kommission ordnet zwar den Mehlexport einem Teil der vorhandenen Kapazität zu, unterstellt aber, daß kein EWG-Land einen Importsaldo aufweisen wird. Diese Annahme ist für die Vergangenheit richtig, für die Zukunft rechnet jedoch auch die EWG-Kommission mit einem starken Wettbewerb zwischen den Mühlenindustrien der EWG-Länder. Siehe EWG-Vorschlag, a. a. O., S. 6 und 8.

26 Nicht nur die Preise für Mehl und die Kosten in der Mühlenwirtschaft beeinflussen das Ausmaß der Überkapazität. Wegen der negativen Einkommenselastizität der Mehlnachfrage kommt es auch auf Änderungen von Preis- und Lohnniveau in der gesamten Volkswirtschaft an. Vergleiche die kurze Übersicht im Anhang des Jahresgutachtens 1968 des Sachverständigenrates zur Begutachtung der gesamtwirtschaftlichen Entwicklung (a. a. O., S. 102 ff.) und die eingehende theoretische Darstellung bei Peter Schönfeld, Probleme und Verfahren der Messung der Kapazität und des Auslastungsgrades, in: Zeitschrift für die gesamte Staatswissenschaft, 132. Band, Tübingen 1967, S. 25 ff.

27 Vergleiche dazu auch J. M. Cassels, Excess Capacity and Monopolistic Competition, in: Quarterly Journal of Economics, Band 51, Cambridge 1937, S. 427: „Excess capacity is the difference between the output that the productive agent in question is capable of producing and the output it is actually called on to produce. This seems to be the basic idea of the concept wherever it is used, tho in most cases the problem of giving precision

Davon abgesehen gibt es auch in „gesunden" Branchen Grenzunternehmen, die nicht voll ausgelastet sind und ihre Kosten nicht decken. Eine privatwirtschaftlich[28] unrentable Mühle mit alten Maschinen an schlechtem Standort weiterlaufen zu lassen, kann selbst für einen Müller, der seinen Gewinn maximieren will, berechtigt sein, so lange die Einnahmen die Ausgaben noch übersteigen. Von Überkapazität kann erst dann gesprochen werden, wenn diese Betriebe so zahlreich sind, daß ihr Angebot die Mehlpreise auf ein für die meisten übrigen Unternehmen verlustbringendes Niveau drückt. Daraus läßt sich eine Definition ableiten, die an der Rentabilität ansetzt: Wenn die Produktionsanlagen eines wesentlichen Teils der Anbieter eines Gutes über Saison- und Konjunkturschwankungen hinweg bei freier Preisbildung privatwirtschaftlich[29,30] nicht mehr rentabel genutzt werden können, herrscht Überkapazität[31]. Für die Mühlenwirtschaft trifft

---

to its meaning is rendered extremely difficult by the fact that neither the output obtainable nor the output called for is entirely determined by physical conditions or by unrestricted consumption requirements. Both are capable, as a rule, of wide variations according to the economic circumstances laid down as the conditions of the case, particularly the prices of the products and the costrates of the factors of production."

Wenn die Konjunkturforschungsinstitute Angaben über den Beschäftigungsgrad der gesamten Industrie oder eines Industriezweiges ermitteln, stützen sie sich dennoch auf Kapazitätsbegriffe, die sich an denen der Ingenieure anlehnen. Nur dafür lassen sich die notwendigen statistischen Informationen beschaffen.

Die Fragen, ob in der Mühlenwirtschaft Überkapazität herrscht und wie groß sie ist, können die üblichen Methoden jedoch nicht beantworten. Das Verfahren der Wharton School würde erfordern, daß wenigstens zweimal in den letzten Jahren eindeutig alle Produktionsmöglichkeiten eingesetzt gewesen sind. Die Methode des Deutschen Instituts für Wirtschaftsforschung scheitert daran, daß die Lebensdauer der Anlagen stark schwankt und daß die Bruttoanlageninvestitionen der gesamten Branche nicht bekannt sind. Das Verfahren des Ifo-Instituts für Wirtschaftsforschung würde zu falschen Ergebnissen führen, weil auch Klein- und Mittelbetriebe, die nie in drei Schichten arbeiten, ihre Kapazität auf der Basis von 24 Stunden berechnen.

28 Im Sinn des herkömmlichen Rechnungswesens, das an Handels- und Steuerrecht gebunden ist und deshalb von historischen Anschaffungswerten ausgeht.

29 Zu den Kosten gehören auch die kalkulatorischen Zinsen für das Eigenkapital, Unternehmerlöhne und Risiken.

30 Im Sinne des herkömmlichen Rechnungswesens.

31 Siehe Walter Hamm, Regelung der Kapazität als Voraussetzung der zukünftigen Preisfreiheit in der nationalen und internationalen Binnen-

das zu — mindestens für die Zeit vor der Stillegungsaktion: Nach einem Betriebsvergleich aus dem Jahre 1954 sollen 83 Prozent der beteiligten Betriebe die Kosten nicht gedeckt haben [32].

In der Sprache der Theorie käme man mit folgenden Überlegungen zu gleichen Definition der Überkapazität [33]:

In ökonomischer Vollbeschäftigung oder im Gleichgewicht befindet sich eine Branche, wenn bei freier Preisbildung per Saldo weder bestehende Unternehmen zur Liquidation oder Abwanderung veranlaßt sind, noch neue Anbieter zum Eindringen verlockt werden [34]. Das ist der Fall, wenn die Gewinnerwartungen in diesem Wirtschaftszweig weder höher noch niedriger als üblich sind. Die Kurven der kurzfristigen [35] Durchschnittskosten werden dann von den Preis-Absatz-Kurven der Unternehmen gerade noch berührt [36]. Dies wird häufig als Tangentenfall bezeichnet. Zu den Durchschnittskosten gehören hier auch die kalkulatorischen Kosten, ein normaler Gewinn und Differentialrenten [37]. Produziert werden dann die Mengen, bei denen nicht nur die Grenzkosten den Grenzerträ-

---

schiffahrt, in: Sammelband der Vorlesungen des 8. Internationalen Hochschullehrgangs über die Organisation des Transportwesens im Rahmen der wirtschaftlichen Integration Europas 1967, Triest 1968, S. 4; Hans H. Scheib, Branchenbesonderheiten, Band 22 der Veröffentlichungen des Forschungsinstituts für Wirtschaftspolitik an der Universität Mainz, Heidelberg 1967, S. 99 f.

Vergleiche auch Herbert Giersch, Aufgaben der Strukturpolitik, in: Hamburger Jahrbuch für Wirtschafts- und Gesellschaftspolitik, 9. Jahr, Tübingen 1964, S. 78 und Egon Tuchtfeldt, a. a. O., S. 110.

32 In dieser Zeit bildete sich der Mehlpreis frei. Ende 1955 wurde der Mühlenwirtschaft ein Preiskartell zugestanden. Siehe Betriebsvergleich der Handelsmühlen 1953/54 — 1954/55, Ifo-Institut für Wirtschaftsforschung, München 1956, S. 87. Man darf unterstellen, daß sich an Betriebsvergleichen eher gut als schlecht geführte Unternehmen beteiligen.

33 Der folgende Abschnitt stützt sich stark auf Fritz Machlup, Artikel „Polypol", in: Handwörterbuch der Sozialwissenschaften, Band VIII, Stuttgart-Tübingen-Göttingen 1964, S. 407 ff., insbesondere 414 ff.

34 Unterstellt ist, daß Zugangsbeschränkungen nicht ins Gewicht fallen.

35 Kurzfristig im üblichen Sinne der Wirtschaftstheorie bedeutet: ohne Variationen aller Faktoren, bei Konstanz der Produktionsanlagen. Die Betrachtung kann sich deshalb durchaus über mehrere Jahre erstrecken.

36 Außer bei wenigen Grenzunternehmen.

37 Etwa Differentialrenten wegen knapper immobiler Güter oder Unternehmerbegabungen. Siehe Fritz Machlup, Artikel „Polypol", a. a. O., S. 415.

gen gleich sind, sondern auch die Durchschnittskosten so groß wie die Durchschnittserträge (Preise) sind. Bei einem Gut wie Mehl, das im Sinne der Preistheorie wegen der Transportkosten heterogen ist, wird im Gleichgewicht etwas weniger und zu höherem Preis produziert als es dem Minimum der Stückkosten entspräche.

Überkapazität herrscht dann, wenn über längere Zeit hinweg bei einem wesentlichen Teil der Anbieter die Nachfragekurve unterhalb der Durchschnittskostenkurve verläuft, anders gesagt, wenn Verluste auftreten [38].

Diese Definition erlaubt es festzustellen, ob Überkapazität gegeben ist; die Höhe der Überkapazität läßt sich aber nicht berechnen, da die Kosten- und die Preis-Absatz-Kurven der Unternehmen nicht bekannt sind [39].

---

[38] Die Erfolgsrechnungen können aber noch Gewinne ausweisen, weil ja in den Durchschnittskosten auch die kalkulatorischen Kosten und ein Normalgewinn enthalten sind.

[39] Könnten sie berechnet werden, wäre Überkapazität die Differenz zwischen der Produktion bei Verwirklichung der Tangentenregel und der tatsächlichen Produktion.

ERSTES KAPITEL

Struktur und wirtschaftliche Lage der Mühlenwirtschaft

1. Kapazität und Auslastung

Man sollte annehmen, daß für eine Branche, die wegen Überkapazität in eine Krise geraten ist und um staatliche Hilfe nachsucht, verläßliche Unterlagen über die vorhandenen Produktionsmöglichkeiten bestehen. Eine staatliche Intervention zur Beseitigung der Überkapazität erfordert, daß deren Ausmaß wenigstens ungefähr geschätzt werden kann. Indessen waren solche Zahlen für die Mühlenwirtschaft nicht vorhanden. In den Beratungen über das Mühlengesetz lag nur eine grobe Übersicht der Mühlenstelle aus dem Jahre 1955 vor [1].

Die in dieser Übersicht enthaltenen Angaben sind jedoch wenig zuverlässig [1a]; viele Zahlen beruhen nur auf groben Schätzungen [1b]. Vor 1955 wurde die Kapazität für noch geringer gehalten. Holzmann nennt für 1954 11 Millionen Tonnen Jahreskapazität. Dem entsprechen etwa 37 000 Tonnen je Tag [2].

Zu einer umfassenden Bestandsaufnahme kam es erst nach Verabschiedung des Mühlengesetzes: Die Kapazität aller

---

[1] Die Mühlenstelle in Bonn, eine Anstalt öffentlichen Rechts, wurde 1950 zur Durchführung der Getreidemarktordnung geschaffen. Sie bereitet auch Zahlen auf über Produktion und Kapazitäten in der Mühlenwirtschaft. Außerdem überwacht die Mühlenstelle die Einhaltung der Investitionsbeschränkungen nach dem Mühlengesetz (zur Übersicht Tabelle 1, S. 22).

[1a] Siehe auch Werner Kamm, a. a. O., S. 46.

[1b] In den überprüften Betrieben war die Kapazität seit Kriegsende um mehr als 20 Prozent gewachsen; die Erweiterungen in den ungeprüften Mühlen schätzte man nur auf 10 Prozent. Außerdem wurde unterstellt, daß die überprüften Betriebe zwischen der Kontrolle und der Veröffentlichung der Statistik nicht weiter ausgebaut wurden. Gerade in der Zeit nach 1954 ist aber stark investiert worden. Vergleiche Arbeitsgemeinschaft Deutscher Handelsmühlen, Jahresbericht 1958, Bonn 1959, S. 17, und Rolf Krengel, Anlageinvestitionen und Anlagevermögen der westdeutschen Industrie, in: Vierteljahreshefte zur Wirtschaftsforschung (Institut für Konjunkturforschung) Berlin 1961, S. 58.

[2] E. Holzmann, Überkapazität und Mühlenkrise, in: Die Mühle, Detmold 1954, S. 213.

Tabelle 1

Die Entwicklung der Kapazität des Mühlengewerbes in der Bundesrepublik von 1945 bis 1955 [a]

1. Tageskapazität (t je 24 Stunden)nach den Akten ..	44 794 t
2. Kriegszerstörte Mühlen	8 022 t
3. Am Kriegsende vorhandene Kapazität	36 772 t
4. Wiederaufgebaute Kapazität kriegszerstörter Betriebe (68 von Hundert der zerstörten Kapazität) ..	5 389 t
Zwischensumme	42 161 t
5. Ab 1951 stillgelegte Kapazitäten	2 000 t
Zwischensumme	40 161 t
6. Von der Mühlenstelle anläßlich von Betriebsprüfungen neben den wiederaufgebauten Kapazitäten festgestellte Erweiterungsbauten (Erweiterungen von 6 073 t auf 7 322 t)	1 249 t
7. Wahrscheinliche Erweiterung der noch nicht auf die Veränderung der Kapazität untersuchten übrigen Betriebe, angenommene durchschnittliche Erweiterung um 10 von Hundert von der am Kriegsende vorhandenen Kapazität (3.) abzüglich der festgestellten Kapazitätsveränderungen (6.) 36 722 t ⁒ 6 073 t = 30 699 t, davon 10 von Hundert	3 070 t
8. Derzeitige Tageskapazität des Mühlengewerbes ...	44 480 t
9. Derzeitige Jahreskapazität (300 Arbeitstage)	13 440 000 t

[a] Aufstellung der Mühlenstelle vom 11. Juli 1955, zitiert nach Otto Strecker, Zur Problematik der Kapazitätsermittlung in der Ernährungsindustrie, a. a. O., S. 89. Vergleiche auch Gerhard Ellinger, Die hauptsächlichen gegenwärtigen Probleme bei westdeutschen Getreidemühlen, Dissertation Heidelberg 1961, S. 107, und Werner Kamm, a. a. O., S. 45.

Mühlen mußte gemeldet werden [3]. Dabei dürften die Müller häufig zu hohe Angaben gemacht haben. Stillegungswillige versuchten, auf diese Weise höhere Abfindungen zu erhalten [4]. Auch für Betriebe, die fortgeführt werden sollten, dürfte es

---

[3] Erste Verordnung zur Durchführung des Mühlengesetzes vom 30. Juli 1957, in: Bundesanzeiger, Nr. 146, vom 2. August 1957, S. 1 f. Ein Teil der Mühlen, die stillgelegt wurden, kam allerdings der Meldepflicht nicht nach.

[4] Das Bundesmühlenkontor, die mit der Abwicklung der Stillegungsaktion betraute Gesellschaft, stellte später fest, daß die Kapazitätsangaben der stillgelegten Mühlen im Durchschnitt um 21 Prozent zu hoch waren. Bundesmühlenkontor GmbH, Bonn, Freiwillige Stillegung von Getreidemühlen, Gesamtstatistik der Stillegung, Stand 30. November 1963, Abschnitt F, Spalte 49, und Abschnitt G, Spalten 53 und 57.

verlockend gewesen sein, zu hohe Angaben zu machen, weil so eine künftige Umgehung der Investitionsbeschränkungen erleichtert wurde. Im Jahre 1957 soll die Kapazität der Branche nach Angabe der Mühlenstelle etwa 52 000 Tagestonnen betragen haben [5].

Von dieser Zahl aus wurde später fortgeschrieben. Dabei sind außer den Stillegungen nur die genehmigten Erweiterungen berücksichtigt. Weil aber viele Unternehmer bei Reinvestitionen oder durch technische Veränderungen ihre Kapazität erhöhten, ohne offen gegen das Erweiterungsverbot zu verstoßen, ist die Kapazität der Mühlenwirtschaft inzwischen größer, als sich aus der Fortschreibung ergibt. Deshalb hat die Mühlenstelle 1969 eine revidierte Kapazitätsstatistik veröffentlicht [6]. Insgesamt hat es den Anschein, als habe es für keinen Zeitpunkt verläßliche Angaben über die Gesamtkapazität der Branche gegeben. Daher kann Tabelle 2 die Entwicklung nur unvollkommen zeigen.

Aus dem Vergleich der tatsächlichen mit der technisch möglichen Vermahlung ergibt sich der Grad der Kapazitätsausnutzung. Eine Zahlenreihe über die Auslastung in verschiedenen Jahren könnte die Entwicklung der Überkapazität nachzeichnen. Die Zahlen für die Jahre bis 1957 sind allerdings nicht voll miteinander vergleichbar.

Die Überkapazität der deutschen Mühlenwirtschaft ist keine Erscheinung der Nachkriegszeit. Schon um das Jahr 1909 war die Müllerei nur zu etwa 60 Prozent ausgelastet [7]. Im Jahre 1927 soll die Auslastung 32 Prozent [8] und 1935 etwa 44 Pro-

---

[5] Zitiert nach: Arbeitsgemeinschaft Deutscher Handelsmühlen, Bundesdeutsche Mühlenstatistik, Bonn 1968, o. S. Zur Kritik an diesen Unterlagen siehe Werner Kamm, a. a. O., S. 47 f.

[6] Zitiert nach: Verfügung des Bundesministers für Wirtschaft über die Mühlenkartelle vom 15. Juli 1969, IB 5 — 812551, S. 6. Für das Jahr 1957 werden hier allerdings 53 900 Tonnen Tageskapazität angegeben.

[7] Erhebungen über die Produktionsverhältnisse des Mühlengewerbes für die Erntejahre 1908/09 und 1909/10, bearbeitet im Reichsamt des Innern, Berlin 1913, S. 131.

[8] Ausschuß zur Untersuchung der Erzeugungs- und Absatzbedingungen der deutschen Wirtschaft: Die Struktur der deutschen Getreidemühlenindustrie und ihre Stellung im Rahmen der deutschen Wirtschaft. Verhandlungen und Berichte des Unterausschusses für Landwirtschaft (II. Unterausschuß), Band 16, Berlin 1930, S. 21.

Tabelle 2

Die Entwicklung der Kapazität des Mühlengewerbes in der Bundesrepublik bis 1969

Jahr	Tageskapazität	
	ältere Angaben	revidierte Angaben[a]
1945	36 800	
1955/56	44 500 [b]	56 800
1957/58	52 300 [c]	53 900
1959/60	45 900 [c]	50 800
1961/62	43 100 [c]	45 600
1963/64	40 400 [c]	42 900
1965/66	39 400 [c]	41 900
1967/68	36 800 [d]	39 800
Frühjahr 1969		39 300

[a] Zitiert nach der Verfügung des Bundesministers für Wirtschaft über die Mühlenkartelle, a. a. O., S. 6.

[b] Mühlenstelle Bonn, Aufstellung vom 11. Juli 1955.

[c] Zitiert nach: Arbeitsgemeinschaft Deutscher Handelsmühlen, Bundesdeutsche Mühlenstatistik, a. a. O.

[d] Zitiert nach: Struktur der deutschen Mühlenwirtschaft, in: Deutsche Müller-Zeitung, Heft 24, vom 19. Dezember 1968, S. 618.

zent[9] betragen haben. In den ersten Nachkriegsjahren waren die deutschen Mühlen dagegen recht gut beschäftigt, weil ein Teil der Großmühlen zerstört war[10]. Für die Zeit um 1952 wird von mehreren Seiten geschätzt, die Mühlenwirtschaft sei etwa zur Hälfte ausgelastet gewesen[11].

Von Mitte 1957 bis Anfang 1962 stellten zahlreiche Mühlen den Betrieb ein, weil sie während dieser Zeit Stillegungsprämien nach dem Mühlengesetz bekommen konnten. Den Ein-

---

[9] E. Holzmann, Überkapazität und Mühlenkrise, a. a. O., S. 213.

[10] Die von Fuchs errechnete Auslastung von 39 Prozent für das Jahr 1945 ist zu niedrig, weil die damalige Statistik nur einen Teil der Vermahlung erfaßte. Vergleiche Friedrich Fuchs, a. a. O., S. 2, und Geschäftsbericht der Arbeitsgemeinschaft Deutscher Handelsmühlen zur Getreidewirtschaft 1945—1952, Bonn 1953, S. 30 f.

[11] Die Übersetzung der deutschen Getreidemüllerei, in: Die Mühle, Detmold 1953, S. 502; Ulrich Teichmann, Die Übersetzung des westdeutschen Mühlengewerbes, in: Mitteilungen des Wirtschaftswissenschaftlichen Instituts der Gewerkschaften, Köln 1953, Heft 10, S. 210; E. Holzmann, Überkapazität und Mühlenkrise, a. a. O., S. 213.

fluß der Stillegungsaktion auf die Auslastung zeigt folgende Aufstellung [12]:

Tabelle 3

Vermahlung und Auslastung

Jahr	Vermahlung (in 1 000 Tonnen Getreide)	Kapazitätsausnutzung in Prozent
1957/58	6 418	49,9
1959/60	6 107	53,4
1961/62	6 259	58,1
1963/64	5 832	57,8
1966/67	5 214	54,9
1968/69		53,5 [a]

[a] Übersicht der Mühlenstelle von Mai 1970.

Tabelle 3 zeigt, wie wenig die Stillegungsaktion die Auslastung verbesserte. Besonders der Rückgang der Vermahlung wegen des sinkenden Brotverbrauchs hat sich ungünstig auf die Beschäftigung der Mühlen ausgewirkt [13].

Vor 1957 war die Gesamtproduktion noch langsam gestiegen [14]. Ohne den Mehlexport, der zwischen 1954 und 1957 stark zunahm und seitdem um zehn Prozent der Gesamtvermahlung ausmacht, hätte der Rückgang der Vermahlung schon früher

[12] Arbeitsgemeinschaft Deutscher Handelsmühlen, Bundesdeutsche Mühlenstatistik, a. a. O. Die Zahlen sind zwar nach dem gleichen Verfahren errechnet, die Auslastung dürfte aber — mehr oder weniger gleichmäßig — zu hoch angegeben sein. Für alle Jahre sind 250 Arbeitstage jährlich unterstellt. Für die letzten Jahre dürfte das zutreffen. Dagegen weist Hans Furthmann nach, daß 1960 noch rund 270 Mahltage üblich waren. Siehe Hans Furthmann, Ursachen ..., a. a. O., Tabelle 247, und Werner Kamm, a. a. O., S. 43 f. Dieser Fehler führt zu überhöhten Angaben in den ersten Jahren. Auf der anderen Seite liegt der Berechnung die fortgeschriebene Kapazitätsstatistik der Mühlenstelle zugrunde, deren Zahlen für die letzten Jahre zu niedrig sind. Der zweite Fehler läßt die Auslastung gegen Ende zu hoch erscheinen. Zum Vergleich seien drei Berechnungen über die Auslastung im Jahre 1957 zusammengestellt:

Arbeitsgemeinschaft Deutscher Handelsmühlen .... 49,9 Prozent
Friedrich Fuchs, a. a. O., S. 2 .... 41,5 Prozent
Hans Furthmann (Ursachen ..., a. a. O., Tabelle 105) .... 39,0 Prozent

[13] Zum Rückgang der Mehlnachfrage siehe S. 45 ff.

[14] Vergleiche Statistisches Jahrbuch über Ernährung, Landwirtschaft und Forsten 1961, Hamburg und Berlin 1962, S. 156.

eingesetzt [15]. Der Import von Mehl ist bisher ohne Bedeutung gewesen. Lediglich ins Saargebiet wurde als Folge des Saarvertrags französisches Mehl importiert [16]. Zwischen den Mühlenorganisationen der EWG-Länder bestehen Gebietsabsprachen. Schon 1953 hatte man sich für den künftigen gemeinsamen Agrarmarkt geeinigt: „Mehlexporte von einem Vertragsland ins andere sollten unterbleiben, um die Mühlensituation, die in den meisten Ländern schwierig ist, nicht noch weiter zu verschärfen [17]." In jüngster Zeit sind die Absprachen jedoch durchbrochen worden [18]. Einen Mehlimport aus Drittländern verhindert die Getreidemarktordnung der EWG [19].

2. Die Zahl der Mühlen und deren Einteilung nach verschiedenen Merkmalen

a) Gesamtzahl der Mühlenbetriebe

Seit etwa hundert Jahren sinkt die Zahl der Mühlen in Deutschland ständig, von der Zeit des Reichsnährstandes abgesehen. Über Jahrzehnte hinweg schrumpfte die Branche jährlich um etwa ein Prozent der Betriebe. Die Stillegungsaktion senkte die Zahl der Mühlen innerhalb von vier Jahren (1956/57 bis 1960/61) um rund ein Drittel, wie folgende Übersicht zeigt [20]:

---

[15] Siehe Jahresbericht 1960 der Arbeitsgemeinschaft Deutscher Handelsmühlen, Bonn 1961, S. 113, Tabelle 13.

[16] Vergleiche Jahresbericht 1962 der Arbeitsgemeinschaft Deutscher Handelsmühlen, Bonn 1963, S. 36, und Oskar Mahler, Probleme des Mehlmarktes im Südwest-Raum, in: Ernährungsdienst, Hannover, vom 6. September 1969, S. 8.

[17] Vergleiche Jahresbericht 1953 der Arbeitsgemeinschaft Deutscher Handelsmühlen, Bonn 1954, S. 57, und Jahresbericht 1964 der Arbeitsgemeinschaft Deutscher Handelsmühlen, Bonn 1965, S. 19.

[18] Siehe etwa: EWG-Mehlimporte drücken den Ertrag, in: Frankfurter Allgemeine Zeitung, vom 7. August 1969.

[19] Der Rat der Europäischen Wirtschaftsgemeinschaft, Verordnung Nummer 19 über die schrittweise Errichtung einer gemeinsamen Marktorganisation für Getreide, in: Amtsblatt der Europäischen Gemeinschaften, Nummer 30, vom 20. April 1962, S. 937, Artikel 8, Abschnitt 2. Der Schwellenpreis für Mehl soll „... der Notwendigkeit eines Schutzes der Verarbeitungsindustrie ..." Rechnung tragen. Ob damit von vornherein eine vollständige Sperre für Mehlimporte geplant war, ist zweifelhaft.

[20] Die Angaben für die Jahre bis 1925 sind aus Wirtschaft und Statistik 1928, S. 263, entnommen. Die Zahlen aus den dreißiger Jahren finden sich

Tabelle 4

Zahl der Mühlen (in Tausend)

Jahr	Reichsgebiet	Bundesgebiet
1875	59,9	
1895	52,4	
1907	46,2	
1925	35,0	
1934	27,7	
1936	28,4	19,4
1938	29,0	
1950/51		14,5
1954/55		12,7
1956/57		12,1
1960/61		8,2
1965/66		6,4

Mitte 1969 soll es noch rund 5400 Mühlen in der Bundesrepublik gegeben haben [21].

b) Die Einteilung der Mühlen nach der Größe

Die Gesamtzahl allein gibt wenig Aufschluß über die Entwicklung der Müllerei. Gliedert man nach der Größe der Mühlen auf, so zeichnet sich die Tendenz deutlicher ab. Die Größe einer Mühle läßt sich am besten an der Kapazität messen [22,23]. Die Beschäftigtenzahl oder die Unterscheidung zwischen Industrie- und Handwerksbetrieben eignen sich nicht für eine

bei Sigrid Schmidt, Struktur und Entwicklungstendenzen der deutschen Mühlenwirtschaft mit besonderer Berücksichtigung des Landes Sachsen, Dissertation Leipzig 1939, S. 11. Die Zahl der Mühlen, die 1936 im späteren Bundesgebiet tätig waren, errechnete Glauner. W. Glauner, Die historische Entwicklung der Müllerei, 2. Auflage, Braunschweig 1951, S. 62. Die Angaben aus der Zeit nach 1945 stammen aus Übersichten der Mühlenstelle von Mai 1953, November 1955, Januar 1958, Februar 1962 und Februar 1967.

[21] Siehe: Mühlensanierung soll abgeschlossen werden, in: Bundesministerium für Ernährung, Landwirtschaft und Forsten, BMELF-Informationen Nummer 26, vom 30. Juni 1969, S. 1.

[22] Wolfgang Kilger, Produktions- und Kostentheorie, Wiesbaden 1958, S. 107; vergleiche auch Werner Kamm, a. a. O., S. 41.

[23] Es wurde schon in der Einleitung erwähnt, daß die technische Kapazität häufig größer ist als die tatsächlich verfügbare Produktionsmöglichkeit; in dieser Arbeit wird die technische Kapazität dennoch kurz als Kapazität bezeichnet, sofern nicht Anlaß zu Verwechslungen besteht.

Einteilung nach der Betriebsgröße[24]. Es ist gebräuchlich, nach der Kapazität folgende Gruppen zu bilden:

Kleinstmühlen	unter 2 (3) Tonnen Tageskapazität
Kleinmühlen[25]	2 (3) bis 5 Tonnen Tageskapazität
(kleinere) Mittelmühlen	5 bis 20 (30) Tonnen Tageskapazität
größere Mittelmühlen	20 (30) bis 80 Tonnen Tageskapazität
Großmühlen	über 80 Tonnen Tageskapazität

Für die Zeit vor 1957 muß mangels statistischer Unterlagen statt der Kapazität die Jahresvermahlung als Größenmerkmal dienen[26] (siehe Tabelle 5, S. 29).

Ein Blick in die Vermahlungsstatistik zeigt, wie stark die Größenunterschiede in der Mühlenwirtschaft sind. 1956/57 bestritt knapp ein Prozent der Betriebe mehr als die Hälfte der gesamten Produktion. Der größte Betrieb (mit einer Kapazität von etwa 1200 Tagestonnen) wird damals kaum weniger vermahlen haben als sämtliche 6775 Betriebe der Vermahlungsgruppe 1 zusammen. Daß „Deutschland ... ein Land der Mittel-

---

[24] Die Zahl der Arbeitskräfte sagt wenig über die Größe einer Mühle aus, da die Vermahlung sehr arbeitsextensiv ist. In Lager, Versand und Verwaltung arbeiten mehr Menschen als in der Mühle selbst. Eine mittelgroße Mühle, die direkt an die Bäcker liefert, kann weit mehr Beschäftigte haben als eine Großmühle, die nur an wenige Großhändler oder an eine Vertriebsgesellschaft liefert. Die üblichen Kriterien des Handwerksbetriebs — Einzel- und Auftragsfertigung, erheblicher Einsatz menschlicher Arbeit, örtlicher Kundenkreis — versagen bei der Müllerei (vergleiche Baumbach-Duden, Handelsgesetzbuch, 17. Auflage, München und Berlin 1966, Anmerkung 9 zu Paragraph 1, S. 24). Zudem gibt es so viele kleine Industriemühlen, daß Durchschnittswerte für die Mühlenindustrie viele Züge der Kleinmüllerei zeigen. Zwischen einer handwerklichen Mühle und einer gleich großen industriellen lassen sich aber keine Unterschiede feststellen. Vergleiche Werner Kamm, a. a. O., S. 30, und Die Produktionsstrukturen im Müller- und Mälzereigewerbe, in: Blick durch die Wirtschaft vom 23. Juni 1960.

[25] Häufig werden alle Mühlen unter 5 Tonnen als Kleinmühlen bezeichnet.

[26] Auch die Vermahlungsstatistik der Mühlenstelle weist grobe Mängel auf: Die Vermahlungsklasse 10 umfaßt heute allein über 60 Prozent der Vermahlung. Die größte Mühle verarbeitet wahrscheinlich über 200 000 Tonnen Getreide jährlich und produziert damit mehr als das Zwanzigfache der kleinsten Mühlen innerhalb dieser Klasse. Ohne weitere Aufteilung der Gruppe 10 sind sichere Schlüsse über die Konzentration der Vermahlung nicht möglich. Bei der Einteilung der Mühlen in Größenklassen wurde nicht immer die Vermahlung des jeweiligen Jahres zugrunde gelegt, sondern teilweise die einer früheren Zeit. Siehe Werner Kamm, a. a. O., S. 15.

Tabelle 5

Marktanteile und Anzahl der Mühlen nach Vermahlungsgruppen [a]

Vermahlungsgruppe [c]	Getreidewirtschaftsjahr						
	51/52	56/57	68/69	46/47 [b]	51/52	56/57	68/69
	Anzahl der Betriebe			Anteil der Vermahlungsgruppe an der Gesamtvermahlung			
1	8 232	6 775	3 480	9,0	5,6	3,9	2,3
2	3 184	3 129	844	11,5	8,5	5,4	2,7
3	1 421	1 059	402	10,2	8,1	5,2	2,9
4	463	343	174	5,7	4,6	3,0	2,1
5	245	171	95	4,0	3,4	2,3	1,6
6	475	384	271	13,9	13,4	10,1	9,3
7	112	105	73	7,1	6,9	6,9	5,7
8	51	50	43	4,7	4,7	5,4	5,2
9	29	26	31	3,7	4,3	3,7	5,3
10	69	82	81	30,2	40,5	54,2	62,8
Summe	14 281	12 124	5 494	100,0	100,0	100,0	100,0

[a] Zusammengefaßt aus Übersichten der Mühlenstelle von Mai 1953, Januar 1958, Januar 1960 und Februar 1970.

[b] Die Zahlen der Betriebe in den Vermahlungsgruppen sind fast die gleichen wie 1951/52. Einzig die Gruppe 1 wies rund 250 Mühlen mehr aus.

[c] *Einteilung in Vermahlungsgruppen:*

1 = Mühlen bis 100 t Jahresvermahlung
2 = Mühlen von 101 t bis 250 t Jahresvermahlung
3 = Mühlen von 251 t bis 500 t Jahresvermahlung
4 = Mühlen von 501 t bis 750 t Jahresvermahlung
5 = Mühlen von 751 t bis 1 000 t Jahresvermahlung
6 = Mühlen von 1 001 t bis 3 000 t Jahresvermahlung
7 = Mühlen von 3 001 t bis 5 000 t Jahresvermahlung
8 = Mühlen von 5 001 t bis 7 500 t Jahresvermahlung
9 = Mühlen von 7 501 t bis 10 000 t Jahresvermahlung
10 = Mühlen von über 10 000 t Jahresvermahlung

und Kleinmühlen" [27] sei, trifft nicht zu. Die Kleinmühlen (Vermahlungsgruppe 1 bis 5) haben seit Kriegsende über zwei Drittel ihres Marktanteils verloren.

Wie sich die Beschäftigung bei den verschiedenen Betriebsgrößen veränderte, läßt sich erst ab 1957 beobachten: In

[27] Die Mühlenwirtschaft der Bundesrepublik Deutschland in Zahlen, Verlag Deutsche Müller-Zeitung (Herausgeber), München 1954, S. 6.

Tabelle 6 sind die Mühlen nach der Kapazität, nicht mehr nach der Vermahlung eingeteilt.

Tabelle 6

Anzahl, Kapazität und Auslastung in den Jahren 1957 und 1967 [a]

	Tagesleistungsgruppen	Zahl der Betriebe		Tageskapazität aller Unternehmen einer Tagesleistungsgruppe in 1000 t		Durchschnittliche Auslastung in Prozent	
		Jahr					
		1957	1967	1957	1967	1957	1967
1	unter 1 t	2 318	791	1,9	0,7	18	14
2	1 bis 3 t	4 146	2 933	8,5	5,9	13	13
3	3 bis 5 t	1 425	939	6,0	4,0	15	18
4	5 bis 10 t	792	532	5,8	4,0	20	28
5	10 bis 25 t	473	333	7,4	5,3	36	49
6	25 bis 40 t	78	57	2,5	1,8	47	67
7	40 bis 80 t	59	54	3,3	3,0	55	69
8	80 bis 150 t	29	24	3,1	2,5	56	72
9	150 und mehr t	33	29	10,9	9,7	78	89
	Insgesamt	9 353	5 692	49,4	36,8	39	52

[a] Die Zahlen für 1957 sind der Arbeit von Hans Furthmann entnommen (Ursachen . . ., a. a. O., Tabelle 105). Kein großes Gewicht hat es, daß die Mühlen in Berlin-West und im Saargebiet noch nicht enthalten sind. Von der Mühlenstelle stammen die Zahlen für 1967. Zitiert nach: Zur Struktur der deutschen Mühlenwirtschaft, a. a. O., S. 616 ff. Die Beschäftigungsgrade für 1967 sind zum Teil errechnet. Für 1957 sind 276, für 1967 dagegen 250 Arbeitstage jährlich angesetzt. Beide Ansätze sind realistisch. Siehe S. 25.

Die Zahlen zeigen deutlich den weiteren Rückgang der Kleinmüllerei. Ein großer Teil hat die Produktion eingestellt; der Rest ist kaum besser beschäftigt als vor der Stillegungsaktion. Die größeren Mittelmühlen und die Großmühlen, von denen nur wenige stillgelegt wurden, haben in der Regel ihre ohnehin bessere Auslastung weiter gesteigert. Edgar Ludwig, der Leiter der Mühlenstelle, versucht dagegen nachzuweisen, daß „eine Konzentration der Vermahlung auf leistungsfähige Betriebe aller Größenklassen erfolgt" [28]. Er schreibt, daß von allen Mühlen, die ihre Produktion 1967/68 gegenüber 1957/58 gesteigert haben, die kleineren Mühlen eine relativ höhere Zunahme aufweisen als die Großmühlen [29]. Der scheinbare Widerspruch mit den Ergebnissen der Tabelle 6 löst sich auf, wenn man errechnet, daß nur ein geringer Teil der kleinen Mühlen ihre Vermahlung steigern konnten, während die meisten größeren Mühlen expandierten [30]. Die vergleichsweise geringeren Zuwachsraten bei den Großmühlen erklären sich aus der schon vorher guten Auslastung der meisten Betriebe.

c) Die Einteilung der Mühlen nach dem Standort

In einem transportkostenempfindlichen Wirtschaftszweig wie der Müllerei kommt dem Standort große Bedeutung zu. Für die in Seehäfen oder an Binnenwasserstraßen gelegenen Betriebe ist die Bezeichnung Hafenmühlen üblich, die übrigen nennt man Binnenmühlen. Zu Beginn des 19. Jahrhunderts waren die Mühlen in Deutschland ziemlich gleichmäßig über die Getreidebaugebiete verteilt. Die Wandlung Westdeutschlands zum Getreideeinfuhrgebiet, das Sinken der Transportkosten, als Dampfschiff und Bahn aufkamen, und der Zustrom der Bevölkerung in die Industriestädte ließen die Hafenmühlen an Rhein, Weser und Elbe entstehen: Zum Importgetreide und zum Absatz lagen sie in gleicher Weise günstig [31].

---

[28] Edgar Ludwig, Kapazitätsabbau in der Mühlenwirtschaft, in: Ernährungsdienst, Hannover, vom 30. November 1968, S. 5. Zu ähnlichen Ergebnissen kommt ein früherer Artikel des gleichen Autors: Konzentration durch Mühlenstillegung?, in: Ernährungsdienst, Hannover, vom 7. August 1965, S. 6.

[29] Für die Kapazitätsgruppen 2 bis 5 sind es jeweils über 50 Prozent. Für die größten Betriebe (Gruppe 9) nur 23 Prozent.

[30] Kaum ein Viertel der Mühlen, die 1957/58 weniger als fünf Tonnen Tageskapazität hatten, vermahlten 1967/68 mehr als zehn Jahre vorher; dagegen waren rund 60 Prozent der Betriebe mit mehr als 25 Tonnen Kapazität besser beschäftigt. Diese Zahlen sind aus den Angaben von Ludwig errechnet.

[31] Näheres bei Heinrich Brockmann, Das wirtschaftliche Problem in der räumlichen Verteilung der deutschen Getreidemüllerei: Standort und Betriebsgröße, Dissertation Kiel 1941, S. 113 ff.

Von den Binnenmühlen unterscheiden sich die Hafenmühlen auch heute in vielem: Sie sind durchschnittlich größer und besser ausgelastet [32]. Besonders die Mehlausfuhr hat den Hafenmühlen am Niederrhein und in den Seehäfen, die teilweise für das Exportgeschäft errichtet worden waren, in den fünfziger Jahren zu einer guten Beschäftigung verholfen. Eine belgische Studie schätzt den Anteil von 37 großen Hafenmühlen am Mehlexport auf 80 Prozent und auf 45 Prozent der gesamten Vermahlung [33].

Ein interessantes Bild ergibt sich auch, wenn man die Mühlen nach Bundesländern einteilt: Der Norden und Westen weisen relativ viele Mittel- und Großmühlen auf [34]; im Südwesten und Süden herrschen die kleineren vor. Besonders Bayern ist ein Land der kleinen, meist handwerklichen Mühlen [35].

d) Die Einteilung der Mühlen nach weiteren Merkmalen

Die Einteilung nach Betriebsformen bezieht sich auf die unterschiedliche Beteiligung der Getreidelieferanten an der Verwertung der Produkte. In der Lohn- oder Kundenmüllerei, der ältesten Betriebsform, erhält der Getreideerzeuger die aus

---

[32] Die durchschnittliche Kapazität einer Hafenmühle soll 1955 etwa 200 Tonnen, die einer Binnenmühle dagegen nur rund 5 Tonnen gewesen sein. Vergleiche Friedrich Fuchs, a. a. O., S. 93.

[33] La meunerie belge et la C. E. E., in: Bulletin Hebdomadaire de la Kredietbank, Brüssel, Heft 37, vom 2. Oktober 1965, S. 323. Vergleiche auch Werner Kamm, a. a. O., S. 23 f.

[34] Etwa drei Viertel aller Mühlen, die im Jahr über 10 000 Tonnen vermahlen, liegen in Nordrhein-Westfalen und Norddeutschland. Errechnet nach einer Übersicht der Mühlenstelle vom 31. Juli 1958. Das Saarland und Berlin-West sind hier und bei den übrigen Berechnungen dieses Abschnitts nicht berücksichtigt.

[35] In Bayern arbeitete 1957 ein Drittel aller westdeutschen Mühlen; ihr Marktanteil betrug allerdings nur ein Sechstel. Der Anteil Bayerns an der westdeutschen Mühlenkapazität soll 1957 ein Viertel gewesen sein. Die bayerischen Mühlen waren also besonders schlecht beschäftigt. Vergleichsweise gut ausgelastet waren die Betriebe in Nord- und Westdeutschland. Mit etwa 40 Prozent der Branchenkapazität leisteten sie über die Hälfte der Gesamtproduktion. Zu den Angaben über die Kapazität siehe Hans Furthmann, Ursachen . . .,a. a. O., Tabelle 108. Die anderen Angaben sind nach Übersichten der Mühlenstelle vom 3. Juli und vom 3. Dezember 1957 errechnet.

seinem Korn gemahlenen Mehle und Kleien[36]. Bei der Umtauschmüllerei bekommt der Landwirt Mühlenerzeugnisse aus fremdem Getreide, entsprechend seiner eigenen Anlieferung. Seit der Mitte des vorigen Jahrhunderts ist die Handelsmüllerei der vorherrschende Typ: Die Mühlen verkaufen das Mehl und die Nachprodukte auf eigene Rechnung. Heute entfallen nur noch etwa sieben Prozent der Gesamtvermahlung auf die Lohn- und Umtauschmüllerei[37]. Sie ist typisch für Klein- und Kleinstmühlen[38]. Immerhin waren 1956/57 noch über die Hälfte aller Mühlen nur in der Lohn- und Umtauschmüllerei tätig; ihr Marktanteil betrug allerdings nur fünf Prozent[39]. Der Grund für den Rückgang dieser Betriebsform ist hauptsächlich im Schrumpfen des landwirtschaftlichen Eigenverbrauchs zu suchen.

Nach der verarbeiteten Getreideart lassen sich Weizen-, Roggen- und kombinierte Mühlen unterscheiden. Der Übergang von einem Rohstoff zum anderen erfordert bei den „reinen" Betriebstypen kostspielige Umbauten. Von der Produktionstechnik her scheint die Kostendegression bei wachsender Betriebsgröße bei Roggenmühlen viel kleiner zu sein als bei Weizenmühlen[40]. Die Roggenmüllerei ist deshalb eine Domäne der Klein- und Mittelmühlen[41]: Die größten Mühlen der Vermahlung nach (Gruppe 10) stellen nur 30 Prozent des Roggenmehls her; beim Weizen ist dagegen der Anteil etwa 70 Prozent[42]. Der Absatzrückgang bei Roggenmehl um über

---

[36] Von hier stammt das Sprichwort: Wer zuerst kommt, mahlt zuerst.

[37] Mühlenstelle (Herausgeber), Informationen Bortgetreide-Erzeugnisse, Bonn, Nr. 89, vom 24. Januar 1966, S. 13. Um 1950 waren es noch etwa 20 Prozent.

[38] 1964/65 stammte 94,5 Prozent der Lohn- und Umtauschvermahlung aus Mühlen, die jährlich weniger als 3 000 Tonnen mahlten. Informationen Brotgetreideerzeugnisse, Nr. 89, a. a. O., S. 13.

[39] Nach einer Übersicht der Mühlenstelle vom Januar 1958.

[40] Vergleiche Friedrich Fuchs, a. a. O., S. 90, und Leo Hopf, Mühlentechnisches Praktikum, Band 1, Stuttgart 1950, S. 556.

[41] Für die Herstellung von Weizenmehl muß überseeisches Qualitätsgetreide beigemischt werden, um das Mehl backfähig zu machen. Bei Roggen ist das überflüssig. Vielleicht liegt auch darin ein Grund dafür, daß die Weizenvermahlung stärker bei den großen Hafenmühlen konzentriert ist als die Roggenvermahlung.

[42] Übersicht der Mühlenstelle vom Februar 1970.

ein Drittel zwischen 1950 und 1965 hat daher besonders kleinere Mühlen stark getroffen [43].

3. Die wirtschaftliche Lage der Mühlen

a) Die Kosten

Da sowohl die Entstehung der Überkapazität als auch ihre Folgen für die Mühlenwirtschaft, wie sich im Verlauf der Untersuchung zeigen wird, mit der Kostenstruktur der Branche eng verknüpft ist, soll den Kosten besondere Beachtung beigemessen werden. Die im folgenden genannten Zahlen stammen aus verschiedenen Untersuchungen und unterschiedlichen Zeitabschnitten. Sie sollen nur einen Überblick über die Größenordnungen vermitteln. Alle Angaben gehen von historischen Beschaffungswerten aus [44].

Die Vermutung liegt nahe, daß der Rohstoff Getreide einen großen Teil der Gesamtkosten des Verarbeitungsbetriebes Mühle ausmacht. In der Tat sind es über 80 Prozent [45]. Auf der anderen Seite sind die Personalkosten mit etwa vier bis fünf Prozent sehr gering. Nun sollen die Kosten der Vermahlung im engeren Sinne weiter aufgeschlüsselt werden: Es sind die Kosten, die der Spanne zwischen Getreidepreis frei Mühle und Produktpreis im Großhandel ab Mühle zuzurechnen sind. Weil dies den Gesamtkosten einer Mühle entspricht, die das Getreide auf fremde Rechnung verarbeitet, also nur Lohnmüllerei betreibt, spricht man in der Mühlenbranche von „Mahllohnkosten". Die folgende Tabelle bezieht sich auf größere Mittelmühlen (30 bis 80 Tonnen), die ihre Kapazität im Durchschnitt zu zwei Dritteln ausnutzen konnten [46]:

---

[43] Vergleiche Übersichten der Mühlenstelle vom Januar 1960, vom Januar 1966 und Februar 1967.

[44] Das Bestehen der Überkapazität wirkt sich daher im herkömmlichen Rechnungswesen nicht aus.

[45] Statistisches Jahrbuch für die Bundesrepublik Deutschland, Wiesbaden 1962, S. 204 f.

[46] Betriebsvergleich der Handelsmühlen 1954/55 — 1955 — 1955/56, Ifo-Institut für Wirtschaftsforschung, München 1957. Zwischen Mittel- und Großmühlen besteht kein wesentlicher Unterschied in der Kostenstruktur, allerdings sinkt der Anteil der Personalkosten, besonders des kalkulatorischen Unternehmerlohns mit wachsender Betriebsgröße. Vergleiche dazu Karl Lochbihler, Das Mühlenproblem, Dissertation München 1957, S. 37.

Tabelle 7

Verteilung der „Mahllohnkosten" nach Kostenarten

Kostenarten	Anteil an den „Mahllohnkosten" in Prozent	
Hilfs- und Betriebsmittel	15,5	
Personalkosten	23,7	
darunter kalkulatorischer Unternehmerlohn		2,1
Steuern, Abgaben und Beiträge	14,7	
Verschiedene Kosten	7,5	
Instandhaltung durch Fremde	3,8	
Kalkulatorische Kosten (ohne Unternehmerlohn)	34,8	
darunter Abschreibung		12,0
darunter Zinsen auf Anlagevermögen		7,2
darunter Zinsen auf Umlaufvermögen		8,3
darunter Wagnis [a]		7,3
insgesamt	100,0	

[a] Aus Forderungen

Bemerkenswert ist der hohe Anteil der Kosten für die Nutzung des Kapitals: Auf kalkulatorische Abschreibung, Zinsen und Fremdreparaturen sollen ein Drittel der Mahllohnkosten entfallen [47].

Nach Meinung vieler Autoren ist das große Gewicht der fixen Kosten Hauptgrund für die Schwierigkeiten der unterbeschäftigten Müllerei und ihre wesentliche Eigenart [48,49]. Ein

[47] Karl Lochbihler, a. a. O., S. 43.

[48] Europäische Wirtschaftsgemeinschaft, Kommission VI/1908 61—D, Dieter Grupe, Probleme der Mühlenwirtschaft in der Europäischen Wirtschaftsgemeinschaft, Brüssel 1961, S. 5. Diese Arbeit wird im folgenden als Grupe-Gutachten zitiert; EWG-Vorschlag, a. a. O., S. 6; Fritz Hardach, Artikel „Getreidemühlen", in: Handwörterbuch der Sozialwissenschaften, Band IV, Stuttgart-Tübingen-Göttingen 1965, S. 464; Otto Strecker, Zur Problematik der Kapazitätsermittlung in der Ernährungsindustrie, a. a. O., S. 182; Friedrich Fuchs, a. a. O., S. 107 f.

[49] Häufig wird auf Schmalenbach hingewiesen, der in der Mühlenwirtschaft „eines der ältesten Beispiele für das Auftreten von Fixkosten" sah. Eugen Schmalenbach, Der freien Wirtschaft zum Gedächtnis, 2. Auflage, Köln und Opladen 1950, S. 83.

Betriebsvergleich kommt zu dem Ergebnis, die von den Anlagen bedingten Kosten bildeten den größten Teil der festen Kosten [50]: Abschreibung (überwiegend zeitbezogen), Zinsen für Anlagevermögen, Instandhaltung, Steuern und Versicherungen (teilweise) und Mieten. Auch die Personalkosten seien überwiegend fix, weil die technischen Arbeitskräfte hauptsächlich den Produktionsprozeß überwachten. Die wichtigsten variablen Kosten seien bei Hilfs- und Betriebsstoffen, Zinsen auf das Umlaufvermögen, Energie und bei der Umsatzsteuer zu suchen.

Bei dieser Zusammenstellung sind einige Kostenarten zu Unrecht zu den fixen Kosten gerechnet worden [51]. So dürften die Personalkosten allenfalls bei kleinen Beschäftigungsschwankungen unverändert bleiben; sie sind zum großen Teil sprungfixe Kosten [52]. Von größerer Bedeutung für das Übergewicht der variablen Kosten ist aber, daß die Getreidekosten, die über 80 Prozent aller Kosten ausmachen, fast völlig proportional zur Produktmenge sind. Wenn demgegenüber mehr als die Hälfte der Gesamtkosten als fix bezeichnet werden [53], dann bleiben die Rohstoffkosten unberücksichtigt. Für dieses Vorgehen wird vorgebracht, daß ein Vergleich mit den Lohnmühlen [54] oder mit den Mühlen anderer Länder [55] ermöglicht werden soll. Die Vermutung liegt nahe, man wolle die fixen Kosten möglichst hoch erscheinen lassen, um Forderungen nach staatlichen Hilfen für die Mühlenwirtschaft besser begründen zu können. Jedenfalls ist der Anteil der fixen Kosten an den Gesamtkosten der Handelsmühlen gering.

---

[50] Betriebsvergleich der Handelsmühlen 1955/56 — 1956 — 1956/57, Ifo-Institut für Wirtschaftsforschung, München 1958, S. 121.

[51] Zu Fehlern bei der Berechnung der kalkulatorischen Abschreibungen siehe S. 140 ff.

[52] Zum Beispiel muß eine Mühle, die ihre Beschäftigung ständig ausdehnt, irgendwann einen zusätzlichen Fahrer einstellen. Anders wäre es bei einem Betrieb, dessen Beschäftigungsgrad zurückgeht. Nur sofern die Unternehmensleitung glaubt, die alte Auslastung bald wieder erreichen zu können, wird sie die Belegschaft nicht verkleinern, um die erhoffte Nachfragesteigerung sofort voll befriedigen zu können.

[53] EWG-Vorschlag, S. 2 und 6.

[54] Friedrich Fuchs, a. a. O., S. 107.

[55] Grupe-Gutachten, a. a. O., S. 3.

Wie die Stückkosten von der Auslastung abhängen, ist oft untersucht worden [56]. Eine Analyse sei herausgegriffen [57]:

Tabelle 8

Die Stückkosten des Mehls (je Tonne Getreide) in Abhängigkeit vom Grad der Beschäftigung

Auslastung in Prozent	Mahllohnkosten in DM je Tonne	Gesamtkosten [a] in DM je Tonne
unter 30	101,50	541,50
30 — 50	74,76	514,76
50 — 70	68,73	508,73
70 — 90	66,88	506,88
90 und mehr	67,15	507,15

[a] Für die Getreideeinstandskosten (Weizen) wurden vom Verfasser 440 DM angesetzt, siehe Betriebsvergleich der Handelsmühlen 1954/55 — 1955 — 1955/56, a. a. O., S. 46 f.

Falls diese Zahlenreihe die Durchschnittskostenkurven der einzelnen Betriebe einigermaßen zutreffend widergibt, dürfte es bei der schlechten Beschäftigung der Mühlenwirtschaft sehr viele Betriebe gegeben haben, deren Grenzkosten unter den Durchschnittskosten liegen [58]. Ein großer Teil der Mühlen wird weniger vermahlen haben, als es der gewinnmaximalen Auslastung entsprochen hätte [59]. Bei gleicher Kapazitätsausnutzung scheinen die Großmühlen kaum kostengünstiger zu

[56] Außer in den verschiedenen Betriebsvergleichen besonders bei Josef Linke, Wichtige Veränderungen in der betrieblichen Lage der deutschen Müllerei, Dissertation Berlin 1931, S. 86 f.; Karl Lochbihler, a. a. O, S. 59 bis 66; Hans Furthmann, Kosten und Kostenprobleme der Handelsmüllerei, in: die Mühle + Mischfuttertechnik, Detmold, Heft 3, vom 16. Januar 1969, S. 38. Zur Kritik an den Berechnungen über die Kostendegression bei wachsender Auslastung siehe S. 132 ff.

[57] Betriebsvergleich der Handelsmühlen 1954/55 — 1955 — 1955/56, a. a. O., S. 110.

[58] Vergleiche S. 30.

[59] Vergleiche Betriebsvergleich der Handelsmühlen 1954/55 — 1955 — 1955/56, a. a. O., S. 113.

arbeiten als Mühlen mittlerer Größe[60]. Viele Großmühlen dürften aber dennoch wegen der besseren Beschäftigung einen Kostenvorsprung haben.

Bei der Übersicht über die Kosten in der Mühlenwirtschaft ist noch eine andere Einteilung als die in feste und variable wichtig: Bei angespannter Liquidität müssen die Erlöse wenigstens die sofort zu Ausgaben zwingenden Kosten (out of pocket costs) decken, damit der Betrieb weitergeführt werden kann. Für lange Zeit kann auf die Deckung einiger kalkulatorisch errechneter Kosten verzichtet werden[61]; dazu gehört die Verzinsung des Eigenkapitals und teilweise der Unternehmerlohn.

Instandhaltungsarbeiten und Reinvestitionen können vielfach hinausgeschoben werden. Zu den Kosten, die binnen kurzem mit Ausgaben verbunden sind, gehören die Kosten des Getreides und der Hilfs- und Betriebsstoffe, die Lohn- und Gehaltskosten, Steuern, Abgaben, Versicherungen und Zinsen für fremdes Kapital. Die variablen Kosten führen fast sämtlich — außer der Abnutzungsabschreibung — kurzfristig zu Ausgaben. Die verzichtbaren Kosten liegen zum größten Teil bei den anlagebedingten Kosten.

b) Die Lage auf dem Mehlmarkt und das Betriebsergebnis der Mühlen

Zuerst seien einige Punkte zusammengestellt, die für die Entwicklung der Mehlpreise wichtig sind. Ein Ergebnis der bisherigen Untersuchungen war, daß die festen Kosten in der Mühlenwirtschaft geringer sind, als häufig angenommen wird. Deshalb ist auch die Senkung der Stückkosten, die sich bei einer Steigerung der Auslastung erreichen läßt, im Vergleich zu den Gesamtkosten recht klein. Dennoch streben die Mühlen sehr nach einer Verbesserung der Auslastung, sofern sie glauben, den gewinnmaximalen Beschäftigungsgrad noch nicht erreicht zu haben. Ursache dafür ist, daß wegen der hohen Rohstoffkosten die Gewinnspanne in der Müllerei sehr klein ist.

---

[60] Vergleiche Friedrich Fuchs, a. a. O., S. 103.
[61] Friedrich Fuchs, a. a. O., S. 119 ff.

Schon kleine Schwankungen der Stückkosten beeinflussen die Rendite des Eigenkapitals stark. Ein Zahlenbeispiel für eine Mühle mit 60-prozentiger Auslastung soll das zeigen. Um die Wirkung einer Kostensenkung herauszuarbeiten, sei unterstellt, Produktionsmenge und Absatzpreis blieben unverändert [62]. Nach Zahlen, die 1963 repräsentativ gewesen sein sollen, hätte eine Senkung der Stückkosten um eine DM je Tonne Getreide, dem entsprechen etwa 0,2 Prozent der gesamten Stückkosten, die Rendite um etwa ein Prozent steigen lassen [63].

Auf dem Mehlmarkt stehen die Mühlen in einem oligopolistischen Wettbewerb. Zwar ist die Zahl der Anbieter in der Bundesrepublik Deutschland groß, wegen der Transportkosten beliefern aber viele Betriebe nur den näheren Umkreis. Klein- und Mittelmühlen liefern in aller Regel nicht über mehr als 100 Kilometer. In den großen Städten bieten mehr Mühlen an als in schwach besiedelten Gebieten. Man wird sagen dürfen, daß in den meisten Orten Westdeutschlands nicht weniger als drei und nicht mehr als fünfzehn Anbieter am Markt sind.

Mehl wird zwar in verschiedenen Typen hergestellt — heller oder dunkler, je nach dem Anteil der Schalenteile —, die Typen sind jedoch gesetzlich festgelegt. Zwischen den Mehlen

[62] Wenn die Senkung der Stückkosten auf eine vergrößerte Auslastung zurückgeht, steigt der Gewinn natürlich auch wegen des größeren Umsatzes.

[63] Nach Hardach deckt das Eigenkapital in der Mühlenwirtschaft ungefähr das Anlagevermögen. Der Zeitwert des Anlagevermögens soll etwa 15 000 DM je Tonne Tageskapazität sein. Einer Auslastung von 60 Prozent bei 250 möglichen Mahltagen im Jahr entsprechen 150 Tage volle Auslastung. Daraus läßt sich das Verhältnis von einer DM Stückgewinn zu einem Prozent Rendite des Eigenkapitals ableiten. Siehe Fritz Hardach, Artikel „Getreidemühlen", a. a. O.,S. 465. Zu ähnlichen Ergebnissen über das Verhältnis zwischen Anlagevermögen und Eigenkapital kommt auch Rüdiger von Torklus, Analyse der Kapitalausstattung der deutschen Unternehmen auf der Grundlage der Einheitswertstatistik (Deutsches Institut für Wirtschaftsforschung, Beiträge zur Strukturforschung, Heft 8), Berlin 1969, S. 53, Textübersicht 9 und S. 129, Tabelle 8. Zur Bewertung des Anlagevermögens je Tonne Tageskapazität vergleiche die Richtwerte der betriebswirtschaftlichen Kommission innerhalb der Arbeitsgemeinschaft Deutscher Handelsmühlen von 1962, abgedruckt in: Hans Furthmann, Spannen und Kosten im Mühlengewerbe der Bundesrepublik Deutschland (Institut für Agrarpolitik und Marktforschung der Universität Bonn, herausgegeben von der Forschungsgesellschaft für Agrarpolitik und Agrarsoziologie, Band 196), Bonn 1968, S. 233, Übersicht 110. Diese Arbeit wird im folgenden zitiert als Hans Furthmann, Spannen . . .

einer Mehltype gibt es keine großen Unterschiede. Mehl ist ein fast homogenes Gut [64]. Persönliche Präferenzen aus langjährigen Geschäftsverbindungen sind zwar vorhanden, können aber nur kleinere Preisunterschiede ausgleichen [65]. Je mehr die Einkaufsgenossenschaften der Bäcker an Boden gewinnen, desto geringer dürfte der Einfluß persönlicher Präferenzen werden. Die Lage auf dem Absatzmarkt ist für die Mühlen auch aus einem anderen Grund ungünstig: Die Nachfrage nach Brot ist preisunelastisch [66]. Zudem sind die Preissenkungen, zu denen der Wettbewerb zwischen den Mühlen führen kann, im Vergleich mit den Kosten des Backgewerbes so gering, daß sie den Brotpreis nicht beeinflussen.

Bei solchen Bedingungen auf dem Mehlmarkt mußte der Mehlpreis nach Aufhebung der Festpreise (Mitte 1950) sinken [67]. Zahlreiche Mühlen versuchten, durch Preiszugeständnisse außerhalb des bisherigen Kundenkreises ihren Absatz zu steigern und der gewinnmaximalen Beschäftigung näherzukommen. Die persönlichen und sachlichen Präferenzen verhinderten, daß sofort alle Nachfrager auf die billigen Angebote eingingen. Drohte aber der Absatz einer Mühle, die noch zu höheren Preisen verkaufte, entscheidend zurückzugehen, senkte auch sie die Preise, um mindestens den alten Marktanteil zurückzuerobern. Weil die Preissenkungen wegen der starren Nachfrage den Mehlabsatz nicht steigerten, wurde der Preisdruck von der Nachfrageseite nicht gemindert. Andererseits waren die Mehlpreise bei den meisten Betrieben noch hoch genug, um die ausgabenerzwingenden Kosten zu decken. Hätten die out of pocket costs nur geringfügig unter den Vollkosten gelegen, hätte der Preisdruck bald zum Ausscheiden von Grenzbetrieben und somit zum Abbau der Überkapazität

---

64 Friedrich Ackermann, Mühlenpolitik gestern — heute — morgen, in: Ernährungsdienst, Hannover, vom 6. September 1969, S. 5. Fuchs meint dagegen, Mehl sei ein heterogenes Gut, das „gewisse, aber nicht allzu starke Präferenzen" bei den Nachfragern hervorrufe. Friedrich Fuchs, a. a. O., S. 133.

65 Friedrich Fuchs, a. a. O., S. 134 f.

66 Hans Stamer, Landwirtschaftliche Marktlehre, Band I, Hamburg und Berlin 1966, S. 55.

67 Verordnung auf dem Gebiet des Preisrechts, Nr. 38/50, Bundesanzeiger Nr. 183 vom 22. September 1950.

geführt. Die Ertragslage verschlechterte sich jedoch nach 1950 immer mehr, bis 1955 die Genehmigung des Mühlenkartells die Mehlpreise wieder steigen ließ [68]. Auch das Mühlenkartell hat nicht verhindern können, daß die Mehlpreise von Zeit zu Zeit stark sanken.

Die Betriebsergebnisse in der deutschen Mühlenwirtschaft weichen je nach Betriebsgröße, Beschäftigung und Standort so voneinander ab, daß sich keine Durchschnittsergebnisse bilden lassen. Generell läßt sich jedoch sagen, daß in der Müllerei über lange Zeit geringere Renditen erwirtschaftet wurden als in der übrigen Wirtschaft. Nach Scheib[69] befindet sich eine Branche in Gewinndisparität, „wenn dort über Jahre hinweg der Anteil solcher Produzenten, die fast oder gänzlich ohne Gewinn abschließen oder Verluste erleiden, am Gesamtbestand der Produzentengruppe größer ist als im Durschnitt der übrigen Branchen der Volkswirtschaft". Das trifft für die Mühlenwirtschaft zu [70]. Aus verschiedenen Betriebsvergleichen ergibt sich, daß die meisten Mühlen zumindest bis 1958 mit Verlusten arbeiteten [71]. Der genehmigte, aber nicht immer erreichte Kartellpreis der Jahre 1958 bis 1959 soll für gut eingerichtete, gut beschäftigte Betriebe an günstigem Standort einen geringen Gewinn ermöglicht haben [72]. Auch aus den Bilanzen der Aktienmühlen, die viele Verlustabschlüsse und kaum Aufstockungen der Rücklagen verzeichnen, läßt sich die schlechte Gewinnlage der Müllerei ablesen. Wenn noch Gewinne ausgewiesen wurden, stammten sie häufig aus Nebengeschäften wie der Kraftfutterherstellung, Getreidelagerei oder dem Mehlhandel [73]. Auch zu geringe Abschreibungen sind bei manchen Mühlen der Grund für Gewinnabschlüsse.

---

[68] Bekanntmachung vom 19. November 1955, Bundesanzeiger Nr. 220, vom 12. November 1955.

[69] Hans H. Scheib, a. a. O., S. 34 f.

[70] Siehe Fritz Hardach, Entwicklungstendenzen des Mühlengewerbes, in: Getreide und Mehl, Detmold 1966, Heft 4, S. 39.

[71] Hans Furthmann, Spannen . . ., a. a. O., S. 101.

[72] A. Strothe, Kapazitätsabbau als zusätzliche Aufgabe des Mühlenkartells, in: Ernährungsdienst, Hannover 1960, Heft 42, S. 5.

[73] Fritz Hardach, Entwicklungstendenzen des Mühlengewerbes, a. a. O., S. 39.

ZWEITES KAPITEL

Die Ursachen der Überkapazität

1. Ist die Überkapazität die einzige Ursache der Gewinndisparität?

Es wird heute kaum mehr bestritten, daß die Überkapazität Hauptursache der Gewinndisparität in der Mühlenwirtschaft ist [1]. Einige Vertreter der Müllerei meinen aber, Grund für die Gewinndisparität sei auch die Lage der Mühlenwirtschaft „im Schnittpunkt zweier divergierender Systeme" [2], zwischen der Marktordnung auf dem Getreidemarkt mit hoch fixierten Preisen und der Marktwirtschaft auf dem Mehlmarkt [3]. Bevor die Ursachen der Überkapazität betrachtet werden, soll deshalb geprüft werden, ob auch vom Getreidemarkt her Druck auf die Gewinne der Mühlen ausgeht.

Das Argument läßt sich in zwei Teile aufspalten; die beiden Teilargumente lauten dann: Weil der deutsche Getreidepreis weit über dem Weltmarktpreis liegt, erleiden die deutschen Mühlen Schaden; weil der Getreidepreis sich nicht frei bildet, sondern von staatlichen Interventionen beeinflußt wird, ist die Ertragslage der Mühlenwirtschaft unbefriedigend.

Im ersten Schritt der Untersuchung soll geprüft werden, ob ein niedrigerer Getreidepreis, sei er frei gebildet oder fest-

---

[1] Holzmann leugnet dagegen die Existenz der Überkapazität. „Es ist in der Industrie oder in anderen Gewerbezweigen nicht üblich, die Leistungsfähigkeit der Betriebe in einem Vierundzwanzigstundentag zu berechnen . . . Alle sonstigen Berufszweige finden bereits bei einer täglichen Arbeitszeit von 8 bis 12 Stunden ihr Auskommen . . . Eine tägliche Arbeitszeit von 12 Stunden müßte für alle Mühlen genügen, um die Rentabilität der Betriebe zu sichern." Er übersieht dabei, daß außer in der Müllerei auch in anderen Branchen in mehreren Schichten gearbeitet wird, weil so niedrigere Betriebskosten als beim Ein-Schichten-Betrieb erreicht werden. Siehe E. Holzmann, Überkapazität und Mühlenkrise, a. a. O., S. 213, und vom gleichen Autor, Zum Problem der Überkapazität, in: Deutsche Müller-Zeitung, Heft 11, vom 13. Juni 1968, S. 66.

[2] Hans Masuhr, die Mühlenstillegung kann jetzt beginnen, in: Blick durch die Wirtschaft vom 13. Mai 1959.

[3] Jahresbericht 1953 der Arbeitsgemeinschaft Deutscher Handelsmühlen, a. a. O., S. 18; Müller für frei kalkulierte Preise, in: Blick durch die Wirtschaft vom 20. Oktober 1964.

gelegt, höhere Gewinne zuließe. Eine Senkung der Rohstoffpreise könnte nur dann die Gewinne der Mühlen steigen lassen, wenn die Preissenkung nicht voll im Mehlpreis weitergegeben würde oder wenn der ermäßigte Mehlpreis die Nachfrage wachsen ließe. Beides ist nicht zu erwarten. Die Überkapazität in der Mühlenwirtschaft bewirkt bei freier Preisbildung einen so starken Wettbewerb, daß jede Preissenkung auf dem Beschaffungsmarkt nach kurzer Zeit auf den Mehlmarkt durchschlägt. Auch das Mühlenkartell hat nicht verhindert, daß Senkungen der Getreideeinstandskosten binnen kurzem an die Abnehmer weitergereicht wurden [4]. Eine Senkung des Mehlpreises würde auch nicht über eine Absatzsteigerung der Müllerei zugute kommen, weil die Nachfrage nach Brot preisunelastisch ist. Ausländische Mühlen waren auf dem deutschen Mehlmarkt bis vor kurzem kaum vertreten. Der Mehlexport wird von einer Änderung des deutschen Getreidepreises wegen der Anpassung der Exportsubventionen nicht berührt.

Welche Wirkung hat es nun auf die Gewinne der Mühlenwirtschaft, daß der Getreidepreis sich nicht frei bildet sondern durch mannigfache staatliche Eingriffe — etwa Mindestpreise, Abnahmegarantien und Frachtsubventionen — beeinflußt wird? Um die Auswirkung des Interventionismus allein herauszuarbeiten, ist die unrealistische Annahme erforderlich, die Erzeugerpreise für Weizen und Roggen blieben auf gleichem Niveau, wenn der Getreidemarkt in die Marktwirtschaft eingegliedert würde [5]. Sicherlich wären Verschiebungen im Preisgefüge zu erwarten: Die örtlichen und jahreszeitlichen Preisdifferenzen, die sich bei marktwirtschaftlicher Preisbildung er-

---

4 Als im Juli 1967 der deutsche Getreidepreis auf das niedrigere Niveau des Gemeinsamen Marktes gesenkt wurde, folgte der deutsche Mehlpreis bald nach. Schon früher beklagten Müller, Subventionen für Inlandsweizen seien „im Preiswettbewerb verpulvert" worden. Vergleiche Geschäftsbericht für 1964 der Landshuter Kunstmühle C. A. Meyer's Nachfolger AG, zitiert nach Blick durch die Wirtschaft vom 6. Juli 1965. Anfang 1970 wurden die Getreidepreise durch die DM-Aufwertung herabgesetzt. Zu dieser Zeit war das Kartell so stark, daß das Bundeswirtschaftsministerium das Kartell zeitweilig aufheben mußte, um die Mühlen zu einer Senkung der Mehlpreise zu zwingen.

5 Ebenso die Preise für Importgetreide.

geben würden, hat die Getreidemarktordnung nie genau simulieren können. Ändern dürften sich auch die Preisunterschiede nach der Qualität des Getreides, etwa nach Auswuchs und Feuchtigkeitsgehalt [6]. Die Preisänderungen würden die Mühlenwirtschaft nicht unberührt lassen: So würde eine den Frachtkosten angemessene größere Differenz zwischen den Preisen im Ruhrgebiet und in den Getreideanbaugebieten Frankens den nordbayrischen Binnenmühlen nützen und den rheinischen Hafenmühlen abträglich sein. Wie aber eine Freigabe der Getreidepreisbildung die Lage der Mühlenwirtschaft insgesamt verbessern könnte, ist nicht zu übersehen. Möglicherweise verteuern die staatlichen Interventionen den Weg des Getreides vom Erzeuger zur Mühle. Dann würde die Aufhebung der Getreidemarktordnung zu einer Senkung der Rohstoffeinstandskosten führen. Der von den ungenutzten Kapazitäten ausgehende Preisdruck würde aber auch diese Kostensenkung schnell auf den Mehlmarkt durchschlagen lassen. Aus der gegenwärtigen Lage zwischen Marktordnung und freiem Markt erwächst der Müllerei also kein Schaden [7,8]. Bei der alternativen Forderung nach Einbeziehung der Müllerei in die Marktordnung oder Freigabe des Getreidemarktes kann man sich des Eindrucks nicht erwehren, daß die Müller glauben, die Aufhebung der Getreidemarktordnung sei ohnehin nicht zu verwirklichen und in der Marktordnung käme es zu einer „gerechten", das heißt höheren, kostendeckenden Mahllohnspanne [9].

Wenn weder die Höhe des Getreidepreises noch die Art der Preisbildung die Ertragslage der gesamten Mühlenwirtschaft beeinflussen, bleibt als Ursache der Gewinndisparität nur die Überkapazität.

---

[6] Siehe Jahresbericht 1959 der Arbeitsgemeinschaft Deutscher Handelsmühlen, Bonn 1960, S. 32 und 38.

[7] Heinrich Clausen, Entwicklung und gegenwärtige Struktur der Mühlenwirtschaft in westeuropäischen Ländern, a. a. O., S. 158.

[8] Brauereien und Molkereien, deren Rohstoffe gleichfalls Marktordnungen unterliegen, arbeiten gemeinhin nicht unrentabel.

[9] Müller für frei kalkulierte Preise, a. a. O.; E. Holzmann, Überkapazität und Mühlenkrise, a. a. O., S. 215.

2. Das Entstehen der Überkapazität

a) Der Rückgang der Nachfrage

Als eine der Ursachen für die Überkapazität in der Mühlenwirtschaft gilt die Abnahme der Nachfrage nach Mehl und Brot [10]. Dagegen spricht, daß die Vermahlung von Kriegsende bis etwa zum Inkrafttreten des Mühlengesetzes zunahm [11]. Erst seit 1957/58 schrumpft der Absatz von Mehl [12]. Man kann deshalb nicht die schlechte Auslastung in den Jahren vorher mit dem Absatzrückgang erklären.

Aber vielleicht haben die Unternehmer bei Investitionen um 1950 mit einer für sie günstigeren Entwicklung der Nachfrage rechnen können? Die Gesamtnachfrage nach Mehl läßt sich auf drei Komponenten zurückführen: Verbrauch je Einwohner im Inland, Bevölkerungszahl und Saldo im Außenhandel.

Der Brotkonsum je Einwohner nimmt seit über 150 Jahren ziemlich regelmäßig ab [13]:

Tabelle 9

Entwicklung des Brotverbrauchs (pro Kopf jährlich) [a]

1800	300 kg	1947/48	127 kg
1850	250 kg	1950/51	105 kg
1900	200 kg	1955/56	93 kg
1925/29	140 kg	1960/61	80 kg
1935/38	124 kg	1965/66	72 kg
		1967/68	70 kg

[a] Die Zahlen für die Jahre bis 1947/48 stammen aus dem Geschäftsbericht der Arbeitsgemeinschaft Deutscher Handelsmühlen zur Getreidewirtschaft 1945 — 1952, a. a. O., S. 173, für die Jahre 1950/51 und 1955/56 aus dem Jahresbericht 1958 der Arbeitsgemeinschaft Deutscher Handelsmühlen, a. a. O., S. 105, Tabelle 16. Die Angaben für 1960/61 und später sind dem Jahresbericht 1968 der Arbeitsgemeinschaft Deutscher Handelsmühlen entnommen (Bonn 1969, S. 79, Tabelle 15).

[10] Siehe etwa Hans Masuhr, Die Handelsmüllerei, in: Die Ernährungswirtschaft, Wiesbaden und Berlin 1955, Heft 6/7, S. 181, und Fritz Hardach, Entwicklungstendenzen des Mühlengewerbes, a. a. O., S. 40.

[11] Vergleiche die Übersichten der Mühlenstelle vom Mai 1953, November 1955, Dezember 1957 und Oktober 1958. Ins Gewicht fallende Abweichungen von Vermahlung und Absatz gibt es nicht, weil Mehl nur begrenzt lagerfähig ist.

[12] Siehe Tabelle 3 auf S. 25.

[13] Fritz Hardach (Artikel „Getreidemühlen", a. a. O., S. 466) bezeichnet den Rückgang des Verbrauchs als stetig.

Die Gründe der Verbrauchsabnahme sollen nicht im einzelnen betrachtet werden. Zwei plausible Erklärungen sind: Das „inferiore Gut“ Brot wird bei steigendem Einkommen durch teurere Lebensmittel ersetzt. Immer weniger Menschen müssen heute harte körperliche Arbeit leisten; dadurch sinkt auch der Kalorienbedarf. Der Rückgang des Verbrauchs war in den Jahren nach der Währungsreform besonders groß und flachte dann ab. Bis zur Mitte der fünfziger Jahre hatte der Bevölkerungszuwachs die Abnahme des Pro-Kopf-Verbrauchs noch überkompensiert [14]. Da es seit langem verläßliche Prognosen über die Bevölkerungsentwicklung gibt, hätte man den Rückgang der Vermahlung für das Inland erwarten können.

Dagegen hat sich der Mehlexport wohl besser entwickelt, als man um 1950, der Zeit der großen Wiederaufbauten von Mühlenkapazitäten, erwarten konnte. Der Export hat den Nachfragerückgang im Inland teilweise ausgeglichen [15]. So lag der Höhepunkt der Gesamtvermahlung erst im Jahre 1957/58 [16].

Mit dem Rückgang der Nachfrage kann man daher die Überkapazität nicht erklären. Unbestreitbar ist nur, daß die Beschäftigung der Mühlen heute besser wäre, wenn der Verbrauch — wider Erwarten — nicht zurückgegangen wäre.

b) Der technische Fortschritt

Fuchs [17] ist der Ansicht, der technische Fortschritt in der Mühlenwirtschaft führe zu Überkapazitäten. Er vergrößere die vermahlbare Getreidemenge und steigere Ausbeute und Mehlqualität. Der technische Fortschritt senke die Stückkosten und steigere über das höhere Angebot die Erträge. Die Mühlen, die den technischen Fortschritt realisieren, sollen nach Fuchs ihren Vorsprung dazu nutzen, um ihren Absatz auszudehnen und den Produktionsapparat zu erweitern [18]. „Somit wird der technische Fortschritt zu einem mächtigen Faktor zu-

---

[14] Die Vermahlung für das Inland erreichte ihren höchsten Stand 1954/55 (nach einer Übersicht der Mühlenstelle vom Dezember 1959).

[15] Die Einfuhr von Mehl hatte bislang der Menge nach keine Bedeutung.

[16] Vergleiche Übersicht der Mühlenstelle vom Dezember 1959. Siehe auch Tabelle 3 dieser Arbeit, S. 25.

[17] Friedrich Fuchs, a. a. O., S. 153 ff.

[18] Genaugenommen: erneut zu erweitern.

nächst der Kapazitätserweiterung und, wenn die Nachfrage dem Angebot nicht folgt oder die Kapazität der Branche nicht in entsprechendem Ausmaß an anderer Stelle abgebaut wird, schließlich zur Entstehung der Überkapazität beitragen oder sie erweitern [19]." Da die wenigen führenden Mühlen ihren erhöhten Gewinn angeblich nicht sofort an den Mehlmarkt weiterreichen, sollen die rückständigen Mühlen noch in der Lage sein, ebenfalls technische Neuerungen einzuführen und zu expandieren. Dadurch komme der Mehlpreis ins Wanken. Die Gewinne in der gesamten Branche nähmen ab. „Wegen des zwischenzeitlichen Aufkommens der rückständigen Mühlen müssen die führenden zu technischen Neuerungen greifen. Der Prozeß beginnt von neuem [20]."

Fuchs meint also, der technische Fortschritt mindere die Gewinne der Mühlen, gleichgültig, ob sie Modernisierungsinvestitionen vornehmen oder nicht [21].

Sind diese Gewinneinbußen nun unvermeidbar oder sind sie letztlich doch auf Fehlinvestitionen zurückzuführen? Nehmen wir an, für eine Mühle, die nach herkömmlicher Rechnungslegung bislang ohne Gewinn oder Verlust arbeitet, ist eine Rationalisierungsinvestition geplant, die auch eine Kapazitätserweiterung mit sich bringt [22]. Die vorausgeschätzte Rendite der Investition ist so hoch wie der landesübliche Zins für Anlagen gleichen Risikos.

Wenn die Erwartungen des Unternehmers sich als zutreffend erweisen, steigert die Investition die Rentabilität des Gesamtunternehmens. Das bisher eingesetzte Kapital verzinst sich nicht, die Neuinvestition wirft den kalkulierten Zins ab. Das gesamte investierte Kapital hat nun eine Rendite, die zwischen Null und dem landesüblichen Zinsfuß liegt. Ist die

---

[19] Friedrich Fuchs, a. a. O., S. 154.

[20] Friedrich Fuchs, a. a. O., S. 155.

[21] Man darf wohl annehmen, daß Fuchs rationales Verhalten der Unternehmer voraussetzt.

[22] Ob die bestehenden Mühlenbetriebe durch die technischen Neuerungen langfristig Verluste hinnehmen müssen, hängt davon ab, ob sie den gegenwärtigen technischen Fortschritt in ihrer ursprünglichen Investitionsrechnung schon berücksichtigt hatten oder nicht. Anders gesagt, ob sie in der Zeit vorher Gewinne angesammelt haben, die sie jetzt ausgleichend einsetzen können, ohne ihre langfristig geplante Rendite zu unterschreiten.

tatsächliche Rendite der Investition aber niedriger als die geplante, dann liegt eine Fehlinvestition vor [23]. Der technische Fortschritt kann also nur dann zu Verlusten oder zu Gewinnen führen, die unter den bisherigen liegen, wenn die Unternehmer zu hohe Investitionen tätigen. Der Grund für die gewinnmindernde Überkapazität ist also nicht der technische Fortschritt, sondern die Summe von vielen Fehlinvestitionen.

Die Gründe für diese Fehlinvestitionen können sein:

(1) Derart viele Unternehmer realisieren den technischen Fortschritt und expandieren, daß der Mehlpreis, der in die Investitionsrechnungen eingegangen ist, unterschritten wird. Hätten die Unternehmer von den in anderen Betrieben geplanten Investitionen gewußt und den zu erwartenden Preisdruck in ihren Entscheidungen berücksichtigt, wären Investitionsstoß, Angebotsdruck und Preissenkung geringer ausgefallen [24].

(2) Innerhalb der geplanten Lebensdauer der Investition bringt der technische Fortschritt neue Aggregate hervor, deren Einsatz auf den Mehlpreis drückt. Im zweiten Teil der vorgesehenen Nutzungsperiode sind dann die Erlöse niedriger als geplant [25] oder die Maschine wird vorzeitig durch eine Neuentwicklung ersetzt.

In beiden Fällen sinkt die tatsächliche Rendite unter die geplante; die Fehlinvestition schmälert die Gewinne des Unternehmens. Gewinndisparität für die gesamte Mühlenwirtschaft kann durch den technischen Fortschritt nur mitverursacht wer-

---

[23] Wie ist es, wenn die erwartete Rendite der Investition nicht gleich dem üblichen Zins war, sondern höher lag? Sofern die tatsächlichen Gewinne nur wenig hinter den Gewinnerwartungen zurückbleiben, kann die Rendite immer noch über der sonst üblichen liegen. Nur eine große Abweichung zwischen ex ante und ex post kann die Rendite so herabdrücken, daß sich die Lage des Unternehmens insgesamt verschlechtert.

[24] Ein ähnliches Verhalten wird auch in anderen Branchen beobachtet, besonders in der Landwirtschaft: Viele Anbieter beginnen gleichzeitig in einer Zeit hoher Preise, ihre Produktion auszudehnen. Sie bedenken dabei nicht, daß das höhere Gesamtangebot die Preise wieder drücken wird; ihre Investitionsrechnungen erweisen sich als falsch. Das klassische Beispiel ist der von Hanau aufgezeigte Schweinezyklus. Siehe Arthur Hanau, Die Prognose der Schweinepreise, Berlin 1927.

[25] Das wäre das Gegenteil von dem in Fußnote 22 der vorigen Seite geschilderten Fall.

den, wenn zu viele Müller zu optimistische Annahmen über künftige Preise machen.

c) *Die häufige Änderung der Umweltdaten*

Einige Autoren meinen, der Wechsel exogener Daten, besonders der regionalen Getreidekosten, sei eine wesentliche Ursache der Überkapazität[26]. So schreibt etwa Teichmann: „Infolge der starken Schwankungen der Getreideeinstandspreise und Mehlpreise erreichten einmal diese, einmal jene Mühlengruppen gegenüber anderen eine verhältnismäßig günstige Rentabilitätslage. Das hatte in der Regel einen Ausbau von Mühlenbetrieben zur Folge. Eine entsprechende Stilllegung unrentierlicher Mühlen fand jedoch nicht immer statt...".

Die wichtigsten dieser Änderungen sind[27]:

(1) Die Wandlung der Getreidebasis, der Wechsel vom Importland zur Autarkie und wieder zum Importland, förderte abwechselnd die Hafen- und die Binnenmühlen. Änderungen in der Zollpolitik, in der Steuerpolitik und bei Eisenbahntarifen beeinflußten den Wettbewerb. Aber auch unterschiedliche Wachstumsraten der Bevölkerung und der inländischen Getreideproduktion wirkten auf die Mühlen ein.

(2) Die starken Schwankungen des Mehlexports beeinflussen die Investitionstätigkeit der Hafenmühlen.

(3) In der ersten Nachkriegszeit versorgten viele Mühlen ein stark vergrößertes Absatzgebiet, da die bisherigen Wettbewerber ausfielen: Zahlreiche Großmühlen waren zerstört; der Absatz über die Grenzen der Länder oder Zonen hinweg war erschwert oder völlig zum Erliegen gekommen. Einige Kleinmühlen erweiterten beträchtlich.

---

[26] Friedrich Fuchs, a. a. O., S. 138 bis 145, 156 bis 179; Ulrich Teichmann, a. a. O., S. 209; Hans Masuhr, Die Handelsmüllerei, a. a. O., S. 181; Die Übersetzung der deutschen Getreidemüllerei, a. a. O., S. 502 f. und 516.

[27] Die ausführlichste Zusammenstellung bietet Friedrich Fuchs, a. a. O., S. 138 ff. und 156 ff.

Diese Datenänderungen regten einen Teil der Begünstigten zu Erweiterungen an oder ließen neue Mühlen entstehen. Es muß betont werden, daß es durchaus richtig sein kann, daß in einer übersetzten Branche neue Kapazitäten aufgebaut werden: Eine betriebswirtschaftlich sinnvolle Investition ist auch volkswirtschaftlich gerechtfertigt, soweit die erwarteten privatwirtschaftlichen Gewinne nicht durch soziale Kosten überkompensiert werden [28,29]. Von der Mühlenwirtschaft scheinen jedoch keine negativen externen Effekte auszugehen. Auf der anderen Seite sind auch Reinvestitionen, die sich nachher als falsch erweisen, für die gesamte Volkswirtschaft von Schaden. Sie zögern den Gesundungsprozeß der Branche genauso hinaus wie eine Fehlentscheidung bei einer Erweiterung. Daher gilt alles, was zum Überoptimismus bei Neuinvestitionen zu sagen ist, analog auch für verfehlte Reinvestitionen.

Wie schon geschildert wurde, muß ein großer Teil der Kapazitätserweiterungen in der Müllerei als Fehlinvestition gelten. Anderenfalls hätte jede Erweiterung die Gewinnlage des Investors verbessern müssen. Die Annahme, daß die expansiven Unternehmen heute generell besser verdienen als vor der Erweiterung, findet keine Bestätigung.

Welches sind nun die Gründe für die zu hohe Investitionstätigkeit? Die von einem Wechsel der Daten geförderten Unternehmer investieren meist unter der Annahme, die gegenwärtige, für sie günstige Lage werde andauern. Eine mögliche Revision der Daten zu ihren Ungunsten innerhalb der Lebensdauer der neuen Anlage wird nicht oder zu wenig ins Kalkül einbezogen. Kamm schreibt dazu: „In der Mühlenbranche führten jedoch gerade mangelnde Einsichtsmöglichkeiten in zukünftige Entwicklungen auf dem Beschaffungs- und Absatzmarkt zu Investitionsentscheidungen, die sich erst nachträglich, nach einer Korrektur der bei der Investitionsvornahme geltenden Bedingungen, als falsch herausstellten [30]."

---

[28] Fritz Machlup, Wettbewerb im Verkauf, Göttingen 1966, S. 314 ff.

[29] Unter sozialen Kosten versteht man von einem Unternehmen verursachte Kosten, die nicht in dessen Kalkulation eingehen, sondern Dritte belasten. Dazu gehört zum Beispiel die Verschmutzung der Luft.

[30] Werner Kamm, a. a. O., S. 79.

Ähnliche Verhaltensweisen sind auch auf einigen landwirtschaftlichen Märkten [31] und in der Binnenschiffahrt [32] zu beobachten. Wessels zeigt, daß auch im Steinkohlenbergbau kurzfristige Gewinnsteigerungen zu Investitionen führten, die sich später als unrentabel erwiesen [33]: „Eine meist kurzfristige Erhöhung der Rentabilität zog eine Ausdehnung der Förderkapazität nach sich, die bei einem Rückgang der Nachfrage die Verminderung des Angebots außerordentlich erschwerte. Die Unternehmer entschlossen sich zur Erweiterung der Betriebe bei guter Rentabilität, ohne sicher zu sein, daß die gleiche Marktlage auch dann noch fortbestehen würde, wenn die zusätzliche Produktion auf dem Markt erschien. Das von großem Optimismus getragene Unternehmertum sah nicht, daß die lange Investitionsdauer im Bergbau die Bestimmung der richtigen Investitionshöhe sehr erschwert."

Die Frage ist, ob das Investitionsverhalten in der Mühlenwirtschaft sich nur ex post als verfehlt herausstellte, oder ob Kapazitätserweiterungen teilweise von vornherein dem Ziel langfristiger Gewinnmaximierung widersprachen.

---

[31] Vergleiche Seite 48. Siehe auch Hans Stamer, a. a. O., S. 120 ff.; Hans H. Scheib, a. a. O., S. 103 f. Über die Ursache der Apfelschwemme des Jahres 1969 schreibt Günther Thiede (in Auszügen veröffentlicht unter dem Titel „Mit Statistiken gegen die Apfelschwemme", in: Blick durch die Wirtschaft vom 21. Oktober 1969): „Herr X legt eine Apfelplantage an, diese beginnt erst nach fünf Jahren zu tragen ... Herr X hatte aber seine Obstplantage angelegt, weil er einen guten Gewinn erwartete. Und weshalb glaubte Herr X an einen Gewinn? Weil er oder sein Nachbar im Augenblick der Pflanzung bereits günstige Preise mit Äpfeln erzielt hatten und ... weil er keine Ahnung hatte, daß neben ihm viele Tausende anderer Landwirte ebenfalls dabei waren, Obstplantagen neu zu errichten oder zu erweitern." Bald darauf wurde eine „Abhackaktion" für Apfelbäume gefordert. Siehe 1975 acht Millionen Tonnen Äpfel zuviel, in: Blick durch die Wirtschaft vom 21. Januar 1970.

[32] Vergleiche Anton Felix Napp-Zinn, Rheinschiffahrt 1913—1925, Berlin 1925, S. 20. Dort heißt es: „Trotz des großen Aufschwungs, den von Jahr zu Jahr die Menge der auf dem Rhein beförderten Güter nahm, war die Geschäftslage der Rheinschiffahrt zu Anfang des 20. Jahrhunderts als durchgängig gedrückt zu bezeichnen. Die Ursache dieses Zustandes, eine fortlaufende übermäßige Vergrößerung der Betriebsmittel, hatte ihrerseits darin den Anlaß, daß aus etwas größeren Leistungen und gehobenen Einnahmen eines Jahres immer mit der Wahrscheinlichkeit einer gleichen oder selbst größeren Steigerung im nächsten gerechnet wurde ..."

[33] Theodor Wessels, Wirtschaftliche Probleme des Steinkohlenbergbaus in den letzten hundert Jahren, in: Glückauf, Bergmännische Zeitschrift, 95. Jahrgang (1959), S. 893.

Der häufige Wechsel bei den Standortbedingungen hat schon im vorigen Jahrhundert eingesetzt [34]. Die Müller hätten die Erfahrung machen können, daß die von einem Wechsel begünstigten Teile der Branche bei neuen Änderungen der Wettbewerbslage benachteiligt werden konnten [35]. Sie hätten deshalb bei ihren Investitionsentscheidungen mit hohen Risikozuschlägen rechnen müssen, denn niemand kann wissen, wann, auf welchem Gebiet und in welchem Ausmaß eine neue Datenänderung eintreten wird.

Wenn langfristig die Unternehmen der Mühlenwirtschaft im großen ganzen realistische Annahmen über künftige Entwicklungen machen, gleichen sich getäuschte und übererfüllte Erwartungen ungefähr aus. Die in die Investitionsrechnung eingefügte Risikoprämie zum Ausgleich der hohen Ungewißheit über künftige Reinerträge führt dann dazu, daß auf lange Sicht viele Unternehmen höhere Gewinne erwirtschaften als in risikoarmen Branchen üblich ist und nur wenige geringe Gewinne erzielen oder sogar Verluste erleiden.

d) Getäuschte Erwartungen und andere Ursachen von Fehlinvestitionen

In den vorangehenden Abschnitten dieses Kapitels wurde gezeigt, daß der Wechsel von Umweltdaten und der technische Fortschritt nicht Ursachen der Überkapazität, sondern nur das auslösende Moment für überhöhte Investitionen sind. Diese Arten von Fehlinvestitionen seien als Thesen noch einmal zusammengefaßt:

(1) Eine technische Neuerung kann zu übergroßen Investitionen führen, wenn viele Anbieter gleichzeitig den techni-

---

[34] Paul Mohr, Die Entwicklung des Großbetriebs in der Getreidemüllerei Deutschlands, Berlin 1899, S. 100 ff.

[35] Allein die Verdrängung des Roggens durch den Weizen und der Rückgang der Lohnmüllerei scheinen nur in einer Richtung wirkende Prozesse zu sein. Vergleiche Friedrich Fuchs, a. a. O., S. 180; Werner Kamm (a. a. O., S. 91) ist der Ansicht, die Mühlen hätten durchaus die Erfahrung gemacht, daß es immer wieder einen Wechsel geben werde. Dennoch seien auf der einen Seite Kapazitätserweiterungen die Regel gewesen. Nur auf der anderen Seite notwendige Stillegungen seien in der Hoffnung auf einen erneuten Wandel unterblieben.

schen Fortschritt anwenden wollen und ihre Kapazität erweitern, ohne die von der erhöhten Kapazität herrührende künftige Senkung der Absatzpreise vorherzusehen.

(2) Der Einsatz einer technisch neuen Maschine kann sich als Fehlinvestition erweisen, wenn bei den Investitionsüberlegungen nicht ausreichend berücksichtigt wird, daß der technische Fortschritt innerhalb der geplanten Nutzungsdauer wiederum neue Aggregate hervorbringen kann. Die technische Fortentwicklung kann den Mehlpreis sinken lassen, so daß die Maschine nicht die geplanten Erlöse bringt und vielleicht vorzeitig ersetzt werden muß.

(3) Unternehmer, die von einem Wechsel auf Beschaffungs- oder Absatzmarkt begünstigt werden, unterstellen oft bei ihren Investitionsentscheidungen, die gegenwärtige günstige Lage sei dauerhaft; mit der Möglichkeit eines neuen Wechsels zu ihren Ungunsten rechnen sie nicht [36].

Außerdem gibt es noch weitere Beweggründe für übergroße Investitionen, etwa zu optimistische Annahmen über die Entwicklung der Gesamtnachfrage nach Mehl.

In allen bisher aufgeführten Fällen führen getäuschte Erwartungen zu Fehlinvestitionen und damit zu Gewinndisparität [37].

Der hier beschriebene Zusammenhang zwischen Investition, Kapazität und Gewinn ist nicht auf die Müllerei beschränkt. Ohne Bezug auf die Mühlen stellt Scheib [38] fest: „Gewinndisparitäten der hier behandelten Art beruhen also auf vorhergehenden, korrekturbedürftigen Investitionsentscheidungen der Produzenten. Je mehr diese zu Wiederholungen derartiger Kapazitätserweiterungen neigen und je größer die Hemmnisse sind, die dem Korrekturprozeß entgegenstehen, desto

---

[36] Denkbar ist auch, daß Unternehmer, die aus einem Datenwechsel Nutzen ziehen, schon deshalb zu viel investieren, weil sie Kapazitätserweiterungen bei gleichfalls begünstigten Konkurrenten nicht voraussehen. Dies wäre der ersten These vergleichbar.

[37] Es scheint dem Verfasser bemerkenswert zu sein, daß die Müllerei, ein wohl eher konservativer als dynamischer Berufsstand, sich bei seinen Investitionsentscheidungen so sehr von spekulativen Erwartungen und so wenig von der Vorsicht leiten läßt.

[38] Hans H. Scheib, a. a. O., S. 105.

anfälliger wird eine solche Branche für Gewinndisparität sein."

Daneben gibt es auch Investitionen, die trotz erfüllter Erwartungen auf die Gewinne der Branche drücken: Ein Unternehmer kann sich von vornherein mit einer Verzinsung seines Kapitals zufrieden geben, die niedriger als in anderen Branchen ist [39]. Dieses Verhalten verstößt gegen das Ziel der Gewinnmaximierung. Wer große Freude am Beruf des Mülles hat, erzielt aber einen außerökonomischen Vorteil. Es kann deshalb durchaus dem Ziel der Nutzenmaximierung entsprechen, trotz niedriger erwarteter Gewinne weiter in der Mühlenwirtschaft zu investieren.

Bei der Erweiterung mancher Mühle spielt auch das Prestigestreben des Unternehmers mit: Eine Neuinvestition in einer Mühle zieht oft Erweiterungen in benachbarten Betrieben nach sich, weil deren Eigentümer im Vergleich der Betriebsgrößen nicht an Boden verlieren wollen [40].

„Es wird sicher auch von Müllern der Feststellung nicht widersprochen, daß oft das einzige Motiv vorgenommener Erweiterungsinvestitionen war, es der Konkurrenz gleichzutun, wobei die Möglichkeit, Errungenschaften des technischen Fortschritts zu berücksichtigen, mit zu der Investitionsneigung beigetragen hat. Diese in voller Kenntnis der Disproportionalität zwischen Gesamtangebotsmöglichkeit der Branche und der Gesamtnachfrage nach ihren Produkten vorgenommenen Investionen sind ... als Fehlinvestitionen anzusehen, die vom Investor zu verantworten sind [41]."

---

[39] Dazu ein Beispiel: Ein Investor, dessen Eigenkapital sich bislang mit einem Prozent verzinst, plant für eine Erweiterung eine Verzinsung von nur drei Prozent und erwirtschaftet sie auch. Die Rendite seines Eigenkapitals hat sich etwas erhöht und liegt nun zwischen einem und drei Prozent. Sie ist niedriger als bei einer Investition außerhalb der Mühlenwirtschaft. Seine eigene Investition vergrößert die Gewinndisparität der gesamten Branche: Das Angebot steigt, Auslastung, Preise und Gewinne sinken.

[40] Fritz Hardach, Entwicklungstendenzen des Mühlengewerbes, a. a. O., S. 40. Vergleiche dazu auch Hartmut Kreikebaum, Das Prestigeelement im Investitionsverhalten, in: Beiträge zur Verhaltensforschung, Heft 4, Hartmut Kreikebaum und Günter Rinsche: Das Prestigemotiv in Konsum und Investition, Berlin 1961, S. 42 f., Eugen Schmalenbach, a. a. O., S. 77.

[41] Werner Kamm, a. a. O., S 79.

Einige Fehlinvestitionen lassen sich auf das in der Mühlenwirtschaft oft ungenügende Rechnungswesen zurückzuführen. Bei Unternehmen, die nur aus einer Mühle bestehen, wird Unrentabilität über kurz oder lang aus der Entwicklung von Ausgaben und Einnahmen sichtbar. Aber bei Mühlen, die zusammen mit anderen Betrieben in einer Hand sind, können Verluste der Müllerei von Gewinnen anderer Unternehmensteile überdeckt werden. Viele Mühlen werden mit Landwirtschaft, Futtermittelherstellung, Landhandel oder Sägewerken zusammen betrieben. Hier sind falsche Investitionen in der Mühle leicht möglich, wenn das Rechnungswesen nicht ausreichend nach Unternehmensteilen aufgegliedert ist.

Es zeigt sich, daß vielerlei Ursachen zu Fehlinvestitionen und damit zu Überkapazität und Gewinndisparität in der Mühlenwirtschaft geführt haben.

e) Staatliche Eingriffe in Investition Produktion und Preisbildung auf dem Mehlmarkt

In der Zeit der stärksten Einwirkung des Staates auf die Mühlenwirtschaft im Reichsnährstand der Jahre 1934 bis 1945 waren Vermahlung, Getreide- und Mehlpreise festgelegt. Kapazitätserweiterungen wurden nur in wenigen Fällen genehmigt. Die Preise waren so festgesetzt, daß auch schlecht beschäftigte Mühlen Gewinne erzielten [42]. Abgesehen davon, daß in vielen Betrieben bei Reinvestitionen Rationalisierung mit Kapazitätssteigerung einherging, wurden auch Mühlen wieder in Betrieb genommen, die schon einige Zeit stillgelegen hatten. Insgesamt dürfte in dieser Zeit die Kapazität der Mühlenwirtschaft nicht geschrumpft sein, sondern zugenommen haben [43].

Auch nach 1945 bleibt es bei Festpreisen für Getreide und Mehl; die Überkapazität wirkte sich nicht auf die Gewinne der Mühlen aus. Die Vermahlung war wohl nach wie vor für fast

---

[42] Siehe hierzu: Mühlen — Opfer der Wirtschaftspolitik?, in: Die Mühle + Mischfuttertechnik, vom 14. Januar 1965, S. 25.

[43] Friedrich Fuchs, a. a. O., S. 174 f.

alle Betriebe lohnend [44]. In den ersten Jahren nach Kriegsende war der überregionale Getreide- und Mehlhandel durch die allierte Bewirtschaftung gelähmt. So konnten die Mühlen Bremens und Hamburgs ihre alten Absatzgebiete in Niedersachsen und Schleswig-Holstein kaum beliefern. Im Kriege waren zahlreiche Großmühlen beschädigt oder zerstört worden. Deshalb arbeiteten die kleineren und mittleren Mühlen des Binnenlandes oft an der Grenze ihrer Kapazität. Auch der Zustrom der Flüchtlinge in die ländlichen Gebiete trug zur guten Beschäftigung der Binnenmühlen bei. Mit Billigung oder Unterstützung der Behörden erweiterten deshalb viele kleinere Mühlen ihre Kapazität [45].

Als die Handelshemmnisse innerhalb Westdeutschlands wegfielen und die zerstörten Großmühlen wieder aufgebaut wurden, sank die Beschäftigung der Binnenmühlen. Die Überkapazität trat wieder deutlich hervor [46].

Wie hätte sich die Kapazität der Mühlenwirtschaft entwickelt, wenn schon seit Kriegsende ein ungehinderter Warenverkehr innerhalb Westdeutschlands bestanden und sich die Preise für Getreide, Mehl und die Investitionsgüter der Mühlenwirtschaft frei gebildet hätten, kurz: wenn eine Marktwirtschaft existiert hätte? Folgende Tendenzen sind zu vermuten: Die wenig beschädigten Großmühlen wären wahrscheinlich schnell wieder in Betrieb gesetzt woden, weil die notwendigen Investitionen im Vergleich zu den Ertragsaussichten nicht groß waren. Die Erweiterung von Binnenmühlen und der Wiederaufbau stark zerstörter Großmühlen hätte aber mit Sicherheit einen geringeren Umfang gehabt; die schon bestehende oder wieder entstehende Überkapazität hätte den Mehlpreis sinken lassen und den Kapazitätsanstieg gebremst.

---

[44] Im Geschäftsbericht der Arbeitsgemeinschaft Deutscher Handelsmühlen zur Getreidewirtschaft 1945—1952 (a. a. O., S. 180) findet sich nur milde Kritik an der Höhe der Mehlpreise. Die Spanne zwischen Getreide- und Mehlpreis ist in den Nachkriegsjahren mehrfach erhöht worden.

[45] Geschäftsbericht der Arbeitsgemeinschaft Deutscher Handelsmühlen zur Getreidewirtschaft 1945—1952, a. a. O., S. 50 und 88, sowie Jahresbericht 1955 der Arbeitsgemeinschaft Deutscher Handelsmühlen, Bonn 1956, S. 14.

[46] Soweit das bei fixierten Absatzpreisen möglich ist.

Im Jahre 1950 wurde die Kontingentierung aufgehoben, und auch auf den Absatzmärkten der Mühlen setzte der marktwirtschaftliche Preiswettbewerb ein, der schon seit zwei Jahren Produktion und Investition im größten Teil der übrigen Wirtschaft lenkte. Die Gewinne der Mühlen schrumpften. Bis zur Genehmigung des Mühlenkartells Ende 1955 griff der Staat nicht mehr in Preisbildung und Investitionstätigkeit ein [47]. Vom Kartell und noch stärker vom Mühlengesetz gingen schon vor ihrem Inkrafttreten Wirkungen aus: Die Erwartung höherer zukünftiger Mehlpreise einerseits und eines Erweiterungsverbotes andererseits führten zu Kapazitätserweiterungen [48]. Es zeigt sich, daß während langer Zeit staatliche Interventionen, besonders die Fixierung der Mehlpreise, den Mühlen zu sicheren Gewinnen verhalf. Die Ertragslage war so gut, daß Reinvestitionen und — soweit zugelassen — Kapazitätserweiterungen in fast allen Fällen im Zeitpunkt der Entscheidung privatwirtschaftlich rentabel waren [49]. Die Überkapazität, die bei Beginn der Stillegungsaktion bestand, geht also zu einem Teil auf unternehmerische Fehlentscheidungen, zum anderen Teil auf staatliche Preisfixierung zurück, die der Unterbeschäftigung der Mühlen nicht Rechnung trug [50].

3. Das Anhalten der Überkapazität

a) Die lange Lebensdauer der Anlagen

Woran liegt es, daß Mühlen, die über Jahre hinweg mit nur geringen Gewinnen oder sogar mit Verlusten abschließen,

---

[47] Die Subventionierung des „Konsumbrotes" hatte keinen Einfluß auf die Mühlenkapazität. Vergleiche Lore Pechtold, Zum Wohle der Verbraucher: Die Konsumbrotsubventionierung, in: Karl-Heinrich Hansmeyer, Subventionen in der Bundesrepublik Deutschland, Berlin 1963, S. 39 f. und 45 f.

[48] Zu diesen Ankündigungswirkungen siehe S. 85 f.

[49] Zwar wurde ein großer Teil dieser Investitionen nach Freigabe der Mehlpreise unrentabel. Wer aber etwa im Jahre 1947 neue Maschinen anschaffte, konnte — nach 14 Jahren der Kontingentierung — nicht mit deren Aufhebung rechnen. Es wäre deshalb falsch, diese Fehlinvestitionen den Unternehmern anzulasten.

[50] Der Einfluß des Staates auf die Kapazität in der Zeit danach wird später mit den anderen Wirkungen von Mühlengesetz und Kartell behandelt. Siehe besonders S. 117 ff.

nicht binnen kurzem stillgelegt werden? Ein Unternehmer kann die Schließung seines Betriebes so lange hinauszögern, wie seine Einnahmen die notwendigen Ausgaben noch übersteigen. Wenn der Absatzpreis einen Teil der Kosten nicht mehr deckt, die nicht oder erst in ferner Zukunft zu Aufgaben führen, so zwingt dies den Unternehmer nicht, den Betrieb einzustellen.

Werden aber kalkulatorische Abschreibungen und kalkulatorische Zinsen nicht mehr voll verdient, lohnt eine größere Reinvestition, etwa der Ersatz ausfallender Maschinen, nicht mehr. Oft ist der Unternehmer zu dieser Zeit auch gezwungen aufzugeben, weil die Finanzierung der neuen Anlagen unmöglich ist: Weder Gewinn noch aufgelaufene Abschreibungen reichen aus; zusätzliche Kredite können unrentable Unternehmen kaum aufnehmen. Wann der Zeitpunkt eintritt, in dem ein Ausscheiden betriebswirtschaftlich sinnvoll oder sogar zwingend ist, hängt weitgehend von der Lebensdauer der betriebsnotwendigen Sachanlagen ab. Wenn Maschinen, die unter normalen Bedingungen verschrottet würden, ohne große Aufwendungen repariert werden können, läßt sich dieser Zeitpunkt noch hinausschieben [51]. Die Lebensdauer der in der Mühlenwirtschaft verwendeten Maschinen ist sehr lang. In der Branche ist es üblich, mit einer durchschnittlichen Abschreibungsdauer von 15 bis 20 Jahren zu rechnen [52]. Es gibt in deutschen Mühlen sogar Walzenstühle, die über 50 Jahre alt sind. Eine unrentable [53] Mühle weiterzuführen, kann deshalb über lange Jahre möglich und sinnvoll sein [54].

---

[51] Siehe auch Hans H. Scheib, a. a. O., S. 89 f.

[52] Die betriebswirtschaftliche Kommission der Arbeitsgemeinschaft Deutscher Handelsmühlen verwendet in Betriebsvergleichen eine lineare Abschreibung von 6 Prozent. Dem entspricht eine Abschreibungsdauer von $16^2/_3$ Jahren. Zitiert nach Hans Furthmann, Spannen . . ., a. a. O., S. 233, Übersicht 110.

[53] Unrentabel in einer Rechnungslegung nach dem Handelsrecht.

[54] Die Langlebigkeit der technischen Anlagen bremst auch in anderen Branchen den Abbau übergroßer Kapazität. Als Beispiele können die deutsche Binnenschiffahrt und die italienische Papierindustrie dienen. Vergleiche: In Italien sind zu viele Papiermühlen zu wenig beschäftigt, in: Blick durch die Wirtschaft vom 16. Januar 1968.

b) Die Spezialisierung der Anlagen

Ein Ergebnis des vorigen Abschnitts war, daß ein Unternehmen noch weiter bestehen kann, wenn die laufenden Einnahmen größer als die laufenden Ausgaben (out of pocket costs) sind, obwohl das herkömmliche Rechnungswesen keine volle Kostendeckung mehr ausweist. Ob die sofortige Stillegung oder Umstellung des Betriebes nicht aber doch günstiger ist, muß eine Investitionsrechnung ergeben [55]. Ist der Barwert der für die Zukunft erwarteten Einnahmen und Ausgaben bei Fortführung des Betriebes geringer als der Wert des Unternehmens beim Verkauf oder einer anderen Nutzung, ist die Stillegung sinnvoll. In volkswirtschaftlichen Begriffen ausgedrückt bedeutet dies: Die Opportunitätskosten sind nicht mehr gedeckt.

Wenn es also darum geht zu erklären, warum Mühlen mit ständig schlechten Jahresabschlüssen nicht schnell stillgelegt werden, muß noch die Frage beantwortet werden: Wie günstig lassen sich Teile des Vermögens veräußern?

Das Umlaufvermögen — es besteht fast ausschließlich aus Vorräten von Getreide und Mehl und aus Lieferforderungen — ist in der Regel schnell und ohne große Verluste abzubauen. Für die Güter des Anlagevermögens der Mühlen lassen sich dagegen meist nur niedrige Liquidationserlöse erzielen. Darin spiegelt sich ihr geringer Wert in anderen Verwendungen. Die Grundstücke, Gebäude und technischen Anlagen der Mühlen lassen sich außerhalb der Branche nur schwer nutzen [56]. Viele kleinere und mittlere Mühlen arbeiten auf entlegenen Grundstücken, die für andere Branchen wenig geeignet sind [57]. Die hohen Mühlengebäude sind fast nur für

---

[55] Zur Vereinfachung sei hier von dem Fall abgesehen, daß die Stillegung zwar der ständigen Fortführung vorzuziehen ist, der optimale Zeitpunkt der Betriebsaufgabe aber nicht jetzt, sondern in überschaubarer Zukunft ist.

[56] Siehe auch Hans Masuhr, Die Handelsmüllerei, a. a. O., S. 181.

[57] Es gibt allerdings auch Fälle, bei denen der Wert des Anlagevermögens außerhalb der Mühlenwirtschaft höher als innerhalb ist. Die Kunstmühle Tivoli in München wurde stillgelegt, weil auf ihrem Gelände unter anderem ein Hotel und ein Rechenzentrum gebaut werden sollen. Die Mühle war durchaus rentabel und schüttete in den letzten Jahren eine Dividende von 10 Prozent aus. Wie wertvoll der Boden sein muß, läßt sich aus dem

Getreide- und Mehlhandel sowie für die Herstellung von Futtermitteln zu nutzen. Die Maschinen lassen sich nur in der Müllerei einsetzen.

Dagegen konnte eine andere übersetzte Branche, die auch mit langlebigen Anlagegütern arbeitet, die Überkapazität viel schneller beseitigen: Filmtheater lassen sich leicht in Handelsbetriebe oder Restaurants verwandeln. In manchen Fällen führte der hohe Wert von Grundstücken in den Innenstädten dazu, daß Kinos abgebrochen wurden und andere Gebäude ihren Platz einnahmen.

Die Liquidationserlöse einer stillgelegten Mühle wären auch dann höher, wenn wenigstens die beweglichen Anlagegüter, die Maschinen, innerhalb der eigenen Branche ohne große Verluste abzusetzen wären [58]. In diesem Fall ginge die Stillegung unrentabler Mühlen schneller vonstatten, denn in einer vergleichenden Investitionsrechnung ist es gleichgültig, ob die alternative Verwendung eines Gutes innerhalb oder außerhalb der Mühlenwirtschaft wäre. Woran liegt es, daß gebrauchte Mühlenmaschinen nur zu sehr niedrigen Preisen verkauft werden können oder sogar verschrottet werden?

Der Hauptgrund ist, daß eine Mühle eine abgeschlossene fertigungstechnische Einheit von hintereinandergeordneten verschiedenartigen Maschinen ist [59]. Jede der Maschinen hat eine besondere Arbeitsfunktion und ist den im Fertigungsprozeß vor- und nachgeordneten Anlagen angepaßt. Maschinen, die innerhalb des Vermahlungsablaufs die gleiche Funk-

---

Abfindungsangebot an die freien Aktionäre ablesen: Je 100 DM Nominalwert betrug es 2200 DM. Vergleiche Frankfurter Allgemeine Zeitung vom 20. September 1968 und vom 30. Juli 1969.

[58] Das wäre der Fall, wenn der Liquidationserlös nur wenig unter oder sogar über dem Restwert läge. Als Restwert ist hier der Wert zu verstehen, der betriebswirtschaftlich in der Mühle gilt, wenn sie nicht stillgelegt wird. Der vom Steuerrecht beeinflußte Buchwert ist nicht die geeignete Vergleichsgröße, weil Preisänderungen außer Ansatz bleiben und weil steuerliche und betriebswirtschaftliche Abschreibung auseinandergehen.

[59] Siehe Erich Gutenberg, Grundlagen der Betriebswirtschaftslehre, Erster Band: Die Produktion, 15. Auflage, Berlin-Heidelberg-New York 1969, S. 339; Friedrich Fuchs, a. a. O., S. 74 f. Deshalb ist auch eine Teilstillegung, im Sinne Gutenbergs eine quantitative Anpassung, unmöglich. Lediglich einige Großmühlen verfügen über voneinander getrennte Vermahlungssysteme, die gesondert stillgelegt werden können.

tion haben, unterscheiden sich je nach der Betriebsgröße stark. Auch der technische Fortschritt hat dazu geführt, daß eine Vielzahl von Typen in den Betrieben der Mühlenwirtschaft eingesetzt ist. Auf dem Markt für gebrauchte Maschinen eine zu finden, die in der quantitativen und qualitativen Leistung den Anforderungen der zu ersetzenden Anlage entspricht, ist deshalb schwer. Die Nachfrage ist gering.

Bei einer älteren Maschine sind die Kosten für Ausbau, Transport und Wiedereinfügen in das Mahlsystem so groß, daß es oft nicht lohnt, sie in einer anderen Mühle noch einmal einzusetzen. Das Risiko eines zeitweiligen oder vollständigen Ausfalls einer alten Maschine wiegt schwer, weil der gesamte Vermahlungsprozeß mit vielen Maschinen stocken würde.

Schließlich scheint es auch bei Müllern ein Bestreben zu geben, moderne Anlagen zu besitzen, das über das wirtschaftlich Begründbare hinausgeht: Vielfach wird eine dem gegenwärtigen Stand der Technik entsprechende Maschine einer gebrauchten vorgezogen, obwohl die ältere mit geringeren Kosten verbunden wäre.

Die Möglichkeiten für den Export gebrauchter deutscher Mühlenanlagen beschränken sich auf einige Länder in Süd- und Südosteuropa. Die überseeischen Entwicklungsländer ziehen Großmühlen mit modernster technischer Einrichtung vor.

c) Getäuschte Erwartungen und andere Ursachen unterlassener Desinvestitionen

Auch im Verhalten der Unternehmer liegen einige der Gründe dafür, daß die Überkapazität in der Mühlenwirtschaft so lange anhalten kann. Die meisten entsprechen den Ursachen, die zu Fehlinvestitionen führen [60]. Deshalb können sie hier kurz zusammengefaßt werden. Mancher Unternehmer hofft, seine Mühle werde wieder rentabel, sobald der Absatz seines Betriebes steige. Diese erwartete Absatzzunahme könnte von der möglichen Stillegung eines benachbarten Konkurrenten herrühren. Einige Müller rechnen auch damit, daß der Rückgang des Mehlverbrauchs pro Kopf zum Stillstand

---

[60] Siehe S. 48 ff.

kommt und daß die Zunahme der Bevölkerung dann zu einer steigenden Gesamtvermahlung führt. Vielleicht glauben einige Anbieter, die Umweltdaten werden sich zu ihren Gunsten ändern und ihnen auf Kosten anderer Produzenten Nachfrage zuführen [61].

Besonders bei kleineren Mühlen kommt es vor, daß ein unzureichendes Rechnungswesen den Entschluß zur Stillegung verhindert [62]. In Unternehmen, die außer der Mühle noch andere Betriebe umfassen, kann es verborgen bleiben, daß die Müllerei den Gesamtgewinn nicht erhöht, sondern vermindert.

Vielfach versuchen Müller, die an sich notwendige Stillegung zu vermeiden, weil der Betrieb seit Generationen in Familienbesitz ist [63]. Solange noch eine vage Hoffnung besteht, in der Zukunft werde sich die Lage wieder bessern, halten sie an Beruf und Betrieb fest [64]. Sie verzichten dabei auf einen Teil des Unternehmerlohnes und auf die Verzinsung ihres Kapitals; oft nehmen sie noch eine weitere Verschuldung in Kauf. Auch hier kann ein außerökonomischer Nutzen, der darin liegt, den erlernten Beruf im eigenen Betrieb ausüben zu können, den Abbau der Überkapazität verhindern [65].

d) *Staatliche Eingriffe*

Die gleichen wirtschaftspolitischen Maßnahmen, die Neu- und Reinvestitionen rentabel machten, verhinderten auch, daß

---

[61] Vergleiche die schon (S. 52) zitierte Stelle bei Werner Kamm, a. a. O., S. 91.

[62] Etwa wenn der kalkulatorische Unternehmerlohn nicht oder zu gering angesetzt wird.

[63] Ein beträchtlicher Teil der heute bestehenden Mühlen stammt letztlich aus dem Mittelalter.

[64] Die Übersetzung der deutschen Getreidemüllerei, a. a. O., S. 502; Eberhard Meyer-Johann, Das westdeutsche Mühlenproblem, Dissertation Bonn 1956, S. 108; Fritz Hardach (Die Entwicklungstendenzen des Mühlengewerbes, a. a. O., S. 41) schreibt dazu: „Gegen die Stillegung von Mühlen haben die Eigentümer manche Bedenken, z. T. gefühlsbetonter Art. Kein Gewerbe kennt solche lange Tradition wie die Müllerei." Vergleiche auch Erich Welter, Falsch und richtig konkurrieren, in: Frankfurter Allgemeine Zeitung vom 12. Februar 1955.

[65] Ähnlich ist es oft auch bei Partikulieren in der Binnenschiffahrt und bei Landwirten. Vergleiche etwa Walter Hamm, Preise als verkehrspoli-

in größerem Umfang desinvestiert wurde[66]. Der Staat ließ zwischen 1934 und 1950 nicht zu, daß die Überkapazität den Mehlpreis herabdrückte. Solange die Absatzpreise den Mühlen trotz schlechter Auslastung Gewinne brachten, solange also die Überkapazität verdeckt war, bestand für die Mühlen kein Anlaß zur Stillegung. Auch in der kurzen Periode ungehinderten Preiswettbewerbs von 1950 bis 1955 war die Kapazitätsschrumpfung gehemmt, weil schon für die nächste Zukunft die Hoffnung auf staatliche Hilfen für die Mühlenwirtschaft berechtigt schien. Sowohl mit höheren Mehlpreisen als auch mit Abfindungen für ausscheidende Betriebe in irgendeiner Form war zu rechnen.

Einen Teil der Überkapazität, die vor Beginn der Stillegungsaktion bestand, hat der Staat selbst verschuldet. Die Ursachen der Überkapazität sind allerdings voneinander so verschieden, daß jeder Versuch, das Gewicht der einzelnen Ursachen genauer zu bestimmen, mißlingen müßte.

---

tisches Ordnungsinstrument, Band 17 der Veröffentlichungen des Forschungsinstituts für Wirtschaftspolitik an der Universität Mainz, Heidelberg 1964, S. 123 ff. und 132 f.

[66] Siehe S. 55 ff.

DRITTES KAPITEL

Entstehung, Ziele und Inhalt des Mühlengesetzes

1. Vorgeschichte und Entstehung des Mühlengesetzes

In den Jahren nach Kriegsende herrschte in der Mühlenwirtschaft die Meinung vor, die seit 1934 bestehende Kontingentierung solle beibehalten werden: Das Getreidepreissystem verlange eine Regelung der Beschäftigung und der Mehlpreise. Auch die Überkapazität lasse sich innerhalb der Kontingentierung „am organischsten bereinigen und in einer Form vollziehen, die die damit verbundenen unvermeidlichen Substanzeinbußen auf ein Minimum beschränkt" [1]. Bundesregierung und Bundestag entschlossen sich aber, auch in der Mühlenwirtschaft die Produktion durch den Preiswettbewerb steuern zu lassen wie in den meisten übrigen Bereichen der Wirtschaft. Im Getreidegesetz wurden die Kontingentierung der Vermahlung und die Festpreise für Mehl aufgehoben. Allerdings enthält dieses Gesetz eine Ermächtigung, die Vermahlung wieder zu kontingentieren, von der jedoch nie Gebrauch gemacht wurde [2].

Weite Kreise der Müllerei, insbesondere die im Deutschen Müllerbund organisierten Kleinmüller, stützten mehrfach auf diese Klausel ihre Forderung, Vermahlung und Mehlpreis wieder staatlich festzulegen [3]. Der Verband der größeren Mühlen, die Arbeitsgemeinschaft Deutscher Handelsmühlen, versuchte dagegen 1953, eine öffentlich-rechtliche Kontingentierung mit einem Preiskartell der Mittel- und Großmühlen zu verbinden. Das Kartell sollte auch den Abbau der Überkapazität finanzieren und durchführen. Der Bundesminister für Wirt-

---

[1] Geschäftsbericht der Arbeitsgemeinschaft Deutscher Handelsmühlen zur Getreidewirtschaft 1945—1952, a. a. O., S. 50.

[2] Gesetz über den Verkehr mit Getreide und Futtermitteln (Getreidegesetz) vom 4. November 1950, Bundesgesetzblatt I, S. 721.

[3] Vergleiche die Anträge im Bundestag: Bundestagsdrucksachen II/55 vom 12. November 1953 und IV/561 vom 28. Juni 1962. Siehe auch den Artikel des Referenten im Landwirtschaftsministerium Pohle, Entwurf eines Mühlengesetzes, in: Deutsche Müller-Zeitung, Heft 5, 1956, S. 99.

schaft wollte zwar der Mühlenwirtschaft ein Kartell zugestehen, bestand aber darauf, daß der Wettbewerb nicht zu stark eingeschränkt und daß die Mühlenwirtschaft insgesamt rationalisiert würde. Eine Beschränkung der Vermahlung durch den Staat lehnte er dagegen ab [4].

Nun planten die Großmühlen ein rein kartellrechtliches Vorgehen [5]: Ein Preis- und Quotenkartell soll den Mehlpreis erhöhen. Die Kartellmitglieder dürfen ihre Kapazität nicht erweitern und finanzieren die Stillegung von Mühlen. Diesem Plan stimmte die Bundesregierung zu, weil sie hoffte, es werde so zu einer nachhaltigen Kapazitätsbereinigung kommen, und weil sie darauf vertraute, in der Zwischenzeit würden Außenseiter für Wettbewerb auf dem Mehlmarkt sorgen.

Die Alliierte Hohe Kommission lehnte es jedoch ab, das Kartellverbot zugunsten der Mühlen einzuschränken, und genehmigte die Mühlenkonventionen nicht [6].

Das Wirtschaftsministerium deutete den Mühlenverbänden an, nach Erlangen der vollen Souveränität das Mühlenkartell genehmigen zu wollen. In den Beratungen des Ernährungsausschusses, der Bundesregierung und der Mühlenverbände setzte sich nach und nach die Meinung durch, es sei besser, Maßnahmen gegen die Überkapazität nicht auf die Mitglieder des künftigen Kartells zu beschränken: Die Außenseiter sollten einerseits die Stillegung mitfinanzieren und sollten andererseits auch nicht expandieren dürfen, sobald der höhere Kartellpreis Kapazitätserweiterungen rentabel scheinen ließe.

Der neue Plan, dem auch das Parlament zustimmte, sah folgende Lösung vor [7]:

---

4 Siehe Richard M. Buxbaum, Alternativen zum freien Wettbewerb? Der Fall des Mühlenkartells, in: Zeitschrift für das gesamte Handelsrecht und Wirtschaftsrecht, Band 131, Stuttgart 1968, Nr. 2 (Juli), S. 100; Jahresbericht 1953 der Arbeitsgemeinschaft Deutscher Handelsmühlen, a. a. O., S. 19.

5 Jahresbericht 1953 der Arbeitsgemeinschaft Deutscher Handelsmühlen, a. a. O., S. 21 f.

6 Siehe den Brief des Bundeswirtschaftsministers an die Dekartellisierungsgruppe der Alliierten Hohen Kommission vom 26. Januar 1954 und die Ablehnung des Antrags vom 13. August 1954. Beide zitiert nach Wirtschaft und Wettbewerb, Entscheidungssammlung zum Kartellrecht, Teil II, Düsseldorf o. J., Grundwerk, S. ALL 51 ff.

7 Vergleiche Bundestagsdrucksache II/1216 vom 17. Februar 1955 und Sitzungsberichte des Bundestages II/S. 4080, 74. Sitzung vom 18. März 1955.

(1) Freiwillige Stillegung von unwirtschaftlichen Mühlen gegen Entschädigung auf berufsständischer Grundlage. (Wer diesen Kapazitätsabbau letztlich finanzieren sollte — begünstigte Mühlen, Mühlenverbände oder alle Mühlen — stand noch nicht fest.)

(2) Bundesbürgschaft für Kredite zur Vorfinanzierung der Stillegung.

(3) Gesetz „zur Verhinderung einer volkswirtschaftlich unerwünschten Erweiterung der Mühlenkapazität".

(4) Kostendeckende Mehlpreise durch ein Kartell der größeren Handelsmühlen.

Damit war das Sanierungsprogramm für die Mühlenwirtschaft in den Grundzügen so formuliert, wie es später in Kraft trat. Bemerkenswert ist, daß in diesem Stadium der Kern des Programms, die Stillegungsaktion, noch „auf berufsständischer und nicht behördlicher Basis erfolgen" [8] sollte. Nur für die flankierenden Maßnahmen, Neuinvestitionsstopp und Vorfinanzierung wollte man staatliche Hilfe bemühen. Bei dem früheren Plan der Großmühlen, den man als Vorläufer ansehen kann, wäre der Staat nur durch die Genehmigung des Kartells beteiligt gewesen. In der endgültigen Form (1957) ist die Mühlensanierung in fast allen Teilen staatlich geregelt. Nach der Entschließung des Bundestages für ein Mühlengesetz nahmen die Ministerien für Landwirtschaft und für Wirtschaft die langwierigen Arbeiten an der Vorlage auf.

Die Mühlen zeigten keine Neigung, mit der Stillegungsaktion zu beginnen, bis nicht der gesetzliche Neuinvestitionsstopp in Kraft wäre; sie fürchteten, daß sonst die Kapazität, die man mit hohem Aufwand beseitigt habe, an anderer Stelle nachwachsen könne [9].

Nachdem die Bundesrepublik die volle Souveränität erlangt hatte, war der Weg frei für die Zulassung des Mühlenkartells. Am 9. November 1955 erteilte das Bundeswirtschafts-

---

[8] Jahresbericht 1954 der Arbeitsgemeinschaft Deutscher Handelsmühlen, Bonn 1955, S. 17.

[9] Jahresbericht 1955 der Arbeitsgemeinschaft Deutscher Handelsmühlen, a. a. O., S. 12.

ministerium den Mühlenkonventionen [10] eine vorläufige Genehmigung [11]. Ziele, Organisation und Wirken des Kartells zu schildern, würde den Rahmen dieser Studie sprengen [12]. Wegen der großen Zahl der Mitglieder und der Unterschiedlichkeit ihrer Interessen war eine straffe Preis- und Mengenpolitik nicht möglich. Der angestrebte Kartellpreis konnte oft nicht erreicht werden. Ohne Mühlenkartell wäre das Mehl aber sicherlich billiger. Nur darauf kommt es für diese Untersuchung an.

Während der Beratungen über das Mühlengesetz wurde der Charakter des Entwurfs mehrfach geändert [13]: So wurde die Regelung von Stillegung und Abfindungen ebenfalls in das Gesetz aufgenommen.

Die Handelsmüllerei hatte geplant, mit niedrigem Aufwand eine möglichst große Verbesserung der Auslastung bei den weiterarbeitenden Mühlen zu erreichen. Danach wäre die ungenutzte Kapazität ziemlich gering und die ausgelastete Kapazität hoch entschädigt worden, weil nur der Rückgang des Angebotes an Mehl den Mühlen, die nicht ausscheiden, zu höherer Auslastung und damit niedrigeren Stückkosten verhelfen kann [14].

Der Ernährungsausschuß fügte eine mehr soziale Komponente ein. Um den stillegenden Kleinmüllern den beruflichen Neubeginn zu erleichtern, wurde die Leerkapazität

---

[10] Konvention ist der in der Müllerei übliche Ausdruck für Kartell. Die in der Bundesrepublik bestehenden Konventionen unterscheiden sich im Arbeitsgebiet und in der Größe der Mitgliedsbetriebe. Sie waren von Anfang an nicht als konkurrierende Organisationen gegründet worden, da sie ihr Ziel, die Erhaltung des Kartellpreises, nur gemeinsam erreichen können. Wenn in dieser Arbeit vom Mühlenkartell die Rede ist, handelt es sich immer um die Gesamtheit der Konventionen, nicht um eine einzelne.

[11] Endgültig genehmigt wurde es erst im Jahre 1969. Vergleiche die schon zitierte Verfügung des Bundesministers über die Mühlenkartelle, a. a. O.

[12] In diesem Zusammenhang sei auf Arbeiten verwiesen, die eingehend über das Mühlenkartell berichten: Richard M. Buxbaum, a. a. O., S. 103 ff.; Werner Kamm, a. a. O., S. 142 bis 152, und Gerhard Ellinger, a. a. O., S. 106 bis 150. Die Entwicklung des Kartells läßt sich auch gut anhand der Jahresberichte der Arbeitsgemeinschaft Deutscher Handelsmühlen verfolgen. Siehe Wirtschaft und Wettbewerb, Entscheidungssammlung, a. a. O., S. BWM 24 f.

[13] Vergleiche die Bundestagsdrucksachen II/2376 vom 7. Mai 1956 und II/3417 vom 18. April 1957.

[14] Vergleiche S. 97 ff.

ziemlich hoch abgefunden. Diese Maßnahme sollte zugunsten der Kleinmühlen wirken, weil sie in aller Regel schlechter beschäftigt waren als Mittel- und Großmühlen [15].

Damit schien das Gesetz eine endgültige Form gefunden zu haben. Am 3. Mai 1957 wurde es vom Bundestag verabschiedet, bald danach vom Bundesrat bestätigt, veröffentlicht und am 5. Juli 1957 in Kraft gesetzt [16].

Alle Beteiligten hofften, nun „mit der Kapazitätsbereinigung schlagartig beginnen zu können" [17]. Gegen Ende des Jahres wurden vier Durchführungsverordnungen erlassen [18]. Sie enthalten Regelungen für folgende Bereiche: Die Kapazitätsmeldungen der Mühlen an die Mühlenstelle [19], die Entschädigung für Stillegungen und die Mühlenabgabe. Bei den Beratungen über diese Verordnungen ergab sich, daß das Mühlengesetz in der geltenden Form noch unbefriedigend war. Steuerliche Vergünstigungen für die Stillegungsprämien und für die Arbeitnehmerabfindungen sollten neben anderem noch eingefügt werden. Eine Novelle war auch deshalb notwendig, weil die Fristen zur Anmeldung der Stillegung hinausgeschoben werden mußten. Die Novelle hätte wohl im Frühjahr 1958 verabschiedet werden können, wenn nicht zeitweilig die Verfassungsmäßigkeit des Mühlengesetzes zweifelhaft gewesen wäre [20]. Schließlich wurde die Neufassung dennoch verabschie-

---

[15] Vergleiche S. 30.

[16] Gesetz über die Errichtung, Inbetriebnahme, Verlegung, Erweiterung und Finanzierung der Stillegung von Mühlen (Mühlengesetz), Bundesgesetzblatt I, S. 664.

[17] Jahresbericht 1957 der Arbeitsgemeinschaft Deutscher Handelsmühlen, a. a. O., S. 12.

[18] Veröffentlicht in den Bundesanzeigern Nr. 146 und Nr. 234 des Jahres 1957.

[19] Die Fragebogenaktion zur Bestandsaufnahme der Mühlenkapazität lief bis zum 31. September 1957.

[20] In Anlehnung an das sogenannte „Apothekenurteil" des Bundesverfassungsgerichtes über die Grenzen der Berufsfreiheit erhob sich die Frage: Ist nicht auch das Neubau- und Erweiterungsverbot eine unzulässige Beschränkung der Berufsfreiheit? Die Verfassungsmäßigkeit wurde dann aber damit begründet, daß Pacht oder Kauf einer bestehenden Mühle jedem möglich sei. Erst im Jahre 1968 erklärte das Bundesverfassungsgericht das Mühlengesetz für verfassungsmäßig. Entscheidungen des Bundesverfassungsgerichts, Beschluß vom 28. Dezember 1968, in: Neue Juristische Wochenschrift, 1969, Heft 12, S. 499 ff.

det — allerdings erst am 2. Juni 1959 [21]. Weil anfangs noch die Verwendungsrichtlinien fehlten, konnte erst ab November 1959 mit einzelnen Mühlen über Abfindungen verhandelt werden. Die Durchführung der Stillegungsaktion hatte das Bundesernährungsministerium der Bundesmühlenkontor GmbH übertragen, die zu diesem Zweck vom Deutschen Müllerbund und der Arbeitsgemeinschaft Deutscher Handelsmühlen gegründet worden war.

2. Die Ziele des Mühlengesetzes

Bevor der Inhalt des Mühlengesetzes dargestellt wird, ist es angebracht zu untersuchen, welche Ziele Regierung und Parlament mit dem Gesetz anstrebten. Dabei geht es nicht um eine Wertung, sondern nur um eine Erläuterung der meist ungenau formulierten Absichten [22].

Im Mühlengesetz selbst findet sich kein Zielkatalog, deshalb muß auf andere Quellen zurückgegriffen werden:

(1) Die Entschließung des Bundestages, in der die Regierung um Vorlage des Gesetzes gebeten wird [23].

(2) Die Begründung der Bundesregierung für den Gesetzentwurf [24].

(3) Den Bericht des Bundestagsabgeordneten Kriedemann, der im Ernährungsausschuß an der Vorbereitung des Mühlengesetzes mitgearbeitet hatte [25].

(4) Die Rede des damaligen Bundesministers für Ernährung, Landwirtschaft und Forsten, Lübke, auf dem Handelsmühlentag 1957 [26].

Die Arbeitsgemeinschaft Deutscher Handelsmühlen hat am Entstehen des Mühlengesetzes großen Anteil gehabt. Deshalb

---

[21] Gesetz zur Änderung und Ergänzung des Mühlengesetzes vom 2. Juni 1959, Bundesgesetzblatt I, S. 277.

[22] Der Vergleich des Erstrebten mit dem Erreichten findet sich in den beiden folgenden Kapiteln.

[23] 74. Sitzung des 2. Deutschen Bundestages vom 18. März 1955, Sitzungsberichte, S. 4080.

[24] Bundestagsdrucksache 2376 vom 9. Mai 1956.

[25] 206. Sitzung des 2. Deutschen Bundestages vom 3. Mai 1957, Sitzungsberichte, S. 11766 f.

[26] Zitiert nach: Die Mühle, Heft 20, Vom 16. Mai 1957, S. 260 f.

sind ihre Jahresberichte [27] und Äußerungen ihres Hauptgeschäftsführers Ackermann [28] ebenfalls herangezogen worden.

Man hätte annehmen können, für ein Gesetz, das die Mühlenkapazität an die Mehlnachfrage anpassen soll, seien folgende Gründe vorgebracht worden: Der Kapazitätsabbau bringt für die verbleibenden Mühlen eine bessere Auslastung und damit geringere Stückkosten. Die Kostensenkung verhilft den Mühlen zu höheren Gewinnen — oder zum Abbau von Verlusten — und läßt darüber hinaus auf lange Sicht den Mehlpreis sinken [29]. Eine ähnliche klare Kausalkette ist jedoch von Seiten des Staates nie vorgebracht worden.

Daß mit der Kapazitätsminderung eine Kostensenkung angestrebt wurde, läßt sich allenfalls daraus entnehmen, daß die Überkapazität als entbehrlich und unerwünscht bezeichnet wird [30]. Die Rentabilität der Müllerei zu steigern, ist gleichfalls nicht wörtlich erklärtes Ziel des Gesetzes. Trotzdem ist es wohl ebenfalls ein wichtiges Ziel: „Die sehr unerfreuliche Situation in der Mühlenwirtschaft" solle sich bessern [31]. „Zur Einleitung der Gesundung der Mühlenwirtschaft" sollte das Mühlengesetz geschaffen werden [32]. Erfreulich deutlich ist dagegen die Arbeitsgemeinschaft Deutscher Handelsmühlen [33]: „Es ist klar, daß die Mühlen nach einer Besserung ihrer Verhältnisse streben und diese in erster Linie an ihrer Ertragsrechnung ablesen."

Das letzte Glied der oben beschriebenen Kausalkette war die Senkung des Mehlpreises. Dieses Ziel haben die Schöpfer des Mühlengesetzes nicht aufgeführt. Falls Aussicht auf eine Preissenkung bestanden hätte, wäre es sicher vorgebracht worden.

---

[27] Insbesondere: Jahresbericht 1955 der Arbeitsgemeinschaft Deutscher Handelsmühlen, a. a. O., S. 11 ff.

[28] Rede auf dem Handelsmühlentag 1957, zitiert nach: Die Mühle, Heft 20, vom 16. Mai 1957, S. 261 ff.

[29] Ohne Mühlengesetz und Mühlenkartell wäre der Mehlpreis wegen des Ausscheidungswettbewerbs für einige Zeit ohnehin niedrig.

[30] Siehe Begründung zum Gesetzentwurf, a. a. O., S. 5, und Entschließung des Bundestages, a. a. O.

[31] Kriedemann, a. a. O., S. 11766.

[32] Entschließung des Bundestages, a. a. O.

[33] Jahresbericht 1955 der Arbeitsgemeinschaft Deutscher Handelsmühlen, a. a. O., S. 14, siehe auch S. 18.

Anscheinend glaubte man, die möglichen Kostensenkungen seien groß genug, die verbleibenden Mühlen rentabel arbeiten zu lassen, aber nicht so groß, daß während oder nach der Laufzeit des Mühlenkartells der Mehlpreis sinken könnte [34].

Ein anderes erklärtes Ziel, das mit dem Mühlengesetz angesteuert werden sollte, ist die Sicherstellung der Versorgung mit Getreideerzeugnissen [35].

Diesem Zweck sollte die „Erhaltung einer ausreichenden Zahl von leistungsfähigen Mühlen" dienen [36].

Woran die „Leistungsfähigkeit" zu messen ist, läßt sich aus den vorhandenen Quellen nicht erschließen. An die Betriebsgröße ist sicher nicht gedacht. Die Schöpfer des Mühlengesetzes haben sich deutlich gegen die Konzentration der Vermahlung bei wenigen Großbetrieben gewandt.

Wahrscheinlich sind unter leistungsfähigen Mühlen Betriebe an günstigen Standorten zu verstehen, die technisch und in der Absatzpolitik modern sind und eine gute Geschäftsleitung haben [37]. Kurz gesagt, Mühlen mit niedrigen Stückkosten.

Großes Gewicht unter den Zielen der Mühlensanierung hat die Förderung der „mittelständischen" Mühlen. Den Besitzern stillgelegter kleiner Mühlen, die zwar selbständige Unternehmer seien, aber „auf sehr schmaler Basis" wirtschafteten, wollte man den Übergang in andere Wirtschaftszweige leicht machen. Diese Absicht hat nach Kriedemann [38] die Festsetzung der Stillegungsprämien beeinflußt.

---

[34] Einem Kartellpreis, der den Mühlen hohe Gewinne bringt, hätte das Bundeswirtschaftsministerium seine Genehmigung versagen können. Siehe auch Richard Buxbaum, a. a. O., S. 116.

[35] Begründung der Bundesregierung zum Gesetzentwurf des Mühlengesetzes, a. a. O., S. 5.

[36] Begründung der Bundesregierung zum Gesetzentwurf des Mühlengesetzes, a. a. O., S. 5.

[37] Im Jahre 1954 meinte der Bundesminister für Wirtschaft, stillzulegen seien schlecht geleitete oder technisch zurückgebliebene Mühlen an ungünstigen Standorten. Siehe den Brief an die Alliierte Hohe Kommission vom 26. Januar 1954, a. a. O., S. 53. Ähnlich auch Friedrich Ackermann auf dem Handelsmühlentag 1957, a. a. O., S. 261.

[38] Siehe Sitzungsberichte des Bundestages, S. 11766.

Auch bei den überlebenden Mühlen sollten die Klein- und Mittelbetriebe unterstützt werden: Angestrebt ist eine „ausgewogene" regionale Verteilung [39] und die „Erhaltung lebensfähiger Betriebe aller Größenklassen" [40]. Beides richtet sich gegen die Großmühlen, die überwiegend in Rhein- und Nordseehäfen liegen.

Bei Ackermann wird die Mittelstandspolitik ganz deutlich [41]: „Die deutsche Müllerei ist ganz entscheidend mittelständisch strukturiert ... Ist es also nicht auch ein Gebot konsequenter Mittelstandspolitik, dafür zu sorgen, daß die Umstellung, die aus Gründen der technischen Enwicklung und des Konsumtrends unausweichlich geworden ist, sich in schonenden und nicht explosiven Formen vollzieht?"

Die Arbeitnehmer der stillegenden Unternehmen sollen vor Härten bewahrt werden [42]. Die Sanierung der Mühlenwirtschaft ist nach Meinung der Arbeisgemeinschaft Deutscher Handelsmühlen auch für die Beschäftigten der weiterbestehenden Betriebe förderlich [43]. „Die verbleibenden Mühlen müssen ... wieder zu einer normalen Kalkulation kommen, die es diesen Betrieben ermöglicht, ... auch ihre sozialpolitischen Verpflichtungen zu erfüllen."

Ferner weist die Arbeitsgemeinschaft Deutscher Handelsmühlen darauf hin, nur eine „gesunde" Mühlenwirtschaft sei in der Lage, der heimischen Landwirtschaft die Getreideernte abzunehmen und sie zu lagern [44].

Auch sei die Sanierung der Müllerei im Interesse der Gläubiger — Getreidehandel und Banken —, die beim Zusammenbruch von Mühlen große Verluste hinnehmen müßten.

---

[39] Siehe Heinrich Lübke, a. a. O., S. 260, und Begründung zum Gesetzentwurf, a. a. O., S. 5.

[40] Ebenda, S. 260.

[41] Friedrich Ackermann auf dem Deutschen Handelsmühlentag 1957 in Bad Godesberg, a. a. O., S. 262.

[42] Kriedemann, a. a. O., Sitzungsberichte S. 11767.

[43] Jahresbericht 1955 der Arbeitsgemeinschaft Deutscher Handelsmühlen, a. a. O., S. 14.

[44] Jahresbericht 1955 der Arbeitsgemeinschaft Deutscher Handelsmühlen, a. a. O., S. 15. Dieses Argument griff später auch die EWG-Kommission auf. Siehe EWG-Vorschlag, a. a. O., S. 2 und 6 f.

3. Wesentliche Bestimmungen des Mühlengesetzes

a) Vorbemerkungen

Im folgenden Abschnitt sollen die wichtigsten Bestimmungen des Mühlengesetzes zusammengestellt werden. Dabei geht es dem Verfasser mehr um eine verständliche Darstellung des Wesentlichen als um Vollständigkeit der Aufzählung. Die Übersicht fußt auf der Fassung der ersten Novelle (von 1959), weil sie für den größten Teil der Stillegungen gültig war [45]. Der Inhalt der Durchführungsverordnungen ist ebenfalls verarbeitet, soweit sie den Kapazitätsabbau betreffen.

b) Genehmigungspflicht für Kapazitätserweiterungen

In Paragraph 1 Absatz 1 des Mühlengesetzes ist festgelegt, daß „die Errichtung einer Mühle, die Aufnahme, Wiederaufnahme und Verlegung des Betriebes einer Mühle sowie die Erweiterung ihrer Tagesleistung" einer Genehmigung bedürfen. Die Tagesleistung oder Höchstleistung wird an der Getreidemenge gemessen, die bei kontinuierlichem Betrieb in 24 Stunden verarbeitet werden kann (Paragraph 2 Absatz 2); das entspricht dem üblichen Kapazitätsbegriff.

Kleinstmühlen mit weniger als einer Tonne Tagesleistung[46] dürfen bis zu einer Tonne Gesamtkapazität erweitert oder neu errichtet werden, ohne daß eine Genehmigung eingeholt werden muß (Paragraph 1 Absatz 2 Satz 1 und 2). Bei Mühlen, deren Vermahlung — etwa wegen Reparaturen oder Reinigungsarbeiten — weniger als drei Monate ruhte, ist die Wiederaufnahme des Betriebes gleichfalls nicht genehmigungspflichtig. Eine Sonderregelung für Wind- und Wassermühlen, die Jahr für Jahr einige Zeit stilliegen, hebt auch die Drei-Monats-Grenze auf.

Die Voraussetzungen für eine Genehmigung nach Paragraph 1 sind im dritten Paragraphen des Mühlengesetzes zusammengestellt:

---

[45] Gesetz zur Änderung und Ergänzung des Mühlengesetzes vom 2. Juni 1959, Bundesgesetzblatt I, S. 277. Auf einige wichtige Veränderungen in Novellen wird verwiesen.

[46] Ab 1967 auf drei Tonnen erhöht. Fünftes Gesetz zur Änderung des Mühlengesetzes vom 23. Dezember 1966, Bundesgesetzblatt I, S. 685.

(1) Mühlen, die vor April 1957 Erweiterung, Neubau oder Wiederaufnahme des Betriebes begonnen oder vorbereitet hatten, konnten mit einer Erlaubnis rechnen. Anträge mußten aber bis August 1957 gestellt werden.

(2) Die Wiederaufnahme der Vermahlung soll auch den Mühlen gestattet werden, die in betriebsfähigem Zustand oder wegen Umbau weniger als ein Jahr stillagen.

(3) Mühlen, die wegen Brandschäden [47] außer Betrieb waren, dürfen nach höchstens zweijährigem Stillstand weiterarbeiten.

Das Kernstück der Investitionsregelung findet sich im dritten Abschnitt von Paragraph 3: Im übrigen sind Genehmigungen nur zu erteilen, „wenn und insoweit die Versorgung der Bevölkerung ... ohne die Genehmigung im voraussichtlichen Absatzgebiet der Mühle gefährdet sein würde". Bei der hohen Überkapazität der Mühlenwirtschaft war mit Versorgungsschwierigkeiten von vornherein nicht zu rechnen. Eine Genehmigung nach Paragraph 3 zur Sicherung der Versorgung ist nie erteilt worden. Anders gesagt: Seit 1957 sind Kapazitätserweiterungen in der Mühlenwirtschaft außer in Kleinstbetrieben verboten [48].

c) Die Stillegung

Die Stillegungsaktion und ihre staatliche Förderung ist in Paragraph 7 des Mühlengesetzes geregelt. Die Stillegung war freiwillig. Die Förderung des Kapazitätsabbaus erstreckte sich auf eine Tageskapazität von höchstens 10 000 Tonnen. Sollte die Gesamtkapazität der Stillegungswilligen diese Grenze überschreiten, so wären zuerst die Mühlen in den Genuß von Abfindungen gekommen, die den Betrieb schon vor Juli 1958

[47] Andere Fälle höherer Gewalt dürften in der Müllerei selten Grund von Betriebsunterbrechungen sein.

[48] 1965 und 1967 wurde das Erweiterungsverbot bei Kleinmühlen etwas gelockert. Viertes Gesetz zur Änderung des Mühlengesetzes vom 27. August 1965, Bundesgesetzblatt I, S. 982; Fünftes Gesetz zur Änderung des Mühlengesetzes, a. a. O. Die fünfte Novelle (Paragraph 3 Absatz 3 a, b und c) bringt auch die Möglichkeit, Mühlen innerhalb des bisherigen Bezugs- und Absatzbereiches zu verlegen.

eingestellt hatten [49]. Im übrigen wurden Betriebe mit hoher Auslastung schlecht beschäftigten vorgezogen.

Im Einzelfall mußte ein Mühlenbetrieb folgende Voraussetzungen erfüllen, um eine Abfindung erhalten zu können:

(1) Die Tagesleistung ist größer als eine Tonne.

(2) Die Stillegung gefährdet die Versorgung mit Mehl nicht.

(3) Die Mühle war am 5. Juli 1957 in Betrieb oder hatte nur kurzfristig nicht gearbeitet. Dabei galten die gleichen Fristen wie bei der Wiederaufnahme des Betriebes [50].

(4) Die Mühle hat die beabsichtigte Stillegung dem Bundesmühlenkontor bis zum 31. Juli 1959 angezeigt und die Vermahlung bis Ende Januar 1960 eingestellt [51].

(5) Durch Eintrag im Grundbuch ist die Stillegung für 30 Jahre gesichert.

(6) Der Inhaber zahlt an freigesetzte Arbeitnehmer Abfindungen, „wie dies zur Minderung besonderer Härten notwendig ist".

d) Die Stillegungsprämien

Ihre Berechnung ist nicht im Mühlengesetz selbst, sondern in dessen dritter Durchführungsverordnung geregelt [52]. Die Höhe der Entschädigung richtete sich nach der stillgelegten Kapazität und nach der Auslastung. Für jede stillgelegte Tonne Tageskapazität wurde ein „Grundbetrag" (Paragraph 2) von 9 000 DM gezahlt. Außerdem wurde die Beschäftigung der Mühle mit einem Zuschlag von 50 DM je Prozent der Auslastung für jede Tonne berücksichtigt (Paragraph 3). Das klingt sehr kompliziert. Leichter verständlich wird die Berech-

---

[49] Nach der ersten Fassung des Gesetzes konnten nur Mühlen entschädigt werden, die bis zum 30. Juni 1958 die Vermahlung eingestellt hatten.

[50] Vergleiche S. 73 f.

[51] In der Urfassung des Gesetzes waren diese Termine der 31. Dezember 1957 und der 30. Juni 1958. In der zweiten Novelle wurden sie auf den 30. September 1961 beziehungsweise 31. März 1962 hinausgeschoben. Zweites Gesetz zur Änderung des Mühlengesetzes vom 3. Juli 1961, Bundesgesetzblatt I, S. 865.

[52] Dritte Durchführungsverordnung zum Mühlengesetz, Bundesanzeiger Nr. 234 vom 3. Dezember 1957.

nung, wenn man die stillzulegende Kapazität in ungenutzte und ausgelastete aufteilt. Für die ungenutzte Kapazität wurde nur der Grundbetrag von 9 000 DM je Tonne bezahlt. Die ausgenutzte Kapazität wurde mit 14 000 DM je Tonne entschädigt. Dieser Betrag ergibt sich aus der Rechnung: Grundbetrag 9 000 DM + 50 DM (Zuschlag) mal 100 (Prozent) = 9 000 DM + 5 000 DM = 14 000 DM.

Eine zu 30 Prozent ausgelastete 10-Tonnen-Mühle hätte folgende Abfindung erzielt (erster Lösungsweg):

10 (t) × 9 000 DM + 10 (t) × 30 (%) × 50 DM
= 90 000 DM + 15 000 DM = 105 000 DM

Nach der zweiten Berechnungsweise:

7 Tonnen Leerkapazität + 3 Tonnen ausgelastete Kapazität
= 7 (t) × 9 000 DM + 3 (t) × 14 000 DM = 63 000 DM + 42 000 DM
= 105 000 DM

Für Mühlen, die zu mehr als 80 Prozent ausgelastet waren, galt eine abweichende Regelung[53]: Bei der Berechnung der Entschädigung wurde eine Auslastung von nur 80 Prozent unterstellt. Diese Klausel hatte nur geringe Bedeutung, weil so gut beschäftigte Mühlen in aller Regel rentabel arbeiten und deshalb für eine Stillegung nicht in Betracht kommen.

Maßgeblich für die Berechnung der Auslastung war die Getreidemenge, die während einer Referenzperiode von fünf Jahren (Mitte 1951 bis Mitte 1956) verarbeitet worden war[54]. Ein Produktionsausfall in Mühlen, die wegen Umbau oder Brandschäden zeitweilig nicht arbeiten konnten, wurde angerechnet. Die Kapazität der stillgelegten Mühlen ermittelten Sachverständige[55].

Die Stillegung war steuerlich begünstigt (Paragraph 7 Absatz 11 bis 14 des Mühlengesetzes). Für Gewinne, die von

---

[53] Paragraph 3 Absatz 2 der 3. Durchführungsverordnung.

[54] Die Mühlen müssen ohnehin ihre Vermahlung aufgrund des Getreidegesetzes der Mühlenstelle melden.

[55] Die Kapazität einer Mühle genau festzustellen, ist sehr schwer. Weil die Probleme aber mehr technischer als wirtschaftlicher Natur sind, brauchen sie hier nicht behandelt zu werden.

Stillegungsprämien herrührten, galt ein ermäßigter Satz der Einkommen- und Körperschaftsteuer. Für die Entschädigung selbst war nur ein Prozent Umsatzsteuer zu zahlen.

e) Die Meldung der Kapazität

Alle Mühlen mußten im Herbst 1957 ihre Kapazität an die Mühlenstelle melden und dabei auch ihre Betriebseinrichtung beschreiben [56]. Bei Mühlen, die sich gegen Entschädigung stilllegen ließen, ging die Meldung in das Gutachten über die Höhe der Kapazität ein. Sonst diente die Selbstschätzung der Kapazität dazu, die Einhaltung des Neubau- und Erweiterungsverbotes zu überwachen.

f) Die Finanzierung der Stillegungsaktion

Für die Kosten der Stillegungsaktion sollen die weiterbestehenden Mühlen aufkommen: Sie müssen eine Abgabe zahlen, deren Bemessungsgrundlage die Menge des vermahlenen Getreides ist [57]. Das Verhältnis zwischen Rohstoffeinsatzmenge und Mehlausbringung ist nahezu konstant. Deshalb kommt die Abgabe auf die Vermahlung einer Besteuerung der Produktionsmenge gleich. Die Abgabe beträgt je Tonne Getreide höchstens 2,20 DM [58]. Sie soll von Anfang 1960 bis längstens Ende 1974 erhoben werden [59]. Die Kleinstmühlen (Kapazität unter einer Tonne je Tag) sind der Vermahlungsabgabe frei.

Der zeitliche Unterschied zwischen der Auszahlung der Stillegungsprämien und der endgültigen Finanzierung durch die Abgabe wurde durch einen Bankkredit überbrückt. Konsor-

---

[56] Paragraph 8 Absatz 1 und 2 des Mühlengesetzes und Paragraph 1 der Ersten Durchführungsverordnung (Bundesanzeiger Nr. 146 vom 30. Juli 1957).

[57] Paragraph 7 Absatz 7 und 8 des Mühlengesetzes.

[58] In der ersten Fassung des Mühlengesetzes von 1957 waren nur 2,00 DM vorgesehen. Bei der Novellierung wurde die Abgabe auf höchstens 2,20 DM erhöht; tatsächlich erhoben werden jedoch nur 2,10 DM. Siehe erste Verordnung zur Änderung der Vierten Durchführungsverordnung zum Mühlengesetz, Bundesanzeiger Nr. 209 vom 27. Oktober 1959. Lohn- und Umtauschmühlen zahlen nur halb so viel.

[59] In der zweiten Novelle auf 1975 verschoben.

tialführerin war die Landwirtschaftliche Rentenbank. Der Bund übernahm eine Bürgschaft, die auf 140 Millionen DM begrenzt war.

Exkurs: Der Sanierungsplan der EWG

Zum Vergleich mit der deutschen Stillegungsaktion seien die wesentlichen Bestimmungen des Vorschlages der EWG-Kommission zur Sanierung der Mühlenwirtschaft zusammengestellt [60].

Die Genehmigungspflicht für Kapazitätserweiterungen (Artikel 2) ist ähnlich geregelt wie beim deutschen Vorbild: Im Bau befindliche Vorhaben dürfen vollendet werden, Kapazitätserweiterungen sind auch erlaubt, wenn dafür eine benachbarte gleich große Mühle stillgelegt wird [61].

Neu ist die Möglichkeit, bei Zahlung einer Sonderabgabe zusätzliche Kapazitäten zu errichten.

Die Stillegung soll in rund zweieinhalb Jahren abgeschlossen werden. Das Ausmaß der abzubauenden Überkapazität wurde für die Bundesrepublik vorläufig auf 8 200 Tonnen Tageskapazität geschätzt [62].

Wie im Mühlengesetz ist es für dreißig Jahre verboten, auf dem Gelände eines stillgelegten Betriebes eine Mühle zu errichten (Artikel 5). Eine Bestimmung, daß Mühlen nur dann gegen Entschädigung stillgelegt werden dürfen, wenn es die Versorgung der Bevölkerung nicht gefährdet, findet sich im EWG-Vorschlag nicht.

Die Stillegungsprämien sind wieder nach Kapazität und Auslastung gestaffelt (Artikel 4). Für die Nutzkapazität sind es 20 000 DM je Tonne Tageskapazität, für die Leerkapazität 2 000 DM je Tonne Tageskapazität. Damit wird die Auslastung viel stärker berücksichtigt als bei der deutschen Stillegungsaktion. Der Passus des Mühlengesetzes, daß eine Auslastung von über 80 Prozent nicht berücksichtigt wird, hat im EWG-Vorschlag keinen Nachfolger gefunden. Dagegen ist vorgesehen, die Entschädigung nach dem Zustand der Mühlenanlagen abzuwandeln.

Bei der Finanzierung schließt sich der EWG-Vorschlag wieder an das Mühlengesetz an: Die Vermahlung wird mit einer „Gesundungsabgabe" belastet (Artikel 6). Weil die Abgabe nur etwa sechseinhalb Jahre erhoben werden soll, würde sie etwa 4,50 DM je Tonne Getreide betragen [63].

---

[60] EWG-Vorschlag, a. a. O.

[61] Seit 1967 gibt es im Mühlengesetz eine ähnliche Klausel (Vergleiche S. 74).

[62] Um die Darstellung übersichtlich zu halten, werden Zahlen für die gesamte EWG hier nicht aufgeführt. In den meisten Fällen betragen sie grob gerechnet das Vierfache der deutschen.

[63] Siehe zum EWG-Mühlen-Sanierungsprogramm, in: Deutsche Müller-Zeitung, Heft 14, vom 20. Juli 1967, S. 347.

VIERTES KAPITEL

Kritik an der Ausgestaltung der Stillegungsaktion

1. Preiskartell und Stillegung

In der deutschen Mühlenwirtschaft besteht seit 1955, also während der gesamten Dauer der Stillegungsaktion, ein Kartell. Für diese Arbeit ist nur wichtig, wie das Kartell auf die Stillegungsaktion einwirkte. Das Kartell führt zu einem Mehlpreis, der höher ist, als es ein frei gebildeter wäre [1]. Gleichgültig ist dabei, daß dieser Preis nicht für alle Unternehmen kostendeckend ist. Selbst Unternehmen, die zu Verlustpreisen anbieten, beziehen eine Kartellrente [2]. Auch daß der Kartellpreis zeitweilig unterboten wurde, ist unwichtig, weil der Mehlpreis selbst dann noch weit niedriger gewesen wäre, wenn es das Mühlenkartell überhaupt nicht gegeben hätte.

Die vom Kartell erreichte Preiserhöhung hat auf die Summe der Stillegungsprämien — die „Kosten" der Stillegungsaktion — wesentlichen Einfluß, wie im folgenden zu zeigen ist:

Bei der Entscheidung, ob eine Stillegung betriebswirtschaftlich vorteilhaft ist, muß der Unternehmer, wie schon oben gezeigt [3], die künftig zu erwartenden Einnahmen- und Ausgabenströme bei Fortbestehen der Mühle auf die Gegenwart diskontieren. Den so geschätzten Barwert (Ertragswert) der

---

1 Zur Preispolitik des Kartells siehe die Jahresberichte der Arbeitsgemeinschaft Deutscher Handelsmühlen aus den Jahren nach 1955 und Richard Buxbaum, a. a. O., S. 113 ff., sowie die dort angegebene Literatur; ferner: Gebundene Mehlpreise auch für Bäckereien?, in: Frankfurter Allgemeine Zeitung vom 7. April 1959; Muß der Brotpreis erhöht werden?, in: Frankfurter Allgemeine Zeitung vom 11. November 1960; Werden die Mehlpreise überprüft?, in: Frankfurter Allgemeine Zeitung vom 20. Dezember 1966.

2 Werner Fricke, Kollektivmonopole, Band 6 der Veröffentlichungen des Forschungsinstituts für Wirtschaftspolitik an der Universität Mainz, Heidelberg 1956, S. 42, schreibt: „Jede künstliche Erhöhung des Gesamterlöses also, ob durch Beschränkung des Wettbewerbs oder der Angebotsmenge erzielt, führt zu einem Monopolgewinn."

3 Vergleiche S. 57 ff.

Mühle muß er mit dem Barwert der günstigsten anderen Nutzung vergleichen. Übersteigt der Wert der Alternative zusammen mit der Abfindung den Barwert bei Fortführung des Mühlenbetriebes, ist die Stillegung ratsam. Das Preiskartell steigert die zu erwartenden Einnahmen und erhöht den Ertragswert der Mühle. Bei Bestehen eines Kartells muß daher die Prämie höher sein als bei freier Preisbildung, um die Stilllegung des Betriebes zu erreichen. Wie stark dieser Einfluß ist, läßt sich nicht genau schätzen, weil über die Preise, die sich ohne Kartell bilden würden, nichts bekannt ist. Eine Beispielsrechnung mit willkürlich gewählten Zahlen soll eine Vorstellung von möglichen Abweichungen vermitteln [4]:

Unterstellt ist: Der Betrieb ist auf unbegrenzte Lebensdauer eingerichtet. Die Überkapazität wird in fünf Jahren beseitigt. Der Zinssatz beträgt 8 Prozent. Die Ausgaben betragen konstant eine Million DM jährlich. Die Absatzmenge ist 10 000 Mengeneinheiten in jedem Jahr. Der Absatzpreis beträgt nach Abbau der Überkapazität 102 DM je Mengeneinheit (a). In der Zeit davor beträgt er bei freier Preisbildung (b) 100 DM, beim Kartell 102 DM (c). Der Jahresüberschuß beträgt im Fall (a) und im Fall (c) jeweils 20 000 DM. Im Fall (b) führt die Überkapazität zu einem Jahresabschluß ohne Gewinn oder Verlust.

Der Wert des Unternehmens ist 250 000 DM, wenn es ein Preiskartell gibt [5]. Wenn der Absatzpreis dagegen für fünf Jahre auf 100 DM absinkt und dann wieder auf 102 DM steigt, ist der Unternehmenswert nur rund 170 000 DM [6].

Der Wert des Betriebes in einer anderen Verwendung sei 100 000 DM. Dabei ist gleichgültig, ob dieser Betrag als Verkaufswert erzielt werden kann oder ob er sich als Zukunfts-

---

[4] Nur zur Vereinfachung des Zahlenbeispiels soll es dienen, daß der Kartellpreis mit dem frei gebildeten Preis nach Abbau der Überkapazität übereinstimmt und daß der Wettbewerbspreis während der Bereinigungsphase genau kostendeckend ist.

[5] Der Jahresüberschuß ist für alle Jahre 20 000 DM, dem entspricht bei 8 Prozent Zins ein Zukunftserfolgswert von 250 000 DM.

[6] In fünf Jahren wird der Preis 102 DM, der Jahresgewinn 20 000 DM und der Erfolgswert 250 000 DM sein. Diese 250 000 DM ergeben herabdiskontiert einen Wert von rund 170 000 DM.

erfolgswert des Betriebes nach einer Produktionsumstellung ergibt. Die Abfindung, die den Unternehmer zur Aufgabe der bisherigen Produktion bewegt, müßte im Kartellfall mindestens 150 000 DM, bei freien Preisen dagegen nur mindestens 70 000 DM betragen. Dieser Gedankengang für einen Betrieb gilt im wesentlichen auch für die Stillegungsaktion einer Branche [7]. Etwas anders ist es bei Müllern, die nicht privatwirtschaftlich rational entscheiden, sondern ihre Mühle betreiben, solange sie ihre finanziellen Verpflichtungen erfüllen können. Einigen, die bei freier Preisbildung gezwungen wären aufzugeben, ermöglicht das Kartell, die Mühle fortzuführen. Weil diese Mühlen nun ihre Kapazitäten aufrecht erhalten, müssen andere Betriebe zusätzlich für die Stillegung gewonnen werden. Das treibt die Höhe der Prämien, die zur Beseitigung der Überkapazität notwendig ist, weiter hinauf.

Das Nebeneinander von Stillegung und Preiskartell verteuert also den Kapazitätsabbau. Ilau spricht in diesem Zusammenhang von einer in der Abfindung steckenden „kapitalisierten Kartellrente, die die übrig bleibenden Betriebe auf die Abnehmer abzuwälzen suchen" [8]. Der Verbraucher bezahlt also, sofern die Abwälzung gelingt [9],

(a) die weitergegebene Vermahlungsabgabe für die Stillegungsprämien, die bei freier Preisbildung notwendig gewesen wären,

(b) die gewinnerhöhende Wirkung des Preiskartells auf die weiterarbeitenden Hersteller und

(c) den Vorteil, den die ausscheidenden Hersteller vom Kartell gehabt hätten, wenn sie im Markt geblieben wären.

Anders gesagt: Die Abfindungen sollen die Stillegung lohnender machen, als sie ohne Intervention wäre. Die Erhöhung des Mehlpreises durch das Kartell machte aber das Weitermahlen einträglicher, als es bei Preiswettbewerb gewesen

---

[7] Nur werden für eine große Zahl von Unternehmern die Stillegungsprämien höher als die oben beschriebene mindestnotwendige Abfindung sein. Siehe S. 80.

[8] Hans Ilau, Die Ordnung durch Wettbewerb, in: Frankfurter Allgemeine Zeitung vom 15. Mai 1954.

[9] Zur Frage der Überwälzung siehe S. 104 ff.

wäre, und hält deshalb von der Stillegung ab. Um die zweite Wirkung auszugleichen, müssen die Stillegungsprämien höher sein als bei freien Preisen [10].

Einige andere den Bereinigungsprozeß hemmende Nebenwirkungen des Preiskartells werden in späteren Abschnitten behandelt. Als Thesen seien sie hier schon aufgeführt:

(1) Die Peisfixierung erschwert es, das Ausmaß der Überkapazität festzustellen [11];

(2) die Preisfixierung verfälscht die Entscheidungen über Reinvestitionen [12];

(3) das Preiskartell führte zu der flankierenden Maßnahme des Neubau- und Erweiterungsverbotes. Auch volkswirtschaftlich sinnvolle Neuinvestitionen sind deshalb fast völlig unterbunden. Einige falsche Neuinvestitionen sind dennoch möglich [13].

2. Die stillgelegten Kapazitäten

Im Mühlengesetz war vorgesehen, Mühlen mit einer Gesamtkapazität von 10 000 Tonnen je Tag stillzulegen. Dieses Ziel ist — allerdings mit erheblicher Verzögerung — erreicht worden.

Die Beschäftigung der Mühlenwirtschaft verbesserte sich nur geringfügig [14]. Der Mehlverbrauch ging stärker als erwartet zurück, so daß die Wirkungen der Stillegungsaktion fast völlig kompensiert wurden. Der Nahrungsverbrauch an Brot-

---

[10] Auch Grupe warnt davor, während einer Stillegungsaktion Wettbewerbsbeschränkungen zuzulassen (Grupe-Gutachten, a. a. O., S. 29, siehe auch S. 25 ff.). Er schreibt: „Ein entscheidender Erfolg ist nur dann zu erwarten, wenn während der Stillegungsaktion freie Konkurrenz herrscht. Maßnahmen, die den Wettbewerb einschränken oder aufheben, wirken einer Kapazitätsanpassung entgegen. Wenn sich die Verhältnisse an den Mehlmärkten auf Grund privater oder staatlicher Eingriffe konsolidieren und sich die Ertragslage der Betriebe damit verbessert, so entfällt für viele Unternehmer der Zwang zur Stillegung. Die Entschädigungsleistungen müßten wesentlich erhöht werden, wenn ihr Angebot nicht ganz sinnlos werden soll."

[11] Siehe S. 84 ff.

[12] Siehe S. 117 ff.

[13] Siehe S. 118 ff.

[14] Siehe S. 30.

getreide betrug in der Bundesrepublik zwischen 1953 und 1958 etwa 5,9 Millionen Tonnen jährlich, sank dann bis 1962 und macht seither etwa 5,1 Millionen Tonnen [15] aus. Außerdem zeigte sich, daß die Gesamtkapazität der Müllerei um mehr als ein Zehntel größer war, als die Mühlenstelle vor Inkrafttreten des Gesetzes berechnet hatte [16].

Weil deshalb die gesamte Branche schlechter ausgelastet war, als man vorher angenommen hatte, war auch die Beschäftigung der stillgelegten Mühlen gering. Im ersten Abschnitt der Stillegungsaktion soll sie durchschnittlich 32 Prozent betragen haben [17]. Dieser Auslastungsgrad wurde aus den Vermahlungen einer Referenzperiode von fünf Jahren berechnet [18]. Bei einem großen Teil der stillgelegten Mühlen war der Absatz in den letzten Jahren ständig geschrumpft; die durchschnittliche Auslastung dürfte deshalb unmittelbar vor dem Entschluß zur Stillegung unter 30 Prozent gelegen haben. Die Kritik an der Stillegungsaktion, die in der Mühlenwirtschaft selbst laut wurde, hat sich besonders daran entzündet, daß Betriebe hohe Prämien bekamen, die schon vorher kaum noch Mehl verkauft hatten [19]. Es zeigt sich also, daß die Stillegungsaktion nur einen Teil der Überkapazität beseitigt hat.

Um die angestrebte Auslastung der Müllerei zu erreichen, hätten noch einige Tausend Tonnen Tageskapazität stillgelegt werden müssen [20]. Die Stillegung weiterer Mühlen hätte wahr-

---

15 Statistisches Jahrbuch über Ernährung, Landwirtschaft und Forsten 1959, Berlin und Hamburg 1960, S. 148, und 1966/67, S. 157.

16 Siehe S. 22.

17 Statistische Übersicht des Bundesmühlenkontors, Bonn 1962, Stand August 1962.

18 Vom 1. Juli 1951 bis zum 30. Juni 1956.

19 Vergleiche etwa den Bericht von der Hauptversammlung der Flensburger Walzenmühle: Mühlenstillegung war kein Erfolg, in: Blick durch die Wirtschaft vom 3. Mai 1961.

20 Die Schätzungen über die Überkapazität schwankten zwischen 3 500 und 5 000 Tagestonnen. Vergleiche Frankfurter Allgemeine Zeitung vom 13. November 1963 und 26. August 1964 und: Über den Rahmen der mühlenwirtschaftlichen Überkapazität in der Bundesrepublik, in: Die Mühle, Heft 24, vom 11. Juni 1964, S. 421 f.; schriftlicher Bericht des Landwirtschaftsausschusses über den Entwurf eines Fünften Gesetzes zur Änderung des Mühlengesetzes vom 10. November 1966, Bundestagsdrucksache V/1109; Begründung zum Entwurf eines Sechsten Gesetzes zur Änderung des Mühlengesetzes, a. a. O.

scheinlich das Angebot fühlbar reduziert, weil ihre Auslastung höher gewesen wäre als die der im Rahmen der 10 000 Tonnen-Grenze ausgeschiedenen Betriebe. Die größeren Mühlen mit extrem schlechter Beschäftigung haben in aller Regel die erste Gelegenheit genutzt, um sich abfinden zu lassen.

Es ist zu fragen, ob das Ausmaß der Überkapazität überhaupt genau zu berechnen war. Sicher wäre es gut gewesen, die vorhandenen technischen Kapazitäten besser zu erfassen, bevor die vom Mühlengesetz zu beseitigende Kapazität festgelegt wurde. Auch die künftige Entwicklung des Mehlverbrauchs hätte sich vielleicht besser abschätzen lassen.

Aber aus dieser Bestandsaufnahme hätte man den Kapazitätsüberhang nicht genau ablesen können. Von Überkapazität kann nicht schon dann gesprochen werden, wenn einige Betriebe schlecht ausgelastet und unrentabel sind, sondern erst, wenn diese Betriebe so zahlreich sind, daß ihr Angebot bei freier Preisbildung die Mehlpreise auf ein für die meisten übrigen Unternehmen verlustbringendes Niveau drückt [21]. Vom einzelnen Betrieb her gesehen kommt es nicht auf die technisch mögliche Produktion oder auf die gegenwärtig erreichte an; ausschlaggebend ist das Angebot, das bei freier Preisbildung von einem Betrieb künftig ausgehen würde. Das zukünftige Angebot hängt nicht nur von kurzfristig konstanten und meßbaren Größen wie technischer Kapazität und Stückkostenverlauf ab, sondern auch von zahlreichen unvorhersehbaren und nicht quantifizierbaren Einflüssen: Stillegung einer benachbarten Mühle, Bau einer neuen Brotfabrik, Gewinnchancen in verwandten und verkoppelten Bereichen wie Futtermittelproduktion oder Landhandel. Der Vorschlag der EWG-Kommission enthält einen Versuch, die Überkapazität zu schätzen [22]. Zudem soll das Ausmaß der stillzulegenden Kapazitäten notfalls geändert werden können [23]. Wenn das Ausmaß der Überkapazität vor Beginn einer Stillegungs-

[21] Zum Begriff Überkapazität siehe S. 15 ff.

[22] EWG-Vorschlag, a. a. O., S. 8. Kritisch stimmt aber, daß die Mehlexporte teilweise nicht berücksichtigt werden und daß eine durchschnittliche Beschäftigung der Mühlen von 95 Prozent für optimal gehalten wird. Vergleiche auch S. 10 f. und S. 179 dieser Arbeit.

[23] Ebenda, Artikel 3 Absatz 2.

aktion nicht genau feststellbar ist, besteht die Gefahr, daß zuviel oder zuwenig Kapazität beseitigt wird.

Auch ein geringer Kapazitätsüberhang nach Abschluß einer Stillegungsaktion könnte bei freier Preisbildung den Mehlpreis herabdrücken. Falls eine Beseitigung des Mühlenkartells nach erfolgreichem Abschluß des Kapazitätsabbaus geplant war, könnte der nun noch zu erwartende Preiskampf den Befürwortern des Kartells Argumente liefern. Die restliche Überkapazität abzubauen, wäre in beiden Fällen schwierig. Die Mühlen, die eigentlich noch stillegen müßten, werden mit allen Mitteln versuchen, bis zur endgültigen Sanierung der Müllerei durchzuhalten, nicht zuletzt, weil es nun keine Abfindungen mehr gäbe. Wahrscheinlich würden die Interessenvertreter der Mühlen eine neue staatliche oder private Stillegungsaktion fordern.

Der umgekehrte Fall, daß zuviel Mühlen stillgelegt werden, wäre ebenfalls nachteilig: Der Mehlpreis würde steigen; einige Mühlen müßten neue Kapazitäten errichten. Wahrscheinlich wäre es am besten, die stillzulegende Kapazität nicht von vornherein festzulegen, sondern ohne Limit Mühlen stillzulegen, bis kein Kapazitätsüberhang mehr besteht [24]. Das erfordert freie Preisbildung wenigstens in der letzten Phase der Stillegungsaktion, um den organisierten Kapazitätsabbau rechtzeitig zu beenden.

3. Ankündigungswirkungen

Wie hätte sich die Auslastung der Müllerei entwickelt, wenn es nicht zur Stillegungsaktion gekommen wäre? Unterstellt seien sonst gleiche Bedingungen, besonders bei den Absatzpreisen. Sicher wäre die Beschäftigung um das Jahr 1963 noch schlechter gewesen, da viele Mühlen nur wegen der Stillegungsprämien den Betrieb aufgaben. Die Überkapazität wäre aber keineswegs um die stillgelegten 10 000 Tagestonnen größer gewesen, denn viele Mühlen wären auch dann stillgelegt worden, wenn sie keine Abfindungen erhalten

---

[24] Die für dieses Vorgehen geeignete Ausgestaltung der Stillegungsaktion wird auf S. 92 ff. behandelt.

hätten. Ein guter Teil hätte vermutlich schon früher aufgegeben. Viele Müller haben nämlich den wegen ständiger Verluste unumgänglichen Rückzug aus der Müllerei so lange hinausgezögert, bis sie in den Genuß von Abfindungen aus dem Mühlengesetz kommen konnten. Ähnliche Signalwirkungen wurden auch bei der Abwrackaktion in der Binnenschiffahrt und bei den Schlachtprämien für Milchkühe beobachtet [25].

In der Müllerei führten diese Ankündigungswirkungen dazu, daß in der Zeit vor Beginn der Stillegungsaktion der Kapazitätsabbau immer mehr zurückging [26]. Ebenso ist anzunehmen, daß ein Teil der Unternehmer, die sich zwischen 1957 und 1962 aus der Müllerei zurückzogen und Stillegungsprämien erhielten, ohnehin während dieser Zeit oder später die Vermahlung eingestellt hätte. Der Einfluß des Mühlengesetzes auf den Kapazitätsabbau wurde auch durch eine andere Signalwirkung des Gesetzes beeinträchtigt: Einige Mühlen, die ihre Kapazitäten ausbauen wollten, dürften die Investitionen beschleunigt haben, um das Neuinvestitionsverbot des Mühlengesetzes zu unterlaufen [27]. Denkbar ist ferner, daß der eine oder andere gut beschäftigte Betrieb seine Kapazität kurz vor der Investitionsbeschränkung erweitert hat, um die zusätzliche Nachfrage voll befriedigen zu können, mit der bei der erwarteten Stillegung eines lokalen Konkurrenten zu rechnen war. Auch dürfte in mancher Mühle vor der Stillegungsaktion mit geringfügigen Änderungen die technische Kapazität erweitert worden sein. Die Auswirkungen aller beschriebenen Ankündigungswirkungen zu schätzen, ist nicht möglich [28]. Deutlich ist aber, daß sich die Mühlenkapazität auch ohne Stillegungsaktion verringert hätte.

---

[25] Walter Hamm, Die öffentlichen Abwrackhilfen, in: Frankfurter Allgemeine Zeitung vom 10. November 1967; Schlachtprämien, in: Der Spiegel vom 22. September 1969, S. 104.

[26] Siehe Werner Kamm, a. a. O., S. 98.

[27] Siehe auch R. Hopstein, Das Sanierungsprogramm der deutschen Mühlenwirtschaft, Dissertation, Graz 1960, S. 125.

[28] Bei Hans Furthmann, Ursachen . . ., a. a. O., Tabelle 134; veröffentlicht auch bei Werner Kamm, a. a. O., S. 95 und 97, finden sich Zahlen darüber (siehe folgende Seite):

Besonders deutlich werden die Ankündigungswirkungen, wenn man nur die Mühlen betrachtet, die mehr als 250 Tonnen jährlich verarbeiteten, wenn man also die Kleinstmühlen (der Vermahlung nach) abzieht. Der

4. Die Höhe der Abfindungen

a) Die absolute Höhe

Waren die Stillegungsprämien hoch genug angesetzt, um in der geplanten Zeit den angestrebten Kapazitätsabbau zu erreichen? Zwar sind insgesamt 10 000 Tonnen Tageskapazität stillgelegt worden, aber in der ursprünglich vorgesehenen Zeit konnten nur etwa 7 500 Tagestonnen abgebaut werden. Erst nach Verlängerung der Fristen wurde das Ziel erreicht [29].

Für den Fall, daß die Kapazitäten der stillegungswilligen Mühlen insgesamt 10 000 Tagestonnen übersteigen sollten,

größte Teil dieser Kleinstmühlen dürfte nämlich weniger als eine Tonne Tageskapazität gehabt haben, hätte also keine Stillegungsprämie erhalten können. Für die Vermutung, daß im letzten Jahr vor Inkrafttreten des Mühlengesetzes fast nur noch Mühlen stillgelegt wurden, die keine Abfindung erwarten konnten, spricht auch die niedrige durchschnittliche Kapazität aller in diesem Jahr ausgeschiedenen Betriebe: Sie betrug nur 1,3 Tagestonnen. In einer Größenklasse wurde sogar mehr Kapazität wieder in Betrieb genommen als stillgelegt. Siehe Werner Kamm, a. a. O., S. 97, Fußnote 2.

Die Stillegung von Mühlen in der Zeit vor dem Mühlengesetz

Zeit der Stillegung	Tageskapazität in Tonnen		Zahl der Betriebe
	Mühlen aller Größenklassen	Mühlen ohne Kleinstmühlen	
1. Juli 1951 bis 30. September 1954	2 400	722	1 549
1. Oktober 1954 bis 30. Juni 1955	1 345	684	473
1. Juli 1955 bis 30. Juni 1956	677	298	339
1. Juli 1956 bis 30. Juni 1957	443	107	350
insgesamt vom 1. Juli 1951 bis 30. Juni 1957	4 865	1 811	2 711

[29] Zweites Gesetz zur Änderung des Mühlengesetzes vom 3. Juli 1961, a. a. O. Der letzte Stillegungstermin war nunmehr der 31. März 1962.

war festgelegt, daß nur die besser beschäftigten Mühlen abgefunden werden. Für den zweiten Abschnitt der Stillegungsaktion meldeten sich so viele Mühlen, daß diese Regelung zum Tragen kam: Nur Betriebe, die zu mehr als 18 Prozent ausgelastet waren, erhielten Abfindungen. Daraus ist jedoch nicht zu schließen, daß die Stillegungsprämien hoch genug waren. Einigen gut beschäftigten größeren Mühlen flossen nämlich außer den Entschädigungen nach dem Mühlengesetz noch zusätzliche Abfindungen im Rahmen des Kartells zu [30]. Diese Betriebe wären sonst bestehen geblieben. Ohne die zusätzlichen privaten Zahlungen wären zwar alle Mühlen stillgelegt worden, die mit den gesetzlichen Prämien zufrieden waren, der geplante Abbau von 10 000 Tonnen Tageskapazität wäre aber nicht erreicht worden [31].

Die Stillegungsprämien waren also unter den gegebenen Umständen zu niedrig. Wie wäre ein stärkerer und schnellerer Kapazitätsabbau möglich gewesen? Wer die Stillegung einer Mühle erwägt, vergleicht die zukünftigen Gewinne, die bei der Fortführung des Betriebes als Mühle zu erwarten sind, mit den Beträgen, die bei einer anderen Verwendung zu erzielen sind. Ein wirtschaftspolitischer Eingriff, der den Abbau der Mühlenkapazität fördern soll, kann entweder den Erfolgswert der Mühle senken oder die Alternativen anziehender machen. Der erste Weg, der über ein Verbot des Kartells zu niedrigeren Mehlpreisen geführt hätte, wurde an anderer Stelle behandelt [32]. Der zweite hätte höhere Stillegungsprämien erfordert. Unterstellt sei, um den Vergleich mit dem tatsächlichen Ablauf zu erleichtern, daß alle übrigen Einflußgrößen gleich gewesen wären — etwa Kartellpreis und Investitionsregelung. Auch von unverändertem Gewicht von Kapazität und Auslastung bei der Berechnung der Abfindungen wird ausgegangen [33].

---

[30] Vergleiche Jahresbericht 1961 der Arbeitsgemeinschaft Deutscher Handelsmühlen, Bonn 1962, S. 13.

[31] Nach Auskunft des Bundesmühlenkontors.

[32] Denkbar ist auch eine höhere, nicht überwälzbare Mühlenabgabe. Siehe S. 111 ff.

[33] Statt 9 000 DM für die Tagestonne Leerkapazität und 14 000 DM für die Nutzkapazität hätten zum Beispiel 13 500 und 21 000 DM gezahlt werden können (Steigerung um 50 Prozent).

Unter diesen Bedingungen hätten die Abfindungen ganz erheblich höher sein müssen. Man darf unterstellen, daß sich an der Stillegungsaktion vorwiegend die wenig rentablen Mühlen beteiligten. Die tatsächlich durch das Mühlengesetz beseitigten Mühlen werden also im Durchschnitt niedrigere Gewinne gehabt haben als die Betriebe, die zusätzlich stillzulegen gewesen wären. Noch aus einem anderen Grund wären höhere Entschädigungssätze notwendig gewesen, um die Überkapazität völlig zu beseitigen. Der stärkere Kapazitätsabbau hätte für die gesamte Mühlenwirtschaft bessere Zukunftsaussichten gebracht und die Erfolgswerte auch der Mühlen erhöht, die noch ausscheiden müßten.

In welcher Größenordnung sich die Abfindungen bewegen könnten, die ein völliger Abbau der Überkapazität durch das Mühlengesetz erfordert hätte, soll folgende Schätzung zeigen:

Tabelle 10

Schätzung über die Erhöhung der Abfindungen bei Variation der stillzulegenden Kapazität

	Beispiel 1	Beispiel 2	tatsächliche Stilllegungsaktion zum Vergleich [a]
Stillzulegende Kapazität in Tonnen je Tag	13 000 [b]	15 000 [b]	10 000
Entschädigung in DM je Tonne/Tag			
Leerkapazität	10 800	12 000	9 000
Nutzkapazität	16 800	18 667	14 000
Erhöhung der Abfindungen gegenüber der tatsächlichen Stillegungsaktion in Prozent	+ 20	+ 33,3	—
Durchschnittliche Auslastung der stillgelegten Mühlen in Prozent	40	40	37
Summe der Abfindungszahlungen in Millionen DM	172	220	108

[a] Statistische Übersicht des Bundesmühlenkontors, Bonn 1962.
[b] Vergleiche die Schätzungen auf S. 83, Fußnote 20.

Die Zahlen sind willkürlich angenommen, liegen aber nach Meinung des Verfassers im Bereich des Möglichen.

Es läßt sich also vermuten, daß der vollständige Abbau der Überkapazität wahrscheinlich sehr kostpielig gewesen wäre, wenn man nur die Abfindungen erhöht hätte und Mühlengesetz und Kartellpreis sonst unangetastet geblieben wären.

War es überhaupt möglich, die richtige Höhe der Abfindungen vor Beginn der Stillegungsaktion festzulegen? Richtig wären die Abfindungen bemessen gewesen, wenn das Ziel der Stillegungsaktion, 10 000 Tagestonnen Kapazität stillzulegen, gerade erreicht worden wäre.

Beginnen wir die Betrachtung beim einzelnen Betrieb. Wer erwägt, seine Mühle stillzulegen, vergleicht das Einkommen, das er glaubt, bei der Fortführung der Mühle erzielen zu können, mit dem, das er außerhalb der Müllerei erwartet. Beides wäre — um einen Vergleich zu ermöglichen — auf den Zeitpunkt der Entscheidung zu einem Barwert abzuzinsen. Anders gesagt: Der Zukunftserfolgswert als Mühle wird mit dem Zukunftserfolgswert bei anderer Verwendung verglichen [34]. Die Abfindung, die für die Stillegung gerade noch ausreicht, müßte zusammen mit dem Barwert der Alternative den Barwert bei der Fortführung um einen kleinen Betrag überschreiten. Natürlich werden nur wenige Müller eine solche Betrachtung angestellt haben. Sie soll nur zeigen, wie bei rationalem Verhalten und dem Ziel der Einkommensmaximierung gerechnet werden müßte [35].

Die Einflußgrößen sind sehr zahlreich und kaum überschaubar. Neben Faktoren aus der Müllerei, wie technische Ausrüstung der Mühle, Standort, künftige Preise, Kosten und Absatzmengen, stehen Faktoren aus den Bereichen, in denen das Unternehmen oder nur sein Eigentümer tätig sein könnten: Eignung von Grundstück und Gebäuden für alternative Zwecke und Kenntnisse des Unternehmers in anderen Berufen. Aus all diesen Gründen sind die mindestnotwendigen Abfindungen von Mühle zu Mühle sehr unterschiedlich. Es ist

[34] Diese andere Verwendung kann natürlich auch im Verkauf der Anlagen liegen.

[35] Zum Einfluß außerökonomischer Ziele siehe S. 54 und 62.

unmöglich, die Abfindungen in jedem Fall so festzulegen, daß jedes Unternehmen nur gerade soviel erhält wie notwendig ist, um ihm die Stillegung lohnend erscheinen zu lassen. Nicht zuletzt wegen der zahlreichen subjektiven Bewertungen ist die Mindestabfindung vom Außenstehenden nicht zu schätzen. Wenn eine große Zahl von Betrieben zum Aufgeben bewegt werden soll, müssen die Abfindungen an objektive Merkmale (etwa Kapazität, Produktion oder Einkommen der Vergangenheit) geknüpft werden. Immer wird ein großer Teil der Stilllegenden mehr bekommen als die mindestens notwendige Abfindung: Stillegungsrenten sind unvermeidlich[36]. Wenn daher eine vorher festgelegte Gesamtkapazität stillgelegt werden soll, muß die Abfindung so hoch sein, daß auch der letzte[37] Betrieb, der noch stillgelegt werden muß, etwas mehr als die Mindestabfindung erhält. Bei der Vielzahl der Faktoren, die diese Größe beeinflussen, erscheint es unmöglich, sie vor Beginn der Stillegungsaktion genau zu schätzen.

Wahrscheinlich wäre es am zweckmäßigsten gewesen, die Abfindungen nicht von vornherein festzulegen, sondern sie von einem niedrigen Niveau aus stufenweise zu erhöhen und so im Verlauf der Stillegungsaktion ihre richtige und endgültige Höhe zu ermitteln. Die Entschädigung für Mühlen, die schon anfangs bei niedrigen Sätzen stillgelegt haben, müßte nachträglich den neuen höheren Sätzen angepaßt werden[38].

---

36 Friedrich Jonas schreibt dazu in seiner Arbeit über die Neuordnung der britischen Baumwollindustrie (a. a. O., S. 85): „So scharf die Verwaltung darauf zu achten hat, daß keine unerlaubten Geschäfte gemacht werden, so wenig kann sie sich von dem Einwand beirren lassen, daß einzelne im Rahmen der Vorschriften ein gutes Geschäft gemacht haben. Es gibt in derartigen Fällen immer Vorteils- und Nachteilspositionen."

Unabhängig davon sind bei einer ökonomischen Stillegungsaktion die Größen, von denen die Abfindungen abhängen, so zu wählen, daß diese Differentialrenten möglichst klein sind (die hohe Abfindung für ungenutzte Kapazitäten von Mühlen läuft dem zuwider. Siehe S. 98). Das Bestreben, Stillegungsrenten zu vermeiden, findet allerdings seine Grenze am Gleichheitsgrundsatz.

37 Geordnet nach der Höhe der Mindestabfindung je Kapazitätseinheit.

38 Dafür spricht nicht nur das juristische Gebot der Gleichbehandlung, sondern auch ein ökonomischer Grund: Nur so läßt sich verhindern, daß Müller, die an sich auch mit niedriger Abfindung zufrieden wären, die Stilllegung hinauszögern, um in den Genuß der höheren Prämien zu kommen. Diese Müller müssen vielmehr möglichst früh stillegen oder zumindest ihre Absicht dazu erkennen lassen, damit andere benachbarte Unternehmen sich

Dabei ist wichtig, daß die Müller den Stufenplan kennen. Sie müssen von vornherein wissen, daß die anfangs angebotenen Abfindungen möglicherweise noch erhöht werden und daß daran auch die Unternehmer teilhaben werden, die sich frühzeitig zur Stillegung gemeldet haben.

Wie eine Stillegungsaktion dann ablaufen könnte, soll ein konstruiertes Beispiel verdeutlichen. Angenommen ist, daß 100 Kapazitätseinheiten (KE) stillzulegen sind [39].

Die Stillegungsbehörde ermittelt, daß nach vorsichtigen Schätzungen *mindestens* 20 Geldeinheiten (GE) je KE notwendig sind, um die angestrebte Stillegung von 100 KE zu erreichen.

Die Abfindung wird auf 20 GE/KE festgelegt. Zu dieser Entschädigung werden Betriebe mit insgesamt 70 KE stillgelegt. Die Behörde schätzt nun, daß eine Entschädigung von *mindestens* 23 GE/KE die vollständige Beseitigung der Überkapazität ermöglicht. Zu diesem Satz werden weitere 25 KE stillgelegt. Die früher ausgeschiedenen Unternehmen (70 KE) erhalten eine Nachzahlung von 3 GE/KE.

Nunmehr sind noch 5 KE stillzulegen. Wenn es nur darum ginge, das Stillegungsziel mit dem minimalen Aufwand zu erreichen, müßten die Abfindungen wiederum nur so weit erhöht werden, wie unter den günstigsten Umständen notwendig ist. Sobald aber nur noch wenige Betriebe stillgelegt werden müssen und sobald die verschiedenen Schätzungen über die dazu notwendigen Prämiensätze nur noch geringfügig differieren, kann ein anderer Weg eingeschlagen werden.

Um den Abschluß der Stillegungsaktion schnell zu erreichen, wird es besser sein, nun einen Prämiensatz zu wählen, bei dem die restliche Überkapazität *wahrscheinlich ganz* zu beseitigen ist. Die Abfindung wird also auf 25 GE/KE festgesetzt, obwohl 24 GE/KE vielleicht auch gereicht hätten. Falls

---

darauf einstellen können. Manche Mühle wird nur dann stillegen, wenn der ebenfalls schlecht beschäftigte Wettbewerber seinen Betrieb weiterführt. Deshalb spricht einiges dafür, in der Anfangsphase stillgelegten Betrieben eine kleine Zusatzabfindung zu zahlen.

[39] Wie die Kapazität gemessen wird, ist hier gleichgültig.

sich dann Betriebe mit insgesamt mehr als 5 KE melden, kann nach einem Hilfsmaßstab ausgewählt werden, damit das Ziel, 100 EK stillzulegen, nicht überschritten wird. Bei der deutschen Stillegungsaktion war es die Auslastung der Vergangenheit [40]. Dieses Verfahren, das einer Versteigerung ähnlich ist, hat den Vorteil, daß die Höhe der Stillegungsprämien gerade ausreicht, um das gewünschte Ausmaß von Kapazitätsabbau zu erreichen. Die bei vorheriger Festsetzung der Prämien bestehende Gefahr, daß für die Stillegungsaktion mehr als notwendig aufgewandt wird oder daß das Ziel der Stillegungsaktion nicht völlig erreicht wird, ist so beseitigt.

Bisher wurde der Zeitfaktor außer Betracht gelassen. Etwas anders müßte die Stillegungsaktion ablaufen, wenn die optimale Geschwindigkeit des Kapazitätsabbaues schätzbar ist. Der zeitliche Abstand und das Ausmaß der Prämienerhöhungen können nämlich die Geschwindigkeit der Stillegung steuern helfen. Zu Anfang der Aktion oder bei einer Erhöhung der Prämien ist dann nicht mehr zu fragen, welche Entschädigung mindestens notwendig ist, um die gesamte Überkapazität zu beseitigen. Vielmehr muß die Abfindung so festgelegt werden, daß sie das für den nächsten Zeitabschnitt vorgesehene Maß von Stillegungen bewirken kann.

Wie oben dargelegt wurde [41], ist es zweifelhaft, ob das Ausmaß der Überkapazität vor der Stillegungsaktion überhaupt ermittelt werden kann. Die daraus abzuleitende Folgerung wäre, auf die vorherige Festlegung der stillzulegenden Kapazität zu verzichten. Wenn aber anfangs nicht feststeht, wieviel Kapazität stillzulegen sein wird, ist es nahezu unmöglich, die richtige Höhe der Abfindungen von vornherein zu bestimmen.

---

[40] Im letzten Stadium der Stillegungsaktion könnte es auch aus einem anderen Grunde angebracht sein, vom Verfahren schrittweise erhöhter Prämien abzugehen: Wenn der Kreis der Unternehmen, die sich unter Umständen am Kapazitätsabbau beteiligen wollen, klein ist, besteht die Gefahr von Absprachen. Diese Absprachen hätten etwa folgenden Inhalt: Einige Unternehmen, die eigentlich bei den gebotenen Abfindungen zur Stillegung bereit wären, zögern ihren Entschluß zur Betriebsaufgabe hinaus, um die Höhe der Prämien zu steigern. Aus der so erreichten Zunahme der Abfindungen entschädigen dann stillegende Unternehmen andere, die nur wegen der verabredeten Verzögerung keine Prämien mehr erhalten.

[41] Siehe S. 84.

Das hier beschriebene System schrittweise erhöhter Stillegungsprämien wäre noch deutlicher überlegen [42].

Gegen dieses System könnte vorgebracht werden, daß es den Ablauf der Stillegung zu lange hinauszögern würde. Die meiste Zeit erfordert aber — nach den Erfahrungen des deutschen Mühlengesetzes — nicht der Entschluß des Unternehmers, stillzulegen oder nicht, sondern die Prüfung der Anträge durch die Stillegungsbehörde. Es wäre daher möglich, daß im ersten Abschnitt der Stillegungsaktion nicht nur bei den Mühlen die rechtlichen Voraussetzungen und die Kapazitäten nachgeprüft werden, die zu den niedrigen Anfangssätzen stillegen wollen. Auch andere Mühlen, die vielleicht bei höheren Prämien ausscheiden wollen, könnten schon mit der Stillegungsbehörde verhandeln. Eine Stillegungsaktion in ganz kurzer Zeit durchführen zu wollen, ist auch aus anderen Gründen nicht ratsam: Wegen der Transportkosten für Getreide und Mehl besteht der deutsche Mehlmarkt aus vielen regionalen oligopolistischen Teilmärkten. Ein großer Teil der Mühlen wird seinen Entschluß zur Stillegung davon abhängig machen, wie viele regionale Wettbewerber künftig im Markt sein werden, wie viele ausscheiden. Zwischen dem Bekanntwerden der ersten Stillegungen und dem letzten Meldetermin muß eine gewisse Zeitspanne liegen, in der der notwendige Anpassungsprozeß ablaufen kann. Nur so lassen sich überstürzte Entscheidungen verhindern.

Bei den Beratungen des EWG-Plans für eine Mühlenstillegung wurde eine zusätzliche Prämie für Unternehmer, die gleich zu Anfang der Aktion stillegen, vorgeschlagen [43]. Sie könnte die Müller zu schnellerer Entscheidung bewegen, die auf jeden Fall aufgegeben hätten und deren Betriebe nur geringe Nettoerträge erbringen. Die anderen Anbieter könnten sich schneller anpassen und besser begründete Entscheidun-

---

[42] Auch bei Grupe findet sich ein ähnlicher Vorschlag: „Zeigt sich später im Verlauf der Aktion, daß die Entschädigungsangebote nicht attraktiv genug sind, um die gesteckten Ziele zu erreichen, so müssen sie gegebenenfalls generell erhöht werden." Siehe Grupe-Gutachten, a. a. O., S. 32.

[43] Vergleiche die Stellungnahme des Wirtschafts- und Sozialausschusses zum EWG-Vorschlag, Brüssel, 25. Oktober 1967, S. 5.

gen treffen. Die Prämie dürfte aber nicht so hoch sein, daß es zu überstürzten Stillegungen käme [44].

Zu prüfen ist noch ein anderes theoretisch bestechendes Verfahren: Ähnlich wie beim Limitpreisverfahren der Ausschreibung[45] könnten alle Mühlen, die unter Umständen an einer Stillegung gegen Prämien interessiert sind, ihre subjektiv gewählte Mindestabfindung je Kapazitätseinheit und ihre Kapazität melden. Die Stillegungsbehörde müßte dann die Meldungen nach den geforderten Abfindungen ordnen und bei den niedrigsten beginnend die Kapazitäten aufaddieren, bis die insgesamt stillzulegende Kapazität erreicht ist. Die höchste Forderung, die noch berücksichtigt würde, wäre die für alle gültige Stillegungsprämie.

An dieser Stelle könnte gefragt werden, weshalb die Stilllegungsprämie je Kapazitätseinheit für alle Mühlen gleich hoch sein soll. Wäre es nicht zweckmäßiger, nur die jeweiligen Forderungen zu zahlen, weil so die Kosten der Stilllegungsaktion doch wohl gesenkt werden könnten?

Dagegen sprechen folgende Überlegungen: Wenn die Forderungen der einzelnen Unternehmer nicht mehr nur Limit nach unten sind, sondern mit den tatsächlichen Abfindungen übereinstimmen, werden in aller Regel höhere Prämien verlangt werden, als es der subjektiven Mindestabfindung entspricht. Ein stillegungswilliger Unternehmer wird dann versuchen zu schätzen, wie hoch die höchsten noch gezahlten Abfindungen sein werden. Je nach Risikofreude wird er seine eigene Forderung geringfügig oder stärker unterhalb der von ihm erwarteten Höchstbeträge ansetzen. Nur bei extremer Risikoscheu übersteigt die Forderung die subjektive Mindestabfindung nicht. Die Folge ist, daß manche Mühle, die wegen der niedrigen subjektiven Mindestabfindung eigentlich stillgelegt werden sollte, ihren Betrieb fortführt, weil der Eigen-

---

[44] So wurden bei der Stillegungsaktion in der britischen Baumwollindustrie während der Anfangszeit fünf Prozent zusätzlich gezahlt. Siehe Friedrich Jonas, a. a. O., S. 45.

[45] Vergleiche Otto Gandenberger, Die Ausschreibung — Organisierte Konkurrenz um öffentliche Aufträge, Band 14 der Schriftenreihe des Forschungsinstituts für Wirtschaftspolitik an der Universität Mainz, Heidelberg 1961, S. 205 ff.

tümer eine zu hohe Forderung stellt und bei der Stillegungsaktion nicht mehr zum Zuge kommt [46].

Gegen den hier behandelten Abänderungsvorschlag spricht nicht nur die Gefahr falscher Auslese; es ist auch möglich, daß die Kosten der Stillegungsaktion höher liegen als beim Limitverfahren, weil viele Unternehmer mit ihren Forderungen weit über die subjektiven Mindestabfindungen hinausgehen.

Diese Argumente für die Gleichheit der Abfindungen sprechen auch für die nachträgliche Erhöhung der Prämien beim Stufenverfahren [47].

Bei einem Produkt, das wegen geringerer Transportkosten an einem einheitlichen Markt mit vielen Anbietern gehandelt wird, wäre das Limitverfahren eine ökonomisch richtige Methode, die Abfindungen zu bestimmen. In der Mühlenwirtschaft bestünde aber die Gefahr, daß sich in einer Gegend besonders viele Unternehmer zur Stillegung entschließen und so die regionale Ausgewogenheit der Produktionsstandorte gefährdet wäre. Weil in einer Branche wie der Mühlenwirtschaft die Zukunftsaussichten des einzelnen Betriebes von der Stillegung benachbarter Wettbewerber beeinflußt werden, wäre eine solche Stillegungsaktion, bei der die Betriebe an die einmal genannte Prämienforderung gebunden sind, nicht ratsam. Denkbar wäre allerdings, auch eine Stillegung nach dem Limitpreisverfahren in mehrere Abschnitte aufzuteilen. Dabei würden die Abfindungen für die anfangs stillgelegten

---

[46] Dazu ein Beispiel: Beim Betrieb A ergibt der Vergleich zwischen dem Barwert bei Fortführung als Mühle und dem bei einer anderen Verwendung, daß eine Stillegungsprämie von 20 Geldeinheiten je Kapazitätseinheit (GE/KE) die Stillegung gerade noch lohnend sein läßt. Der Unternehmer A schätzt, daß die höchste Forderung, die noch berücksichtigt wird, bei 30 GE/KE liegen wird. „Zur Vorsicht" meldet er seine Forderung aber nur mit 28 GE/KE an. Später stellt die Stillegungsbehörde fest, daß das Ziel der Stillegungsaktion erreicht wird, wenn Forderungen bis 27 GE/KE noch erfüllt werden. Die Mühle A bleibt bestehen, obwohl bei einer Abfindung von 27 GE/KE die Stillegung ratsam gewesen wäre.

Für die Mühle B ergibt sich eine subjektive Mindestabfindung von 25 GE/KE. Der Müller B schätzt, daß er sich mit großer Sicherheit an der Stillegungsaktion beteiligen kann, wenn er 26 GE/KE fordert. Mit dieser Abfindung wird die Mühle B dann stillgelegt. Nach dem Limitverfahren wäre dagegen der Betrieb A ausgeschieden (und B vielleicht bestehen geblieben), wie es den Zukunftserwartungen entsprochen hätte.

[47] Siehe S. 91, insbesondere Fußnote 38.

Betriebe gleichfalls nachträglich erhöht. In der ökonomischen Wirkung wären dann dieses Verfahren und das auf S. 91 ff. beschriebene weitgehend gleich.

b) Kapazität und Auslastung bei der Berechnung der Abfindungen

Die Abfindung für die ruhende Kapazität war mit 9 000 DM je Tonne nur etwa ein Drittel niedriger als die Entschädigung für die ausgelastete Kapazität (14 000 DM je Tonne). Insgesamt wurden 56 Millionen DM für unbeschäftigte Kapazitäten gezahlt und nur 52 Millionen DM für genutzte Kapazitäten [48]. In der Mühlenwirtschaft, besonders bei den Großmühlen, ist die Meinung verbreitet, für die Leerkapazität sei eine zu hohe Prämie gezahlt worden [49].

Hätte die Leerkapazität überhaupt entschädigt werden sollen [50]? Bei der Beseitigung der Überkapazität kommt es auf das Angebot an, das bei freier Preisbildung künftig von den einzelnen Betrieben ausgehen würde [51].

Wegen der vielfältigen Einflüsse läßt sich das künftige Angebot kaum schätzen. Hilfsweise kann als Bezugsgröße für die Abfindungen auch die genutzte Kapazität der Vergangenheit (einer Referenzperiode) oder die höchste technisch mögliche Vermahlung (technische Gesamtkapazität) dienen. Beide Größen sind meßbar und stehen in gewissem Zusammenhang zur künftigen Vermahlung. Die oben gestellte Frage nach der Entschädigung der Leerkapazität läßt sich nun neu formulieren: Ist nicht die Nutzkapazität ein besseres Indiz für das künftige Angebot als die Gesamtkapazität? Bei der deutschen Stilllegungsaktion zeigte sich ziemlich deutlich, daß bei den Müh-

---

[48] Errechnet nach: Bundesmühlenkontor. Gesamtstatistik der Stillegung, Stand vom 30. November 1963.

[49] Siehe Jahresberichte 1957 und 1959 der Arbeitsgemeinschaft Deutscher Handelsmühlen, a. a. O., jeweils S. 18. Vergleiche auch einen Bericht über eine Hauptversammlung der Flensburger Walzenmühle: Mühlenstillegung war kein Erfolg, a. a. O.

[50] Mit der Entschädigung für die Leerkapazität sollte außerdem den Kleinmüllern geholfen werden. Dieser sozialpolitische Aspekt wird einstweilen zurückgestellt und erst auf S. 101 aufgegriffen.

[51] Vergleiche S. 84.

len vergangene und künftige Vermahlung stärker korrelieren als Gesamtkapazität vor und Nutzkapazität nach der Stilllegungsaktion: Besonders die Kleinmühlen haben kaum ihre Auslastung verbessern können, wenn benachbarte Mühlen stillgelegt wurden. Nur etwa ein Viertel aller Mühlen mit einer Tageskapazität von weniger als 5 Tonnen hat 1963/64 mehr vermahlen als 1957/58 [52]. Auch die durchschnittliche Beschäftigung der kleinen Betriebe hat sich durch die Stilllegungsaktion kaum erhöht [53]. Die größeren und mittleren Mühlen haben aus der Stillegungsaktion mehr Nutzen gezogen. Aus den Zahlen der Mühlenstelle ergibt sich [54]: Je größer die Mühle, desto größer die Wahrscheinlichkeit, daß sie ihre Beschäftigung nach Abschluß der Stillegungsaktion verbessert hatte. Die vorher schon gut ausgelasteten größeren Mühlen haben sich also im allgemeinen verbessert, die schlechtbeschäftigten Kleinmühlen nicht.

Daraus ergibt sich, daß die Ausdehnung der Entschädigung auf die ungenutzte Kapazität verfehlt war.

---

[52] Siehe Edgar Ludwig, Konzentration durch Mühlenstillegung?, a. a. O., S. 6. Aus dieser Quelle geht auch hervor, wieviel Prozent die Mühlen, die ihre Auslastung ausdehnen konnten, 1963/64 im Durchschnitt mehr verarbeiteten als 1957/58.

Größe der Mühlen nach Gesamtkapazität in Tonnen pro Tag	Anteil der Betriebe mit Mehrvermahlung (1963/64 gegenüber 1957/58) in Prozent an der Gesamtzahl der Betriebe der Größenklassen (berechnet nach Ludwig)	Durchschnittliche Mehrvermahlung dieser Betriebe in Prozent
unter 5	25	12
5,1—40	45	20
40,1 und darüber	63	17

Ähnliche Zahlen ergeben sich auch aus einer späteren Veröffentlichung Ludwigs (Kapazitätsabbau in der Mühlenwirtschaft, a. a. O.); vergleiche auch S. 31 dieser Arbeit.

[53] Siehe S. 30.

[54] Siehe Edgar Ludwig, Konzentration durch Mühlenstillegung?, a. a. O., S. 6.

Warum die Stillegungsaktion den schlecht beschäftigten Mühlen nur wenig nutzte, läßt sich hier nur kurz andeuten. Vielfach ist die technische Kapazität des Betriebsteiles „Mühle" größer als die des Betriebes insgesamt. Bei Lagerung, Vertrieb, Verwaltung und Finanzierung können Engpässe liegen. Anders gesagt: Die Kapazitäten sind in den Bereichen längst verringert worden, bei denen die quantitative Anpassung leichter möglich war als bei den Vermahlungsaggregaten. Die erneute Erweiterung der Engpaßbereiche wird den Unternehmen häufig zu riskant erscheinen oder personell oder finanziell nicht möglich sein. Das Schrumpfen der Lohn- und Umtauschmüllerei, der Rückgang der Roggenvermahlung [55] und die enge Verbindung einzelner Mühlen mit anderen Gewerbezweigen dürfte ebenfalls die Expansion der schlechtbeschäftigten kleineren Mühlen verhindert haben. Mittleren und größeren Mühlen fällt es dagegen wohl leichter, innerbetriebliche Engpässe zu überwinden und den Absatz auszudehnen, wenn der regionale Mehlmarkt es zuläßt [56].

Die Beschränkung der Entschädigung auf die Nutzkapazität hätte die Stillegungsaktion in vielen Punkten verbessert. Zunächst wäre das Verhältnis von insgesamt stillgelegter Nutzkapazität zur Summe der Abfindungen günstiger gewesen. Wie oben erwähnt, wurden 56 Millionen DM für unbeschäftigte Kapazitäten und nur 52 Millionen DM für genutzte Kapazitäten gezahlt. Das überraschende Verhältnis beider Zahlen deutet an, wie sehr die Abfindungen für Leerkapazität die Stillegungsaktion verteuerten und welche hohen Differentialrenten die Eigentümer sehr schlecht ausgelasteter Mühlen bezogen haben. Um den gleichen Erfolg zu erreichen, gemessen in Tonnen stillgelegter bisher genutzter Kapazität, hätte die Entschädigung für die Nutzkapazität allerdings erhöht werden müssen. Die meisten der sehr gering ausgelasteten Betriebe, die sich an der Stillegungsaktion beteiligten, wären aber auch bei für sie ungünstiger Entschädigung nur der

---

[55] Beide Geschäftssparten sind typisch für kleinere Mühlen.

[56] Dafür spricht auch, „daß im allgemeinen Großbetriebe nur dann ausgeschieden sind, wenn regionale Kapazitätszusammenballungen durch die Stillegung eines oder mehrerer Betriebe aufgelockert werden konnten". Werner Kamm, a. a. O., S. 180.

Nutzkapazität ausgeschieden, weil die Leerkapazität in aller Regel keinen Zukunftswert darstellt[57]. Die Entschädigung allein der Nutzkapazität hätte auch eine andere Formulierung des quantitativen Zieles der Stillegungsaktion mit sich gebracht. Statt 10 000 Tonnen Tageskapazität hätte es etwa 4 000 Tonnen Nutzkapazität oder eine Million Tonnen Jahresvermahlung heißen können[58]. Damit wäre die für die weiterverarbeitenden Mühlen insgesamt zu erwartende Absatzausweitung deutlich gewesen. Auch die Fehlschätzung der vorhandenen Gesamtkapazität hätte den Erfolg der Stillegungsaktion nur geringfügig einschränken können. Schließlich wäre bei einer Stillegungsaktion mit vorher festgelegter Menge der abzubauenden Kapazität die Summe der Abfindungen schon vorher genau zu errechnen gewesen.

Der EWG-Vorschlag legt sehr viel stärkeres Gewicht auf die Auslastung. Während im Mühlengesetz die Nutzkapazität nur mit rund dem Eineinhalbfachen des Betrages für die Leerkapazität entschädigt wurde (14 000 DM und 9 000 DM), sieht der Vorschlag der Kommission das Verhältnis 10 zu 1 vor (20 000 DM und 2 000 DM)[59]. Bedauerlich ist, daß die geringfügige Prämie für die ungenutzte Kapazität in Höhe von 2 000 DM je Tagestonne nicht fortgefallen ist. Der Grund dürfte wiederum in sozialpolitischen Erwägungen liegen. Der

---

57 Außerdem wäre der Verwaltungsaufwand erheblich geringer gewesen, weil die Berechnung der Nutzkapazität aus den Verarbeitungsmengen der Referenzperiode leicht möglich ist. Langwierig und teuer war es dagegen, die technische (Gesamt-)Kapazität der Betriebe festzustellen.

58 Auch die Bestimmung, die Kleinstmühlen von der Stillegungsaktion ausschloß, hätte neu formuliert werden müssen. Statt „mindestens eine Tonne Kapazität" hätte es zum Beispiel heißen können „mindestens 0,3 Tonnen Nutzkapazität". Die Abgrenzung nach der ausgelasteten Kapazität statt nach der Gesamtkapazität hätte einige Vorzüge gehabt: Stillegungswillige Eigentümer von sehr kleinen Mühlen hätten schneller gewußt, ob sie mit einer Abfindung rechnen konnten. Außerdem ist die tatsächliche Produktion wohl ein besseres Kennzeichen für die Betriebsgröße als die technisch mögliche Vermahlung.

59 EWG-Vorschlag, a. a. O., S. 8.

Vergleicht man die Abfindungen nach dem Mühlengesetz und nach dem EWG-Vorschlag bei verschiedenen Beschäftigungsgraden, so ergibt sich, daß der EWG-Vorschlag erst bei einer Auslastung über $^{7}/_{13}$ (53,84 Prozent) eine höhere Stillegungsprämie gebracht hätte. Bei Beschäftigungsgraden unterhalb dieses Grenzwertes wäre das Mühlengesetz für den stillegenden Unternehmer vorteilhafter.

Vorschlag der EWG-Kommission, die Entschädigungen nach dem Grad der Abnutzung der Maschinen zu variieren [60], läßt aufwendige und langwierige Prüfungen und Verhandlungen befürchten. Der unterschiedliche Wert der Aggregate wird beim Verkauf an andere Mühlen oder beim Verschrotten genügend berücksichtigt. Außerdem würde wahrscheinlich das Baujahr und nicht die tatsächliche Abnutzung berücksichtigt: Eine zwei Jahre alte Maschine, die nur rund drei Stunden täglich gelaufen ist, dürfte mehr wert sein als eine Maschine, die vor einem Jahr angeschafft wurde und seitdem fast ständig in Betrieb war.

Der bisher ausgeklammerte soziale Aspekt bei der Festsetzung der Entschädigungen soll nun mituntersucht werden. Wie schon erwähnt, wurde die Abfindung der Leerkapazität auch damit begründet, daß sie den im Durchschnitt schlecht beschäftigten Kleinmüllern zugute käme [61]. Das sozialpolitische Ziel läßt sich am ehesten wohl so formulieren: Die Entschädigungen sollten Müller mit geringem Einkommen vor starken Einkommenseinbußen schützen, die sich aus der Stilllegung der Mühle und dem Berufswechsel ergeben könnten. Eine Einkommenseinbuße ist die Differenz zwischen dem durchschnittlichen Einkommen vor und nach der Stillegung. Weil das künftige Einkommen kaum vorhersehbar ist, wird sich die soziale Hilfe am Einkommen der Vergangenheit orientieren müssen.

Zwei Fragen sind zu beantworten: Ist das sozialpolitische Ziel erreicht worden? Hätte es nicht auch erreicht werden können, wenn nur die Nutzkapazität berücksichtigt worden wäre?

Wie erwartet, waren die stillgelegten Kleinmühlen [62] mit knapp 20 Prozent schlechter ausgelastet als die größeren Mühlen [63]. Weil aber nur ein Viertel der insgesamt stillgelegten Kapazität auf die Kleinmühlen entfällt, haben dennoch mitt-

---

60 EWG-Vorschlag, a. a. O., S. 4, Artikel 4, Absatz 1, Satz 3.

61 Siehe S. 68.

62 Tageskapazität zwischen 1 und 4,9 Tonnen.

63 Die Mühlen mit 5 bis 20 Tonnen Kapazität waren zu rund 30 Prozent beschäftigt, die Mühlen mit mehr als 20 Tagestonnen zu 54 Prozent. Siehe Bundesmühlenkontor: Gesamtstatistik der Stillegung, Stand vom 30. November 1963, Abschnitt H.

lere und große Mühlen den größten Teil der Entschädigungen für die ruhenden Kapazitäten erhalten: Die Gruppe der Kleinmühlen bekam wie die mittleren Mühlen (5—19,9 Tonnen) jeweils rund 19 Millionen DM, die größeren Mühlen (über 20 Tonnen) etwa 18 Millionen DM [64]. Diese sozial motivierten Abfindungen haben also ihr Ziel weitgehend verfehlt. Zu prüfen ist ferner, ob die Entschädigung der Leerkapazität wenigstens innerhalb der Klein- und Mittelmüllerei sozial gerechtfertigt war.

Die Nutzkapazität ist dem Absatz nahezu proportional [65]. Bei der weitgehenden Preisgleichheit ist auch der Zusammenhang zwischen Nutzkapazität und Umsatz sehr eng. Wenn fürs erste von den Unterschieden bei den Stückkosten abgesehen wird, kann von der Nutzkapazität auf das Einkommen geschlossen werden. Der Leerkapazität läßt sich dagegen kein Teil des Einkommens zurechnen. Sie hat vielmehr noch ungedeckte Leerkosten verursacht. Allenfalls kann ein Zusammenhang zwischen der Gesamtkapazität und dem Einkommen einer lang zurückliegenden Periode [66] bestehen, wenn die Mühle früher einmal vollbeschäftigt war. Für die Anpassung des künftigen Einkommens an das frühere kann also nur die Nutzkapazität eine verläßliche Bemessungsgrundlage abgeben. Diese These und einige gleichgerichtete Faktoren sollen an einem Beispiel erläutert werden:

Eine zu 10 Prozent beschäftigte Mühle mit 5 Tagestonnen Kapazität erhielt nach dem Mühlengesetz eine etwas höhere Entschädigung als eine halbausgelastete 4-Tonnen-Mühle [67]. Die kleinere Mühle

---

[64] Berechnet nach der Statistik des Bundesmühlenkontors.

[65] Der Grad der Ausmahlung differiert von Mühle zu Mühle nicht sehr. Die Lagerhaltung von Mehl ist (bezogen auf die Referenzperiode von 5 Jahren) gering.

[66] Diese Zeit liegt, wenn man die Bestimmungen des Mühlengesetzes mit einer 5jährigen Referenzperiode anwendet, mindestens 5 Jahre zurück.

[67]

4,5 Tonnen × 9 000 DM	=	40 500 DM
+ 0,5 Tonnen × 14 000 DM	=	7 000 DM
5,0		47 500 DM
2 Tonnen × 9 000 DM	=	18 000 DM
2 Tonnen × 14 000 DM	=	28 000 DM
4		46 000 DM

setzte aber viermal mehr um als die größere. Bezieht man nun die Kostendegression bei zunehmender Beschäftigung in den Vergleich ein, dann wird die kleinere Mühle einen um mehr als das Vierfache größeren Gewinn gehabt haben.

Damit ist ein Teil der vereinfachenden Annahme gleicher Stückkosten aufgehoben. Der restliche Teil der Prämisse besagt, daß alle Mühlen *bei gleicher Auslastung* gleiche Stückkosten haben. Welche Folgen für unseren Beweis hat es, daß das nicht zutrifft? In der Tendenz sind Mühlen mit allgemein höheren Stückkosten eher schlechter beschäftigt als Mühlen, die kostengünstig arbeiten. Eine schlecht beschäftigte Mühle hat also in der Regel höhere Stückkosten als eine gut ausgelastete Mühle, nicht nur wegen der Stückkostendegression, sondern weil sie ohnehin kostenungünstig arbeitet [68].

Zusätzlich ist noch zu erwarten, daß bei sonst gleichen Bedingungen eine höhere Leerkapazität und damit auch Gesamtkapazität das Einkommen nach der Stillegung tendenziell steigert: Die größere Mühle hat größere Gebäude, mehr Maschinen und ein größeres Grundstück. Der Verkaufswert wird höher sein. Aus den höheren Verkaufserlösen läßt sich ein höheres Einkommen erwirtschaften [69]. Insgesamt erweist sich die Entschädigung der Leerkapazität als ungeeignet, das sozialpolitische Ziel zu erreichen.

Mit Blick auf das soziale Ziel wäre wohl folgendes Vorgehen angebracht gewesen: Außer der wirtschaftlich begründeten Entschädigung der Nutzkapazität [70] erhalten die Kleinmüller zusätzlich eine Beihilfe, bei der das Einkommen aus der Müllerei und aus anderen Quellen [71] und die persönlichen Umstände der Unternehmer berücksichtigt werden [72]. Diese Art der Entschädigung wäre zweifellos mit großem Verwaltungsaufwand verbunden gewesen. Ohne festlegen zu wollen,

---

68 Siehe S. 137.

69 Auf diese Weise wurde der Einfluß, der von Kapazität und Auslastung der Mühe auf das künftige Einkommen ausgeht, in die Untersuchung so weit wie möglich einbezogen.

70 Mit einheitlichem Betrag je Tagestonne für alle Mühlen.

71 Es dürfte etwa gerechtfertigt sein, dem Eigentümer einer Mühle und eines großen Sägewerkes weniger zu zahlen als einem Müller, der nur von seiner Mühle lebte.

72 Etwa die Zahl der wirtschaftlich von einer Mühle Abhängigen.

welches Verfahren vorzuziehen gewesen wäre, sei nun eine Methode beschrieben, die den sozialen Zielen gerecht wird und nur auf leicht zugänglichen Daten aus der Müllerei aufbaut.

Die Stillegungsprämien knüpfen nur an der Nutzkapazität an und sind für kleinere Mühlen höher als für größere. Der allgemeine Abfindungssatz könnte zum Beispiel 20 000 DM je Tonne sein [73]. Für die erste Tonne Tageskapazität jeder Mühle werden jedoch 30 000 DM gezahlt, für die zweite noch 28 000 DM, für die dritte 26 000 DM und so weiter, bis von der sechsten Tonne ab nur noch der allgemeine Satz von 20 000 DM gilt [74]. Eine solche Lösung wäre sozialer, billiger und einfacher als die der deutschen Stillegungsaktion gewesen — sozialer, weil die Kleinmüller eine ihrem früheren Einkommen entsprechende zusätzliche Hilfe erhalten hätten; billiger, weil überflüssige Entschädigungen für Großmühlen vermieden worden wären; einfacher, weil nur die leicht festzustellende Nutzkapazität berücksichtigt worden wäre.

5. Die Finanzierung

Die Mühlenstillegung sollte eigentlich eine Selbsthilfeaktion der Mühlenwirtschaft sein. Deswegen wurden die Ausgaben für Abfindungen, Verwaltungsaufwand und Verzinsung des aufgenommenen Kredits den Mühlen auferlegt. Der Bund gab zu Anfang der Stillegungsaktion einen Kassenkredit, und er springt bei der Rückzahlung des Bankkredits ein, soweit die Vermahlungsabgabe nicht für die vorgesehene Amortisation ausreicht. Im Jahre 1967 etwa erbrachte die Vermahlungsabgabe 11 Millionen DM; aus Bundesmitteln wur-

[73] Bei der deutschen Stillegungsaktion war die Abfindung je Tonne 14 000 DM für die Nutz- und 9 000 DM für die Leerkapazität. Die durchschnittliche Auslastung aller stillgelegten Mühlen betrug knapp 40 Prozent (Bundesmühlenkontor: Gesamtstatistik der Stillegung, Abschnitt H, a. a. O.). Rein rechnerisch wurden also, wenn die gesamte Entschädigung auf die Nutzkapazität bezogen wird, rund 27 000 DM je Tonne beschäftigter Kapazität ausgezahlt.

[74] Es bedarf wohl keiner näheren Erläuterung, daß diese Lösung auch innerhalb einer Stillegungsaktion mit schrittweise erhöhten Abfindungen möglich ist.

den 700 000 DM hinzugefügt [75]. Welche Höhe der staatliche Anteil an der Finanzierung insgesamt erreichen wird, läßt sich noch nicht absehen [76]. Er dürfte jedoch weniger als 10 Millionen DM betragen. Dabei sind steuerliche Erleichterungen nicht berücksichtigt. Die finanzielle Hilfe des Staates läßt sich damit rechtfertigen, daß die sozialpolitisch motivierte Entschädigung der Leerkapazität den weiterarbeitenden Mühlen nicht genützt hat.

Die Mühlenstillegungsaktion ließe sich kaum als Selbsthilfe bezeichnen, wenn nicht die Müller, sondern die Verbraucher letzten Endes die Abgabe tragen würden. Wird die Vermahlungsabgabe überwälzt? Beweisen läßt sich die Abwälzung nicht, denn wie der Mehlpreis sich entwickelt hätte, wenn die Stillegung aus öffentlichen Mitteln finanziert worden wäre, ist unbekannt.

Den Preiserhöhungen, die das Kartell erreichte, lassen sich die einzelnen Kostenfaktoren nicht genau zurechnen. Es widerspräche jedoch dem Ziel der langfristigen Gewinnmaximierung, wenn sich zusätzliche Grenzkosten nicht im Preis niederschlügen.

Die Konstruktion der Vermahlungsabgabe erleichtert die Überwälzung sehr [77]: Die Abgabe ist proportional zur Umsatzmenge [78]. Sie geht deshalb in die variablen Stückkosten und in die Grenzkosten mit fast konstantem Betrag ein. Alle Anbieter sind gleichermaßen betroffen [79]. Damit ähnelt die Vermahlungsabgabe einer speziellen Verbrauchssteuer [80]. Zu-

---

[75] Bundeshaushaltsrechnung für das Rechnungsjahr 1967, Berlin 1969, Titel 10 02—68,688 und 669.

[76] Ein stärkerer Rückgang des Brotkonsums könnte etwa die Produktion von Mehl und die davon abhängige Vermahlungsabgabe sinken lassen. Aus der Bürgschaft nach Paragraph 7 Absatz 7 des Mühlengesetzes müßte der Bund dann stärker zur Finanzierung des Kapazitätsabbaus beitragen.

[77] Hätte der Gesetzgeber die Überwälzung nicht beabsichtigt, so hätte man die Abgabe an eine andere Bemessungsgrundlage knüpfen können. Siehe S. 111 ff.

[78] Ausmahlungsgrad und Schwund differieren von Mühle zu Mühle kaum.

[79] Die von der Abgabe befreiten Kleinstmühlen haben nur einen winzigen Marktanteil. Auch das Gewicht der Lohnmüllerei, die nur eine ermäßigte Abgabe zahlt, ist gering.

[80] Den Vergleich mit „einer Art von Umsatzsteuer" zieht auch der Hauptgeschäftsführer des Deutschen Müllerbundes, Wilhelm Klasing (Ge-

dem ist die Nachfrage starr. Den Bäckern dürfte es gleichfalls gelungen sein, die Belastung weiterzuwälzen, da auch sie einer preisunelastischen Nachfrage gegenüberstehen.

Die Meinung, die Mühlen hätten die Vermahlungsabgabe letztlich nicht getragen, ist weit verbreitet [81]. Selbst im Bundestag und in den Ministerien, die das Mühlengesetz vorbereiteten, hielt man die Überwälzung für möglich [82]. Nach Meinung des Bundesministeriums für Wirtschaft ist es sogar eine Aufgabe des Kartells, die Überwälzung der Abgabe zu sichern: „Die Mühlen mußten in den Stand gesetzt werden, diese Abgabe zu zahlen. Insofern war eine Beeinflussung des Preiswettbewerbs, der bei den bestehenden Überkapazitäten die Mehlpreise sehr stark gedrückt hätte, notwendig [83]."

Der Vorschlag der EWG-Kommission für eine Mühlenstilllegung sieht eine Abgabe vor, die ebenfalls am Rohstoffeinsatz angeknüpft [84]. Der Wirtschafts- und Sozialausschuß der EWG forderte, die „Gesundungsabgabe" dürfe nicht überwälzt werden. Er machte aber keine Vorschläge, wie die Überwälzung zu verhindern sei [85].

Selbst wenn die Vermahlungsabgabe voll auf den Mehlpreis und anschließend voll auf den Brotpreis überwälzt worden wäre, so hätte dies den Brotpreis nicht merklich erhöht. Umgerechnet auf ein Kilo Brot hätte die Belastung nur den Bruchteil eines Pfennigs betragen. Deshalb ist es kaum ver-

---

danken zur Neuordnung der Mühlenwirtschaft, Vortrag, gehalten am 11. April 1959 in Kiel, zitiert nach: Die Mühle, Heft 19, vom 7. Mai 1959, S. 252).

[81] Siehe Wilhelm Klasing, a. a. O.; Friedrich Ackermann äußerte auf dem Handelsmühlentag 1967 die Meinung, eine Vermahlungsabgabe gehe in die Kalkulation der Mühlen mit ein. (Siehe: Die Müllerei, Heft 20, vom 20. Mai 1967, S. 301 und Die Mühle + Mischfuttertechnik, Heft 20, vom 18. Mai 1967, S. 310). Hans Schork, Warum Verlängerung des Mühlengesetzes?, in: Ernährungsdienst, vom 7. Januar 1961, S. 5; R. Hopstein, a. a. O., S. 145; Werner Kamm, a. a. O., S. 188, hält das Gelingen der Überwälzung nicht für sicher.

[82] Kriedemann, 206. Sitzung des 2. Deutschen Bundestages vom 3. Mai 1957, Sitzungsberichte, S. 11767. Er spricht von der Gefahr eines amtlichen Anstoßes zur Mehlpreiserhöhung.

[83] Verfügung des Bundesministers für Wirtschaft über die Mühlenkartelle, a. a. O., S. 20.

[84] EWG-Vorschlag (a. a. O., S. 4), Artikel 6, Absatz 1.

[85] Stellungnahme des Wirtschafts- und Sozialausschusses, a. a. O., S. 4.

ständlich, daß die Finanzierung der Stillegungsaktion aus Rücksicht auf den „politischen" Brotpreis auf eine sehr lange Dauer (1960 bis 1975) verteilt wurde. Ohne merkliche Verteuerung des Brotes hätte sich die Finanzierung der Stillegungsaktion in fünf Jahren abwickeln lassen. Damit wäre sie vor Beginn des gemeinsamen Getreidemarktes (1967) abgeschlossen gewesen. Die Zinskosten, die rund ein Drittel der Gesamtkosten ausmachen dürften, wären weit niedriger gewesen.

Exkurs: Alternativen bei der Festsetzung von Bemessungsgrundlage und Tarif der Stillegungsabgabe

Dazu einige Vorbemerkungen: Völlig wettbewerbsneutral ist allein das jetzige Verfahren. Es erleichtert jedoch die Überwälzung sehr. Man wird sagen können: Bei der Starrheit der Nachfrage sind Wettbewerbsneutralität und Überwälzbarkeit unabdingbar verbunden. Wenn also die Vermahlungsabgabe so erhoben werden soll, daß sie tatsächlich von den Mühlen getragen wird, müssen Wettbewerbsverzerrungen in Kauf genommen werden. Für diesen Fall bieten sich folgende Nebenziele an:

(1) Die Absatzausweitung einzelner Unternehmen und damit auch der Preiswettbewerb dürfen nicht weiter beschränkt werden [86].

(2) Die schwächeren (kleineren) Betriebe sollen einen Startvorteil erhalten. Dafür spricht zweierlei: Diese Mühlen haben wahrscheinlich weniger Nutzen vom Kapazitätsabbau als die gutbeschäftigten Großmühlen; die Expansion von kleineren Unternehmen ist geeignet, regionale Angebotsmonopole zu verhindern.

Bei der folgenden Betrachtung wird davon ausgegangen, daß das Aufkommen bei allen alternativen Abgabeformen gleich hoch ist.

I. Bemessungsgrundlage ist die gegenwärtige Vermahlung.

1. Das derzeit angewandte Verfahren.
2. Nur die zusätzliche Vermahlung gegenüber einer Referenzperiode wird belastet.
   In dieser reinen Form ist dies Vorgehen nicht vorgeschlagen worden [87]. In Kreisen der Kleinmüller wurde aber gelegent-

---

[86] Dieses Ziel soll auch gelten, wenn ein Kartell besteht.

[87] Um die Wirkungen der „Mehrvermahlungsabgabe" deutlich zu machen, wird sie hier als alleinige Form der Abgabe beschrieben. Kombinationen mit der jetzt praktizierten Abgabe sind denkbar. Die Folgen des Mischtyps lassen sich leicht aus denen der Einzelformen herauslesen.

lich gefordert, für die Stillegungsaktion sollten die Mühlen aufkommen, die Nutzen aus ihr zögen [88]. Dabei wird angenommen, der Nutzen des Kapazitätsabbaus bestehe in der Verbesserung der Auslastung.

Der Abgabensatz könnte eine beachtliche Höhe erreichen: Wenn nur in wenigen Betrieben die Vermahlung gegenüber der Referenzzeit zurückgeht, wird in den expandierenden Mühlen (bei konstanter Gesamtproduktion der Branche) kaum mehr als die Menge zusätzlich hergestellt, die früher auf die stillgelegten Betriebe entfallen war [89]. Wenn die Jahresvermahlung der stillgelegten Mühlen eine Million Tonnen Getreide war, das Jahresaufkommen der Abgabe wie derzeit rund 11 Millionen DM sein soll, kann der Abgabesatz über 10,— DM je Tonne hinausgehen.

Die ökonomische Wirkung einer Abgabe auf die Mehrvermahlung ist, daß die Grenzkosten bei den Auslastungsgraden, die höher als die Beschäftigung der Referenzzeit sind, um die Vermahlungsabgabe erhöht werden. Bei Mühlen, die schon vorher gut beschäftigt waren, kann die Vermahlungsabgabe der Grenzkosten so stark steigen lassen, daß eine Ausweitung der Produktion den Gewinn mindern würde. Dies ist der Fall, wenn die Grenzerlöskurve durch den (bei der Referenzauslastung) senkrechten Bereich der Grenzkostenkurve verläuft. Für diese Mühlen würde die Vermahlungsabgabe wie eine Kontingentierung wirken. Auch in anderen Betrieben führt die Mehrvermahlungsabgabe dazu, daß die gewinnmaximale Auslastung kleiner ist als bei anderen Abgabeformen. Die Abgabe auf die zusätzliche Vermahlung hemmt daher den Preiswettbewerb zwischen den Mühlen.

Daneben ist wiederum anzunehmen, daß die Vermahlungsabgabe überwälzt wird, weil sie die Grenzkosten der expandierenden Unternehmen noch stärker erhöht, als es beim gegenwärtig angewendeten Verfahren der Fall ist. Aus den

---

[88] Vergleiche etwa Zur EWG-Mühlensanierung, in: Deutsche Müller-Zeitung, Heft 7, vom 11. April 1968, S. 174.

[89] Dazu ein Zahlenbeispiel. Die Gesamtproduktion der Branche sei ständig 100 Mengeneinheiten (ME). Die Gruppe der stillgelegten Mühlen hatte zuletzt eine Gesamtproduktion von 10 ME. Die Betriebe mit rückläufiger Produktion haben in der Referenzzeit 60 ME, nach der Stillegungsaktion noch 59 ME hergestellt. Daraus ergibt sich, daß die expandierenden Mühlen ihre Produktion von 30 auf 41 ME ausgedehnt haben. Die Vermahlungsabgabe wird auf deren Mehrvermahlung von 11 ME erhoben.

Wenn dagegen die Betriebe mit schrumpfenden Produktionsmengen nicht 1 ME, sondern 10 ME an die expandierenden Mühlen verlieren, ist deren Vermahlungszuwachs 20 ME. Bei gleichem Aufkommen könnte der Abgabensatz um fast die Hälfte niedriger sein.

Zahlen der Mühlenstelle geht hervor, daß heute rund 60 Prozent aller Mühlen mit mehr als 25 Tonnen Tageskapazität mehr produzieren als 1957/58 (siehe S. 31). Zwei Drittel der Gesamtproduktion stammen nach Abschluß der Stillegungsaktion aus Mühlen, die ihre Auslastung verbesserten und damit der Vermahlungsabgabe unterworfen wären [90]. Auch im Kartell haben diese Unternehmen das Übergewicht. Wenn aber die Abgabe 8,— DM oder auch 10,— DM je Tonne beträgt, ist es leicht möglich, daß die daraus resultierende Preiserhöhung mehr als 2,10 DM je Tonne ausmacht [91]. In diesem Fall wird nicht allein die Vermahlungsabgabe überwälzt, vielmehr erhält die Mühlenwirtschaft noch insgesamt einen zusätzlichen Vorteil.

Ein weiterer Fehler des Verfahrens liegt darin, daß unterstellt wird, der Nutzen der Stillegungsaktion könne aus der Mehrvermahlung der einzelnen Mühlen abgelesen werden. Einmal liegt der Hauptvorteil nicht in der Expansion und der daraus möglichen Gewinnsteigerung, sondern in der Aufrechterhaltung des hohen Preisniveaus. Das Kartell wäre nicht genehmigt worden, falls die Mühlen nicht zu einer Stillegungsaktion bereit gewesen wären [92]. Zum anderen ist die zusätzliche Vermahlung, die die Stillegungsaktion ermöglichte, nicht dem Zuwachs gegenüber der Referenzperiode gleichzusetzen. Einige Beispiele mögen das erläutern:

Manche Mühlen hätten ihren Absatz ausgedehnt, auch wenn es nicht zur Stillegungsaktion gekommen wäre. Andere Unternehmen ziehen Nutzen aus der Stillegung benachbarter Mühlen, indem sie ihren Umsatz halten können, der sonst zurückgegangen wäre. Einige Mühlen können wegen der Stillegung anderer Betriebe auch um ein Geringes expandieren, werden aber nicht zur Vermahlungsabgabe herangezogen, weil sie während der Referenzzeit ständig zurückgefallen waren [93].

Schließlich ist es schwer, die Abgabesätze so festzulegen, daß in der geplanten Zeit die Stillegungsaktion voll finan-

---

[90] Errechnet nach Edgar Ludwig, Kapazitätsabbau in der Mühlenwirtschaft, a. a. O., S. 5.

[91] Das ist der gegenwärtige Abgabensatz.

[92] Siehe S. 64 ff.

Richard M. Buxbaum (a. a. O., S. 111; ähnlich auch S. 123) meint sogar, „daß das ganze Vorhaben, die Überkapazität herabzumindern, in erster Linie dazu dienen sollte, die Privilegien der Kartelle zu rechtfertigen".

[93] Ein Beispiel: Die Vermahlung betrug während der Referenzzeit nacheinander 20, 19, 18, 17 und 16 Tonnen pro Tag. Der Durchschnitt, die Referenzvermahlung, ist 18 Tagestonnen. Eine Expansion von 16 bis 18 Tonnen bleibt abgabefrei.

ziert wird. Je nachdem wieviele Mühlen gegenüber der Referenzperiode an Absatz verlieren, ist die gesamte zusätzliche Vermahlung der anderen Mühlen unterschiedlich groß. Auch Änderungen der Gesamtvermahlung und die fortlaufende Stillegung von Mühlen schlagen bei diesem System stärker durch als beim derzeit angewandten.

3. Die gesamte Vermahlung wird belastet; dabei wird nach der Auslastung gestaffelt.

Dieses Verfahren — aus Kreisen der Kleinmüller vorgeschlagen [94] — ist eine Modifikation des derzeitigen Verfahrens, zeigt aber auch Wirkungen, die denen des Vorschlags I.2. nahekommen. Die Überwälzung ist wahrscheinlich: Die Großmühlen, die im Kartell führend sind, werden im Durchschnitt stärker belastet, als es jetzt der Fall ist. Wer die Auslastung verbessert, muß mehr Vermahlungsabgabe je Tonne Gesamtvermahlung zahlen. Die Folge ist, daß die Vermahlungsabgabe bei der zusätzlichen Ausbringung hoch ist [95]. Die Folgen sind ähnlich wie bei Verfahren I.2.: Die Ausdehnung der Vermahlung wird behindert. Die preissteigernde Wirkung kann größer sein als es dem Gesamtaufkommen der Vermahlungsabgabe entspricht. Die Begünstigung der schlechter beschäftigten stagnierenden Mühlen ebnet die natürlichen Kostenunterschiede ein und hemmt das Ausscheiden unrentabler Betriebe.

In einer Stellungnahme der Kleinmüller [96] klingt die Möglichkeit an, neben der Auslastung auch die Betriebsgröße in der Staffelung zu berücksichtigen. Ob dabei an die technische Kapazität oder an die ausgelastete gedacht war, ist nicht ersichtlich. Diese Änderung des Verfahrens belastet die Steigerung der Beschäftigung weniger stark und ist damit etwas wettbewerbsneutraler. Sonst sind die Wirkungen gleich.

Wenn die Abgabe nur nach der Auslastung modifiziert wird, ist eine 10-Tonnen-Mühle, die von 5 auf 8 Tonnen expandiert, genauso stark belastet wie eine Hundert-Tonnen-

---

[94] Vergleiche O. Kreutz, Änderungsvorschlag zum Mühlengesetz, in: Die Mühle, Heft 27, vom 2. Juli 1959, S. 359. Bei der Diskussion um das geplante Mühlenprogramm der EWG wurde im Deutschen Müllerbund die gleiche Forderung laut. Siehe Zum EWG-Mühlen-Sanierungsprogramm, a. a. O., S. 347; Zur Struktur der deutschen Mühlenwirtschaft, a. a. O., S. 616 f.

[95] Ein Beispiel: Die Vermahlungsabgabe beträgt bei einer Auslastung von 40 bis 50 Prozent 2,— DM je Tonne, bei einer Auslastung von 50 bis 60 Prozent 2,20 DM je Tonne. Eine Hundert-Tonnen-Mühle, die ihre Auslastung von 48 auf 51 Prozent steigert, zahlt vorher 96,— DM täglich, nachher 112,20 DM. Je Tonne zusätzlicher Vermahlung macht das 5,40 DM aus.

[96] Zum EWG-Mühlen-Sanierungsprogramm, a. a. O., S. 347.

Mühle, die sich von 50 auf 80 Tonnen verbessert. Wenn zusätzlich noch die Größe, gemessen an der Nutzkapazität, berücksichtigt wird, ist die kleine Mühle begünstigt. Ihre Produktion nimmt nur um 3 Tonnen zu, die der Großmühle um 30 Tonnen.

II. Bemessungsgrundlage ist die Vermahlung der Referenzperiode.

1. Die Abgabe wird einheitlich nach Referenzvermahlung festgelegt.

Die Möglichkeit der Überwälzung ist gering, weil die Abgabe in die festen Kosten, aber nicht mehr in die variablen und die Grenzkosten eingehen würde [97]. Außerdem steigen die Durchschnittskosten nicht für alle Mühlen in gleichem Umfang, weil in vielen Betrieben die Auslastung der Referenzzeit nicht mit der übereinstimmt, die bei Einführung der Abgabe erreicht ist.

Für die einzelnen Unternehmen ist die Ausdehnung der Produktion lohnender als bei den bisher beschriebenen Vorschlägen. Weil die Bemessungsgrundlage der Abgabe die Vermahlung der Referenzperiode ist, beeinflussen spätere Änderungen der Produktionsmenge die Höhe der insgesamt von einem Betrieb zu zahlenden Abgabe nicht. Nimmt die Vermahlung einer Mühle zu, sinkt die Belastung je Tonne.

Umgekehrt ist ein Schrumpfen des Produktionsvolumens mit einer steigenden Abgabelast je Mengeneinheit verbunden [98].

Von den eingangs aufgestellten Bedingungen, die eine Regelung der Vermahlungsabgabe erfüllen sollte, sind damit zwei erreicht: erschwerte Überwälzung, keine Behinderung des Wettbewerbs. Dagegen birgt der Vorschlag einige Nachteile für die kleineren Mühlen. Diese Unternehmen, bei denen ein Absinken der Produktion unter die Referenzvermahlung wahrscheinlicher ist als bei den größeren, sind in Gefahr, recht hohe Lasten aus der Vermahlungsabgabe tragen zu müssen [99]. Wenn man den Interessen der Kleinmühlen be-

---

[97] Vergleiche Richard A. Musgrave, Finanztheorie, 2. Auflage, Tübingen 1969, S. 272 f.

[98] Ein Beispiel: Eine Mühle hatte in der Referenzzeit eine Ausbringung von durchschnittlich 10 Tagestonnen, der Abgabesatz beträgt einheitlich 2,20 DM je Tonne, die jährliche Vermahlungsabgabe beträgt:
2,20 DM × 10 (Tagestonnen) × 250 (Vermahlungstage im Jahr) = 5 500,— DM. Wechselnde Produktionsmengen beeinflussen die Vermahlungsabgabe nicht. Wenn die Mühle die Produktion auf 13 Tagestonnen ausdehnt, sinkt die durchschnittliche Belastung auf rund 1,70 DM je Tonne.

[99] Ein Produktionsrückgang erhöht die auf der Vermahlung liegende Belastung in gleichem Ausmaß.

sonders Rechnung tragen will, ist eine Modifikation des Verfahrens II.1. immer noch einem Ausweichen auf die protektionistischen Lösungen I.2. und I.3. vorzuziehen.

2. Die Abgabe wird nach der Referenzvermahlung berechnet, gestaffelt nach der Betriebsgröße.

   Ein Beispiel möge das Verfahren erläutern: Die Jahresvermahlung der Referenzperiode wird bei Kleinmühlen mit 1,80 DM belastet, bei Mittelmühlen steigt der Satz stufenweise an und erreicht dann bei Großmühlen 2,40 DM je Tonne. Dieses Verfahren führt dazu, daß die durchschnittliche Belastung der Tonne Vermahlung bei kleineren Mühlen, die expandieren, gering ist. Bei stagnierenden Kleinbetrieben und expandierenden Großmühlen hat sie eine durchschnittliche Höhe. Damit wird die Entwicklung, die für die jeweilige Betriebsgröße allgemein zu erwarten ist, mit einer mittleren Abgabe verbunden [100].

   Höher ist sie bei Kleinmühlen mit schrumpfendem und Großbetrieben mit stagnierendem Absatz. Die Abgabe ist am höchsten bei Großmühlen, deren Vermahlung abnimmt.

   Der Verwaltungsaufwand ist nicht sonderlich groß, weil die Nutzkapazität der Referenzperiode bekannt ist und weil die Vermahlungsabgabe der einzelnen Betriebe über Jahre gleich bleibt. Bei der Festlegung der Abgabensätze ist nur zu berücksichtigen, daß einige Mühlen während der Laufzeit der Abgabe stillegen werden. Dabei können Fehlschätzungen durch Variationen der Laufzeit oder durch einmalige Änderung der Sätze behoben werden. Wenn eine Mühle neu gebaut oder stark erweitert wird, muß die Vermahlungsabgabe behördlich festgelegt werden [101]. Die Wirkungen des Verfahrens lassen sich zusammenfassen:

   (1) Die Überwälzung ist erschwert

   (2) Die Ausweitung des Absatzes wird nicht gehemmt

   (3) Kleinere Mühlen erhalten einen Startvorteil

   Damit wird dieses Verfahren den anfangs formulierten Nebenzielen am ehesten gerecht.

---

[100] Man könnte das Verfahren deshalb als Soll-Nutzen-Abgabe bezeichnen.

[101] Eine neue Mühle könnte etwa so behandelt werden, als sei sie in der Referenzzeit zu 80 Prozent ausgelastet gewesen. Dieser Ansatz kann als Neuinvestitionshemmnis verwandt werden.

6. Das Verbot von Neuinvestitionen

a) Verbot von Neuinvestitionen und freie Preisbildung

Seit 1957 ist es grundsätzlich verboten, eine Mühle zu erweitern oder neu zu bauen[102]. Der Investitionsstopp bezieht sich also nur auf Neuinvestitionen und läßt Ersatzinvestitionen zu. Begründet wurde die Maßnahme damit, daß es volkswirtschaftlich unerwünscht sei, neue Kapazitäten zu errichten, wenn an anderer Stelle mit großem Aufwand Kapazität abgebaut wird. Die These von der Schädlichkeit neuer Mühlenkapazitäten ist an vielen Stellen zu finden[103]; bewiesen wird sie nicht. Die Freiheit zu investieren ist ein wesentlicher Bestandteil der auf dem Wettbewerb gegründeten Marktwirtschaft.

Sind Neuinvestitionen in der Mühlenwirtschaft tatsächlich von Nachteil für die Volkswirtschaft? Fürs erste sei unterstellt: Die Mühlenwirtschaft ist übersetzt. Die Mehlpreise bilden sich frei am Markt. Die Unternehmer handeln rational und als Gewinnmaximierer. Unter diesen Bedingungen wird der Mehlpreis bald bei vielen Betrieben unter die Vollkosten — im Sinne üblicher Buchhaltung — sinken. Die Verzinsung des Kapitals und die Abschreibung der Anlagen sind nicht mehr möglich. Hält dieser Zustand längere Zeit an oder sinken die Absatzpreise weiter, erweisen sich viele bestehende Mühlen als Fehlinvestitionen. Wenn seit der Zeit der letzten Neuinvestitionen nur der Mehlpreis gesunken ist, die anderen für Investitionen entscheidenden Größen wie Müllereitechnik,

[102] Mühlengesetz Paragraphen 1 und 3. Einige Ausnahmen, besonders für Kleinstmühlen und für begonnene Investitionen waren von vornherein zugelassen. Vergleiche S. 91 f. Bei den Novellierungen des Mühlengesetzes wurde das Neuinvestitionsverbot etwas eingeschränkt. Vergleiche S. 74.

[103] Vergleiche Entschließung des Bundestages vom 18. März 1955, a. a. O.; Begründung zum Entwurf des Mühlengesetzes vom 9. Mai 1956, a. a. O., S. 5 (Einzelvorschriften zu Paragraph 1); Jahresbericht 1955 der Arbeitsgemeinschaft Deutscher Handelsmühlen, a. a. O., S. 12; Gerhard Ellinger, a. a. O., S. 151; Werner Kamm, a. a. O., S. 157 ff.; Karl Lochbihler, a. a. O., S. 184 und 190. Lochbihler schreibt, nur ein Investitionsverbot könne Fehlleitungen von Kapital verhindern. An anderer Stelle (S. 155) bezeichnet er den größten Teil der (Neu-)Investitionen als betriebswirtschaftlich verfehlt und räumt damit ein, daß es auch rentable Erweiterungen gebe. Ob diese Investitionen auch volkswirtschaftlich wünschenswert sind, untersucht er nicht.

Getreidepreis und regionale Nachfragestruktur sich aber nicht geändert haben, dann wird kein Unternehmer mehr eine Mühle errichten wollen. Sonst können aber Neuinvestitionen durchaus noch rentabel sein. Nur wer neue Fertigungsmethoden einsetzt, einen günstigeren Standort auswählt oder aus anderen Gründen mit niedrigeren Kosten arbeitet als die alten Anbieter, wird in einem übersetzten Wirtschaftszweig neue Produktionsmöglichkeiten errichten [104]. Nicht zuletzt die Anlaufkosten in Produktion und Vertrieb hemmen einen Investor, der nur wenig rationeller produzieren kann als die eingeführten Unternehmen.

Häufiger als der Bau neuer Mühlen dürften geringfügige Erweiterungsinvestitionen sein. Wenn etwa eine Mühle in einem Engpaßbereich eine alte Maschine durch eine neue mit größerer Kapazität ersetzt, kann die Gesamtkapazität des Betriebes mit geringeren Ausgaben erhöht werden. Manchmal wäre der Kauf eines kleineren Typs der Maschine sogar mit einer Verringerung der Gesamtkapazität verbunden, weil viele Aggregate nur in wenigen Größen gebaut werden. Sogar in schlecht ausgelasteten Mühlen können solche Investitionen die Kosten senken, ohne daß die Erweiterung der Gesamtkapazität jemals ausgenutzt werden kann [105]. Investitionen dieser Art sind in erster Linie Ersatz- und Rationalisierungsinvestitionen. Die Kapazitätserweiterung ist nur eine Nebenwirkung.

Betriebswirtschaftlich zweckmäßige Investitionen sind in der Regel auch volkswirtschaftlich sinnvoll. Wenn jedoch Kosten entstehen, die nicht in die Rechnung des Investors eingehen, sondern Dritte belasten, treten negative externe Effekte auf. Diese sozialen Kosten können den volkswirtschaftlichen Wert einer Investition mindern oder aufheben. Bei sozialen Kosten denkt man meist an Lasten für die Allgemeinheit, wie bei der Verschmutzung von Luft und Wasser.

---

104 Werner Fricke, a. a. O., S. 104.

105 Die stündliche Kapazität der Sichter sei 0,4 Tonnen, die der anderen Aggregate dagegen 0,5. Bei gleicher Produktionsmenge sinkt die gesamte tägliche Arbeitszeit um 20 Prozent, wenn die Sichterkapazität auf eine halbe Tonne erweitert wird. Die von der Produktionszeit abhängigen Kosten (etwa Löhne) lassen sich vermindern.

Solche Kosten werden durch Neuinvestitionen in der Müllerei kaum auftreten, zumal die Gesamtproduktion der Branche sich nicht ändert. Man müßte schon die Gewinneinbußen der bestehenden Unternehmen gegen den üblichen Sprachgebrauch als soziale Kosten auffassen, wenn man Neuinvestitionen in der Müllerei als volkswirtschaftlich schädlich bezeichnen wollte. Welche gesamtwirtschaftlichen Wirkungen sind zu erwarten? Neue Kapazitäten führen im allgemeinen zu niedrigeren Produktpreisen; den Einbußen der Konkurrenten stehen die Realeinkommenssteigerungen bei den Verbrauchern und der Gewinn der Investoren gegenüber.

Bei freier Preisbildung und niedrigen, für viele Anbieter verlustbringenden Preisen werden Investitionen, die mehr Rationalisierungs- als Erweiterungscharakter haben, im Vordergrund stehen. Völlig neue Mühlen zu errichten, dürfte nur in seltenen Fällen lohnend sein.

Außerdem ist die Freiheit der Investition noch mit anderen Vorteilen verbunden:

(a) Es ist nicht mehr erforderlich, die bestehenden Mühlen auf die Einhaltung der Investitionsbeschränkung zu überprüfen. Der aufwendige Kontrollapparat der Mühlenstelle wird eingespart.

(b) Der Bau neuer Kapazitäten kann zur Folge haben, daß bestehende Unternehmen, die an Absatz verlieren, ihre Betriebe technisch und organisatorisch rationalisieren[106]. Schon die Furcht vor neuer Konkurrenz kann zu erhöhten Anstrengungen führen.

(c) Die höhere Nachfrage nach neuen Maschinen kann den technischen Fortschritt anregen. Die Unternehmen des Mühlenbaues werden eher verbesserte Aggregate entwickeln, wenn sie mit höherem Absatz rechnen können. Die Anwendung neuer Verfahren in vielen Mühlen läßt häufig weitere Verbesserungen reifen, die mit den eben eingeführten technisch oder organisatorisch zusammenhängen[107].

---

106 Vergleiche Fritz Machlup, Wettbewerb im Verkauf, a. a. O., S. 326 f.

107 Vergleiche Arthur C. Pigou, The Economics of Welfare, 4. Auflage, London — New York 1960, S. 190.

Bei freier Preisbildung und rationalem gewinnmaximierendem Verhalten der Mühlen ist eine Investitionsbeschränkung volkswirtschaftlich schädlich. Die Neuinvestitionen zu unterbinden, wäre nur dann berechtigt, wenn es das alleinige Ziel der Wirtschaftspolitik im Bereich der Müllerei wäre, Einkommen und Vermögen der bestehenden Mühlen zu erhalten [108].

Wenn man die Prämisse der Rationalität und des Strebens nach maximalem Gewinn fallen läßt, ergibt sich dann eine Rechtfertigung für eine Investitionsbeschränkung [109]? Betriebswirtschaftlich unrentable Investitionen sind in der Regel auch volkswirtschaftlich unerwünscht [110]. Neben Fehlinvestitionen aus falschen Erwartungen gibt es aber in der Mühlenwirtschaft — wie im vorigen Abschnitt gezeigt wurde — auch hochrentable Neuinvestitionen. Ein generelles Verbot für Neu- und Erweiterungsbauten trifft also volkswirtschaftlich erwünschte und schädliche Investitionen zugleich [111].

Ein besseres Instrument im Kampf gegen die Überinvestition könnte eine Investitionsabgabe sein. Neubauten und Erweiterungen wären dann ohne Einschränkung erlaubt, für

---

[108] Vergleiche Helmut Meinhold, Die Kapitallenkung und ihr Einfluß auf die Kapitalbildung, in: Kapitalbildung und Kapitalverwendung, Schriften des Vereins für Socialpolitik, Neue Folge, Band 5, Berlin 1953, S. 143, und Werner Fricke, a. a. O., S. 104.

[109] Ein Ergebnis des zweiten Kapitels war, daß in der Mühlenwirtschaft überoptimistische Erwartungen häufig sind und daß Fehlinvestitionen die Überkapazität verursachten.

[110] Man wird von Mühlen kaum sagen können, daß sie positive externe Effekte hervorrufen. Anders mag es etwa bei einem Krankenhaus sein, das zwar nicht kostendeckend arbeitet, aber von großem Nutzen für die Allgemeinheit ist.

[111] Die Neuinvestitionen einer staatlichen Genehmigungspflicht zu unterwerfen, ist ebenfalls nicht sinnvoll. Eine Behörde müßte Vorhaben für Vorhaben prüfen, ob sie privatwirtschaftlich aussichtsreich scheinen. Die große Zahl der Erweiterungen würde einen recht umfangreichen administrativen Apparat erfordern. Jedesmal müßten die technischen, absatzwirtschaftlichen, finanziellen und organisatorischen Verhältnisse der Mühle untersucht werden. Ertragsaussichten sind bei freier Preisbildung nur schwer zu schätzen. Wenn genehmigte Investitionsvorhaben sich später doch als verfehlt erweisen, werden die in eine Notlage geratenen Unternehmen mit einigem Recht staatliche Hilfe fordern. Selbst wenn es gelänge, bei den Erweiterungen und Neubauten das Entstehen von übergroßen Kapazitäten zu verhindern, wäre die Übereinvestition nur zum Teil beseitigt: Auch bei Ersatzinvestitionen führen zu optimistische Erwartungen häufig zu Fehlentscheidungen.

jede Tonne zusätzlicher Kapazität müßte aber eine einmalige Abgabe gezahlt werden, die für alle Arten von Mühlen einheitlich festgelegt wäre. Damit könnte zwar der Verwaltungsaufwand verringert werden, die volkswirtschaftliche Wirkung wäre aber völlig unbefriedigend [112]:

In einem Fall wird eine Erweiterung unterbunden, die — ohne Abgabe — bei realistischer Planung ausreichend, aber nicht hochrentabel ist. Auf der anderen Seite wird eine Investition, die — ohne Belastung — nur wegen übersteigerter Hoffnungen sehr gewinnbringend scheint, dennoch durchgeführt, weil trotz der Investitionsabgabe fälschlich eine verlockende Rendite errechnet wird. Eben weil die Unternehmer nicht sämtlich im gleichen Ausmaß ihre Chancen überschätzen, ist eine Investitionsabgabe nicht geeignet, Überinvestitionen zu verhindern und begründete Vorhaben zuzulassen.

Wenn der Staat etwas gegen Fehlinvestitionen unternehmen will, sollte er nicht bei den Ergebnissen intervenieren, sondern Fehlplanungen schon in der Entstehung bekämpfen: Er sollte die Mühlen beraten und ihnen zu besserer Übersicht bei Investitionsentscheidungen verhelfen. Besonders Kostenrechnung und Absatzplanung sind Bereiche, bei denen in der Mühlenwirtschaft manches im argen liegt [113].

b) Verbot von Neuinvestitionen und Preiskartell

Wenn die Absatzpreise für Produkte einer übersetzten Branche auf einem höheren Niveau gehalten werden, als es sich bei freier Preisbildung entwickeln würde, wird tendenziell die Investitionstätigkeit angeregt. Höhere Gewinnerwartungen bewirken, daß mehr Unternehmer Kapazitätserweiterungen für rentabel halten als bei freien Preisen. Besonders ein Preis, der die vollen Kosten einschließlich buchhalteri-

---

112 Es wäre dann nicht mehr notwendig, jedes Vorhaben auf seine Rentabilität hin zu prüfen. Jedoch müßten, wie auch gegenwärtig, die bestehenden Mühlen überwacht und technische Veränderungen auf ihre Kapazitätswirkungen untersucht werden.

113 Siehe auch S. 134 und Ernst Günter Vetter, Investitionslenkung, Band 5 der Veröffentlichungen des Forschungsinstituts für Wirtschaftspolitik an der Universität Mainz, Heidelberg 1956, S. 100 ff.

scher Abschreibung und Verzinsung des Anlagekapitals für viele der bisherigen Anbieter deckt, läßt Erweiterungsinvestitionen lohnend erscheinen. Neue Kapazitäten, die nur wegen des Kartellpreises Gewinne erwarten lassen, sind volkswirtschaftlich unerwünscht, weil sie nicht kostengünstiger arbeiten als die vorhandenen Betriebe [114]. Nicht zuletzt deshalb ist die freie Preisbildung dem Preiskartell vorzuziehen.

In der Bundesrepublik Deutschland ging man den anderen Weg: Dem Eingriff in die Preisbildung ließ man ein Verbot der Neuinvestitionen folgen, um übergroße Kapazitätserweiterungen zu verhindern. Eine falsche Intervention führt zu einer anderen, die ebenso nachteilig ist, weil sie volkswirtschaftlich sinnvolle und unerwünschte Neuinvestitionen gleichermaßen trifft. Reinvestitionen, die mit einer geringen Erweiterung der Kapazität verbunden sind, lassen sich dagegen nicht verhindern. Ein Teil davon unterbliebe bei freier Preisbildung.

An dieser Stelle könnten die Überlegungen über das Verbot von Neuinvestitionen abgeschlossen werden. Obwohl wir Eingriffe in die Preisbildung und die Investitionstätigkeit ablehnen, scheint es doch nützlich zu prüfen, ob nicht — bei der Prämisse verfälschter Mehlpreise — eine bessere Investitionsregelung möglich ist als das Verbot. Ihr Ziel wäre, nur die volkswirtschaftlich sinnvollen Neuinvestitionen zuzulassen.

---

[114] Neue Kapazitäten mit bedeutend niedrigeren Kosten könnten dagegen auch rentabel sein, wenn der Wettbewerb den Preis hätte sinken lassen. Warum eine Mühle, deren Kosten nur geringfügig unter den vollen Kosten — im Sinne üblicher Buchhaltung — der bestehenden liegen, volkswirtschaftlich eine Fehlinvestition ist, soll ein Rechenbeispiel zeigen. Zur Vereinfachung wird angenommen, es gibt nur proportionale Kosten. Die Auslastung der Betriebe kann daher vernachlässigt werden. Die Kartellpreis ist 80 Geldeinheiten je Mengeneinheit (GE/ME). Die vollen (buchhalterischen) Kosten der bestehenden Betriebe sind 85 GE/ME. Ein Investor plant eine neue Mühle, deren Kosten 70 GE/ME betragen. Bei oberflächlicher Betrachtung scheint der neue Anbieter die niedrigsten Kosten aufzuweisen. Die vorhandenen Betriebe werden irgendwann aufgegeben, weil sie langfristig nicht rentabel wirtschaften. Die laufenden Ausgaben dieser Betriebe sind aber nur 40 GE/ME. Wenn die vorhandenen Aggregate noch funktionsfähig sind, am Markt aber nur noch den Schrottwert erbringen würden, lohnt es, noch einige Zeit zu produzieren. Die betriebs- und volkswirtschaftlichen Kosten dieser Betriebe liegen dann etwa über 40 GE/ME. Der neue Anbieter produziert in Wirklichkeit mit den höchsten Kosten von allen.

Zu diesem Zweck müssen die Kapazitätserweiterungen mit einer Abgabe belegt werden, die überzählige Investitionen unrentabel macht und unterbindet. In der geplanten Stilllegungsaktion der EWG-Kommission findet sich ein ähnlicher Vorschlag [115]. Die Abgabe steuert außerdem bei den verwirklichten Vorhaben den Teil des Gewinns weg, der nur auf dem überhöhten Mehlpreis beruht. An der zweiten Wirkung zeigt sich, wie die Höhe der Abgabe festzulegen ist: Sie muß so groß sein wie die durchschnittliche Differenz zwischen dem Ertragswert bei Kartellpreis und dem bei freier Preisbildung je Kapazitätseinheit [116]. Äußerst schwierig ist dabei zu schätzen, wie sich die Preise in beiden Fällen künftig entwickeln würden. Die Abgabe wird für alle neuen Kapazitäten in einheitlicher Höhe erhoben und hat deshalb Fixkostencharakter [117]. In die Berechnung geht also auch eine Schätzung über die zu erwartende durchschnittliche Beschäftigung der Kapazitätserweiterungen ein.

Der Einwand liegt nahe, daß die Höhe der Abgabe auf jeden Fall falsch bemessen wird, weil verläßliche Schätzungen über die künftigen Absatzpreise (im Kartellfall und bei freier Entwicklung) unmöglich sind. Dennoch ist es besser, hier einen Fehler in Kauf zu nehmen, als die einfachen radikalen Lösungen zu wählen: Generelles Verbot für Neuinvestitionen oder völlige Investitionsfreiheit führen bei hochmanipulierten Absatzpreisen zu größeren Fehlleitungen als eine Abgabe, deren Höhe die Kartellwirkung nicht genau ausgleicht.

Das Aufkommen der Abgabe kann zur schnelleren Tilgung des Kredits verwendet werden, der für die Stillegungsaktion aufgenommen wurde. Falls dies nicht möglich ist — etwa nach

---

115 EWG-Vorschlag, Artikel 2 Absatz 1 c. Wie die Höhe der Sonderabgabe festgesetzt werden soll, ist nicht erwähnt.

116 Ob eine einmalige Abgabe laufenden Zahlungen vorzuziehen wäre, sei dahingestellt. Eine laufende Abgabe ließe sich mit der modifizierten Vermahlungsabgabe (Typ II) verbinden. Siehe S. 111 f.

117 Ein Unternehmer, der damit rechnen muß, daß die erweiterten Produktionsmöglichkeiten kaum ausgenutzt werden, wird durch diese Ausformung der Abgabe eher von einer Fehlinvestition zurückgehalten als bei einer Investitionsabgabe, die zu variablen Kosten führt. Eine variable Abgabe würde auf die Produktion erhoben werden, die nach der Erweiterung zusätzlich erreicht wird. Damit entspräche sie dem Typ I 2 der modifizierten Vermahlungsabgabe. Auf S. 107 f. wurden deren negative Folgen beschrieben.

völliger Tilgung des Kredits —, ist das Aufkommen aus der Investitionsabgabe allgemeinen staatlichen Einnahmen zuzuschlagen, weil die Abgabe nur erhoben wird, um die Folgen des Preiskartells auszugleichen. Schließlich führt das Kartell ja dazu, daß die Verbraucher einen höheren Preis zahlen müssen. Zur Finanzierung einer neuen Stillegungsaktion ist die Investitionsabgabe nicht geeignet. Die Einnahmen sind nicht sehr hoch und unstetig. Bei einer Verschlechterung der Ertragslage werden die Stillegungen zu- und die Erweiterungen abnehmen. Bei einer Steigerung der Gewinne ist es umgekehrt. Die Stillegungsprämien dürften nur sehr niedrig sein, weil sonst der Fonds schnell erschöpft sein könnte.

An dieser Stelle ist eine Regelung des Mühlengesetzes zu behandeln, die das Verbot von Neuinvestitionen teilweise aufhebt: Die fünfte Novelle des Gesetzes erlaubt es, eine Mühle neu zu bauen oder zu erweitern, wenn dafür eine andere benachbarte Mühle stillgelegt wird [118]. Bisher wurde diese Klausel kaum angewandt [119]. Wegen der grundsätzlichen Bedeutung für die Investitionsbeschränkung und weil sich auch in der geplanten Mühlensanierungsaktion der EWG ein ähnlicher Passus findet, soll doch etwas näher auf diese Ausnahmeregelung eingegangen werden [120].

Der wichtigste Fehler der Regelung ist, daß die Neuinvestition nicht auf die Größe beschränkt wird, die sie bei freier Preisbildung hätte. Ob eine Mühle erweitert werden kann, hängt vielmehr davon ab, ob in der Nähe ein anderer Müller zur Stillegung seines Betriebes bereit ist. Der Bezugs- und Absatzbereich der Mühle darf sich durch die Kapazitätserweiterung nicht wesentlich verändern. Nur das Gebiet des stillgelegten Betriebes kann zusätzlich bedient werden. Die Entscheidung wird also nicht von volkswirtschaftlichen Erwägungen bestimmt, sondern ist von der einzelwirtschaftlichen Lage

---

118 Fünftes Gesetz zur Änderung des Mühlengesetzes vom 23. Dezember 1966, Paragraph 3 Absatz 3 a, b und c, a. a. O.

119 Allerdings hatte die Kunstmühle Tivoli in München geplant, ihren Betrieb zu verlegen und die Kapazität einiger anderer Mühlen in den neuen Betrieb zu übernehmen. Siehe Blick durch die Wirtschaft vom 22. Juli 1968, S. 5. Vergleiche auch S. 59, Fußnote 57.

120 EWG-Vorschlag, a. a. O., S. 3, Artikel 2 Absatz 1 b.

der zu schließenden Mühle abhängig. Im Einzelfall ist es möglich, daß der eine Mühlenunternehmer seinen Betrieb nur deshalb erweitern kann, weil der Sohn des anderen nicht Müller werden will. Der Preis des „Kapazitätsrechts" kann also größer oder kleiner sein, als es die Investitionsabgabe wäre. Geschützt werden nur die benachbarten Anbieter von Mehl, weil die erweiterte Mühle nicht größer sein kann als vorher beide Mühlen zusammen. Die technische Kapazität verringert sich in der Regel sogar, weil nur die Nutzkapazität übertragen werden darf. Das Ausmaß der möglichen Erweiterung ist deshalb ebenso Zufälligkeiten unterworfen wie die Entscheidung, ob überhaupt erweitert werden kann. Gegen die Regelung spricht ferner, daß Veränderungen der Standortbedingungen nicht ausreichend berücksichtigt werden können: Es ist nicht zulässig, daß eine Mühle an einen Standort verlegt wird, der günstige Bezugs- oder Absatzaussichten bietet, wenn sie nicht vorher in diesem Gebiet tätig war. Die bestehenden Unternehmen genießen also eine Art von Gebietsschutz. Außerdem haben es Großmühlen leichter als kleinere Unternehmen, in ihrem größeren Geschäftsgebiet einen stilllegunswilligen Betrieb der passenden Größe zu finden. Deshalb scheint es ratsam, wenn die jetzige Regelung in den Grundzügen beibehalten werden sollte, Kapazitätsübertragungen über kurze Entfernungen (vielleicht 100 Kilometer) ohne Rücksicht auf die bisherigen Absatz- und Bezugsgebiete zuzulassen. Damit wäre die notwendige Rationalisierung der Kleinmüllerei erleichtert. So könnten etwa drei Kleinmüller sich zusammenschließen, zwei Mühlen stillegen, eine erweitern und mindestens für den Absatzbereich aller drei Mühlen gemeinsam zu niedrigen Kosten produzieren. Der Deutsche Müllerbund fordert, Kapazitätsübertragungen nur im Umkreis von 150 bis 200 Kilometern zu erlauben [121].

Wie wäre es zu beurteilen, wenn Kapazitätsverlagerungen ohne räumliche Begrenzung erlaubt wären? Es ist dann für einen Müller leichter, irgendwo einen auslaufenden Betrieb

---

[121] Stellungnahme des Deutschen Müllerbundes zum Kommissionsvorschlag für eine Verordnung des Rats zur Sanierung des Marktes für Erzeugnisse der Brotgetreidevermahlung, Bonn 1967, S. 3.

zu finden, dessen Nutzkapazität den eigenen Erweiterungsplänen entspricht. Die Begünstigung der Großmühlen ist beseitigt. Die Abfindungen der Investoren an die Stillegenden sind zwar in einem engen Zeitraum kaum unterschiedlich; es wird sich eine Art von Markt für „Kapazitätsrechte" bilden; die Höhe der Abfindungen, der Preis an diesem Markt, wird aber stark schwanken. Die Neuinvestitionen werden sicher nicht gerade in dem Maß zurückgedrängt, wie es notwendig ist, um die Wirkungen des Preiskartells auszugleichen. Im Grenzfall können die Abfindungen sogar gegen Null gehen, wenn die Investitionsneigung gering ist und viele Betriebe aufgegeben werden. Dieser Nachteil läßt sich beseitigen, wenn die zu übertragende Nutzkapazität um einen festen Anteil gekürzt wird [122]. Auch in diesem Fall bleibt die schädliche Schwankung der Abfindungen bestehen [123].

Grundsätzlich zeigt sich also, daß die Beschränkung der Investitionstätigkeit nicht aus der bestehenden Überkapazität oder aus den Fehlinvestitionen wegen übertriebener Erwartungen zu begründen ist. Allein die Intervention in die Preisbildung (Kartell) könnte einen Eingriff in die Neuinvestition rechtfertigen. Das gegenwärtige Verfahren ist nicht geeignet, neue verfehlte Investitionen zu verhindern und nur volkswirtschaftlich sinnvolle zu ermöglichen.

7. Ergebnis und Folgerungen

a) Zusammenfassendes Urteil über die Ausgestaltung der deutschen Stillegungsaktion

Als Ergebnis der Erörterungen ist festzuhalten: Die sehr lange Vorbereitungszeit führte zu negativen Ankündigungs-

---

[122] Wenn dieser Satz 30 Prozent beträgt, darf eine Mühle um sieben Tonnen erweitern, wenn dafür eine halb ausgelastete 20-Tonnen-Mühle stillgelegt wird.

[123] Das Verfahren ist mit den gleichen Fehlern behaftet wie eine öffentliche Stillegungsaktion, die nur aus den Einnahmen der Investitionsabgabe gespeist wäre. Vergleiche S. 120. Der deutsche Müllerbund forderte, die stillgelegte Nutzkapazität müsse mindestens doppelt so groß sein wie die neu entstehende. Stellungnahme des Deutschen Müllerbundes zum Kommissionsvorschlag . . ., a. a. O., S. 3.

wirkungen: Viele Unternehmer betrieben ihre unrentablen Mühlen nur deswegen weiter, weil sie in den Genuß von Abfindungen kommen wollten. Trotz der langjährigen Vorarbeiten gab es nur unzureichende Unterlagen über die Produktionsmöglichkeiten der Mühlenbranche. Die Folge war, daß das Ausmaß der Überkapazität beträchtlich unterschätzt wurde. Es wurde auch nicht erkannt, daß sich die Überkapazität ex ante nicht genau messen läßt.

Die Abfindungen erwiesen sich als zu klein, um die geplante Kapazitätsverringerung im ursprünglich festgesetzten Zeitraum zu erreichen. Daher verzögerte sich der Kapazitätsabbau.

Die sozialpolitisch begründete Entschädigung auch der ungenutzten Kapazität verteuerte die Stillegungsaktion. Sie erzwang auch die aufwendige Messung der technischen Kapazität der stillegenden Mühlen. Die Abfindungen für die Leerkapazität sind zu einem großen Teil Eigentümern von Mittel- und Großmühlen zugeflossen. Selbst bei dem Teil, der tatsächlich Kleinmüllern zugute kam, war die Verteilung auf die Begünstigten sozialpolitisch unbefriedigend.

Der Kapazitätsabbau nach dem Mühlengesetz ist keine Selbsthilfeaktion der Mühlenwirtschaft, weil die Vermahlungsabgabe nicht von der Branche selbst getragen wird, sondern auf die Verbraucher abgewälzt wurde. Die Laufzeit der Abgabe ist sehr lang; deshalb verteuert die Verzinsung des aufgenommenen Kredits die Stillegungsaktion übermäßig.

Das Preiskartell der Mühlen erhöhte die Kosten der Kapazitätsbereinigung, weil die Abfindungen auch den Vorteil ausgleichen müssen, den die ausscheidenden Hersteller bei einer Fortführung des Betriebes vom Kartell gehabt hätten.

Das Verbot von Neubauten und Erweiterungen verhindert auch volkswirtschaftlich sinnvolle Neuinvestitionen. Das Verbot wird nicht immer eingehalten; ein großer Teil der Erweiterungen ist volkswirtschaftlich verfehlt und privatwirtschaftlich nur wegen des Preiskartells rentabel.

b) Die geplante Stillegungsaktion der EWG

Der Stillegungsplan der EWG-Kommission ist eine Fortentwicklung des Deutschen Mühlengesetzes [124]; von den Versuchen anderer Länder, mit staatlichen oder privaten Stillegungsfonds Kapazitäten abzubauen, ist nichts übernommen worden [125]. Beim Vergleich mit der deutschen Stillegungsaktion zeigt sich, daß man versucht hat, die Erfahrungen aus dem Mühlengesetz auszuwerten und dessen Fehler zu vermeiden.

In Deutschland bestand schon zur Zeit der Stillegungsaktion ein Mühlenkartell, das den Kapazitätsabbau hemmte. Dagegen geht die geplante EWG-Aktion von der Prämisse des freien Preiswettbewerbs aus [126]. Auch ist die Schätzung der vorhandenen Überkapazität sorgfältiger. Während bei der deutschen Sanierungsaktion die wichtigsten Größen, wie die Höhe der Abfindungen und das Ausmaß der stillzulegenden Kapazität, starr festgelegt waren, sind im EWG-Plan Revisionsmöglichkeiten angedeutet. Die Abfindungsprämien sind stärker mit der ausgenutzten Kapazität verknüpft. Die Leerkapazität wird nur noch gering entschädigt. Damit wird dem (Erfolgs-)Wert der Mühlen besser Rechnung getragen als im Mühlengesetz [127].

Das Verhältnis von „Kosten" (Prämien) zu „Nutzen" (Abbau der Überkapazität) ist günstiger. Die Stillegungsprämien können daher auch für relativ gut beschäftigte Mühlen attraktiv sein. Bedauerlich ist nur, daß die wirtschaftspolitisch verfehlte Entschädigung der unausgelasteten Kapazität nicht völlig weggefallen ist. Zudem hätte sich so die Messung der technischen Kapazität bei den stillzulegenden Mühlen einsparen lassen. Die absolute Höhe der Abfindungen dürfte bei dem Brüsseler Plan — gedrückte Erfolgswerte durch freie Preisbildung vorausgesetzt — realistischer sein als es die Regelung des Mühlengesetzes war. Die geplante Variation der Abfin-

---

[124] EWG-Vorschlag, a. a. O.

[125] Dieter Grupe beschreibt und beurteilt die Wege, die in den einzelnen EWG-Staaten eingeschlagen wurden. Grupe-Gutachten, a. a. O., passim.

[126] „Der . . . Preiskampf wird sich mit fortschreitender Entwicklung des Gemeinsamen Marktes noch verschärfen", EWG-Vorschlag, a. a. O., S. 6.

[127] Vergleiche auch S. 97 ff.

dungen nach der Abnutzung der Aggregate ist kein Fortschritt gegenüber dem Mühlengesetz. Der unterschiedliche Wert einzelner Mühlen nach ihrem Erhaltungszustand schlägt sich schon beim Verkauf von Gebäuden und Maschinen nieder. Außerdem droht die Abwicklung der Stillegung verzögert zu werden.

Die Finanzierung der Stillegungsaktion durch eine gleichmäßige Belastung der Produktion läßt erwarten, daß die Abgabe wiederum nicht von der Mühlenwirtschaft, sondern von den Mehlverbrauchern getragen wird. Eine schnellere Amortisation bei höheren Abgabesätzen vermindert die Verwaltungskosten bei der Erhebung der Abgabe und die Zinskosten. Sie verhindert auch, daß der Erfolg der Stillegung und die endgültige Finanzierung zeitlich auseinanderfallen [128].

Fragwürdig ist die Drosselung der Neuinvestitionen, die leicht modifiziert vom Mühlengesetz übernommen wurde. Wenn die Stillegungsaktion tatsächlich von einem Preiskampf bei Mehl begleitet sein würde, wie unterstellt wird, wäre eine Beschränkung der Investitionstätigkeit verfehlt. Vielleicht muß man aber von der Annahme ausgehen, daß bei einer Stilllegungsaktion innerhalb des gesamten Gemeinsamen Marktes in einigen Ländern zeitweise noch Wettbewerbsbeschränkungen herrschen würden. Nur für diesen Fall lassen sich Auflagen bei Neubau oder Erweiterungen von Mühlen rechtfertigen, weil verfälschte Mehlpreise zu volkswirtschaftlich überflüssigen Investitionen führen können [129]. In einem wesentlichen Punkt ist die Investitionsregelung des EWG-Vor-

---

[128] Auch werden mögliche Schwierigkeiten bei einer Erweiterung der Europäischen Wirtschaftsgemeinschaft aus dem Wege geräumt: Wenn etwa Großbritannien zu einem Zeitpunkt der EWG voll beitritt, in der die Stilllegungsaktion schon abgeschlossen ist, die Gesundungsabgabe bei den Mühlen der alten EWG-Länder noch erhoben wird, kann der Wettbewerb zugunsten der britischen Mühlen verzerrt werden. Ähnlich war die Lage im Jahre 1967 zu Beginn des gemeinsamen Mehlmarktes: Deutsche Mühlen forderten, an den Grenzen der Bundesrepublik eine Ausgleichsabgabe zu erheben, weil sonst die weiterlaufende Vermahlungsabgabe des Mühlengesetzes die deutsche Mühlenwirtschaft benachteilige. Siehe Übergangshilfe für EWG-Mühlen, in: Frankfurter Allgemeine Zeitung vom 5. Juni 1967.

[129] Im EWG-Vorschlag heißt es dagegen generell, die Förderung des Abbaues bestehender Mühlenkapazitäten sei sinnlos, solange nach Belieben neue Mühlen errichtet werden könnten. EWG-Vorschlag, a. a. O., S. 3.

schlags flexibler als das Mühlengesetz: Erweiterungsinvestitionen sind auch dann erlaubt, wenn der Investor eine Sonderabgabe zahlt.

Der Plan der EWG-Kommission für eine Mühlenstillegung ist ein Fortschritt gegenüber der deutschen Stillegungsaktion. Dennoch gibt er in vielen wesentlichen Teilen noch Anlaß zur Kritik.

c) Ein Konzept für eine bessere Stillegungsaktion

Es liegt deshalb nahe, eine optimale Stillegungsaktion für die Mühlenwirtschaft zu entwerfen [130]. Ob der Kapazitätsabbau allein durch den Preiswettbewerb nicht auch diesem Konzept überlegen wäre, ist später zu prüfen. In diesem Versuch sollen die Erfahrungen aus dem Mühlengesetz und die Anregungen der EWG-Mühlenstillegung verwertet werden [131]. Sein Ziel ist eine realisierbare Stillegungsaktion, die mit den geringsten Kosten (Prämien und Verwaltungsaufwand) und ohne vermeidbare negative Nebenwirkungen die Überkapazität beseitigt. Eine solche Stillegungsaktion müßte etwa folgende Form haben: Der Mehlpreis bildet sich frei; Kartelle oder Kontingentierungen bestehen nicht. Die stillzulegende Kapazität wird nicht von vornherein festgelegt, vielmehr wird der Kapazitätsabbau solange durch Stillegungsprämien gefördert, bis die Überkapazität völlig abgebaut ist. Dieser Zustand ist erreicht, sobald der Mehlpreis beim größten Teil der Müllerei wieder Gewinne zuläßt, die Risiko und Verzinsung des Eigenkapitals decken. Die Stillegungsprämien sind nicht vorbestimmt, sondern werden während des Kapazitätsabbaus schrittweise erhöht [132]. Die vorher abgefundenen Mühlen erhalten entsprechende Nachzahlungen. Den in der allerersten Zeit der Stillegungsaktion ausgeschiedenen Mühlen wird eine

---

130 Sie könnte nur für die deutschen Mühlen oder für die aller Länder der EWG gelten.

131 Kritik und Verbesserungsvorschläge zum Mühlengesetz und zum EWG-Vorschlag sind in den vorhergehenden Abschnitten dieses Kapitels zusammengestellt. Vergleiche S. 82 ff.

132 Ausmaß und zeitlicher Abstand der Prämienerhöhung können die Geschwindigkeit des Kapazitätsabbaues steuern helfen.

geringe zusätzliche Prämie gezahlt. Die Abfindungen richten sich nur nach der genutzten Kapazität, nicht nach der technischen Gesamtkapazität. Eine Investitionsabgabe muß nur für Mühlen gezahlt werden, die auf dem Grundstück eines in den letzten Jahren gegen Entschädigung stillgelegten Mühlenbetriebes errichtet werden[133]. Sonst werden die Investitionen nicht behindert.

---

[133] Anders gesagt: Wie auch im Mühlengesetz und im EWG-Vorschlag sind Grundstücke ehemaliger Mühlen für einige Zeit für die Mühlenwirtschaft gesperrt. Gegen Rückzahlung eines Teils der Stillegungsprämien (degressiv) sind Ausnahmen zulässig. Diese Regelung verhindert, daß beim Verkauf einer Mühle, die nicht endgültig stillgelegt wird, Abfindungen erschwindelt werden.

FÜNFTES KAPITEL

Vor- und Nachteile einer Stillegungsaktion

1. Übliche Argumente für eine Stillegungsaktion

a) *Die schnellere Kapazitätsbereinigung*

Angeblich läßt sich der Abbau der Überkapazität in der Mühlenwirtschaft durch eine Stillegungsaktion schneller erreichen als durch den Bereinigungswettbewerb [1]. Bevor diese These überprüft wird, soll noch auf ihre Bedeutung eingegangen werden: Einige Argumente, die für eine Stillegungsaktion vorgebracht werden, stützen sich nicht (oder nicht allein) darauf, daß deren Ergebnisse den Resultaten der wettbewerblichen Bereinigung vorzuziehen seien, sondern gründen auf dem schnelleren Ablauf des Kapazitätsabbaus [2]. Die gleichen positiven Wirkungen wie bei einer Bereinigung im Preiswettbewerb seien durch eine Stillegungsaktion schneller zu erreichen. Mit anderen Worten ergeben einige Thesen, nach denen die Beseitigung der Überkapazität volkswirtschaftlich erwünscht sei, erst zusammen mit der These, ein Kapazitätsabbau mit staatlicher Unterstützung führe schneller zu diesem Ziel als der Preiswettbewerb, ein Argument für eine Stillegungsaktion.

So sei zum Beispiel eine Senkung der jährlichen Vermahlungskosten auf beiden Wegen zu erreichen, wenn die Zahl der Mühlen verringert würde und die übrig bleibenden Betriebe dann besser beschäftigt seien [3]. Als Argument für eine Stillegungsaktion wäre also nicht die gesamte Kostensenkung

---

[1] Siehe zum Beispiel EWG-Vorschlag, a. a. O., S. 2 und 6; Friedrich Ackermann auf dem Handelsmühlentag 1957, a. a. O., S. 262. Ähnlich argumentieren auch die Vertreter der Binnenschiffahrt. Siehe Burkhard Panzel, Übrig bleiben die Partikuliere, in: Frankfurter Allgemeine Zeitung vom 18. Mai 1968.

[2] So kann angeblich eine gut verdienende Mühlenwirtschaft höhere Getreidepreise zahlen. Siehe S. 148.

[3] Dieses Argument wird auf S. 132 ff. untersucht.

anzusehen, die nach dem Kapazitätsabbau erreicht werden kann, sondern nur der Vorteil der schnelleren Kostensenkung. Man müßte daher die volkswirtschaftlichen Kosten der gesamten Vermahlung im Stillegungsfall und im Fall des Bereinigungswettbewerbs für die Zeit miteinander vergleichen, in der der Ausscheidungswettbewerb noch nicht abgeschlossen wäre. Wegen des wahrscheinlich schnelleren Ablaufs einer Stillegungsaktion wären in diesem Fall die Kosten etwas niedriger. Nur die Differenz zwischen beiden Schätzungen der Gesamtkosten, die man als „Nettokosteneinsparung" der Stillegungsaktion ansehen könnte, wäre ein Argument für die Stillegungsaktion, nicht die Kostensenkung insgesamt. Der Aufwand für Abfindungen stünde ihm gegenüber.

Wie steht es nun mit dem Gewicht des Arguments, eine Stillegungsaktion führe schneller zum Ziel der Kapazitätsbereinigung? Wie lange der marktwirtschaftliche Ausleseprozeß dauern würde, läßt sich kaum abschätzen. Die Zeit unbehinderten Wettbewerbs von 1951 bis 1954 soll trotz sinkender Mehlpreise nur einen Rückgang der technischen Kapazität um 2 Prozent bewirkt haben [4]. Daraus zu schließen, daß der Preiswettbewerb heute in vergleichbarer Zeit nicht mehr Kapazität ausschalten könnte, wäre verfehlt. Die Ankündigungseffekte, das Durchhalten bis zum Beginn von Kartell und Stillegungsaktion, hatten den Kapazitätsabbau eingeschränkt.

Noch weniger ist ein Vergleich mit dem Zeitraum von 1922 bis 1934 angebracht. In verschiedenen Teilen der deutschen Mühlenwirtschaft wurden die Kapazitäten erweitert, weil wirtschaftspolitische Eingriffe die Wettbewerbslage änderten: Einführung eines Vermahlungszwanges für inländisches Getreide, Änderung des Zolltarifs.

Die andere Seite des Vergleichs, die Zeitdauer des Kapazitätsabbaus durch eine Stillegungsaktion, läßt sich ebenfalls nicht eindeutig bestimmen, weil die deutsche Mühlensanierung den Kapazitätsüberhang nur teilweise beseitigt hat. Auch in anderen Ländern scheint es keine vergleichbare wirtschaftspolitische Maßnahme zu geben, die den Mühlen die Vollbeschäftigung gebracht hat.

---

[4] Karl Lochbihler, a. a. O., S. 152.

Der Zeitraum, in dem die Entwicklung der Kapazität unter dem Einfluß der Stillegungsaktion stand, läßt sich in drei Abschnitte einteilen: die Ankündigungswirkungen, die Stillegungen selbst und die Nachwirkungen des Mühlengesetzes. Von den ersten Beratungen über eine Mühlensanierung bis zum Inkrafttreten des Gesetzes hat die zu erwartende Stillegungsaktion den Kapazitätsabbau gehemmt: Viele Müller haben ihre unrentablen Betriebe nur deshalb fortgeführt, um später Abfindungen zu erhalten. Einige dürften sogar ihre Betriebe erweitert haben, um dem Verbot für Neuinvestitionen zuvorzukommen. Hätten sich Regierung und Parlament frühzeitig gegen eine Stillegungsaktion mit staatlicher Hilfe entschieden, wären die Produktionsmöglichkeiten der Müllerei 1957 erheblich kleiner gewesen.

Im März 1962 endete die Stillegungsaktion nach dem Mühlengesetz [5]. Seither schrumpft die Kapazität der Branche nur noch langsam, weil das Kartell den Mehlpreis stärker als früher beeinflußt und weil Aussicht auf eine neue Stillegungsaktion besteht. Bei den Müllern dürfte aber die Hoffnung auf künftige Abfindungen schwächer sein, wenn es nicht schon früher einmal die Stillegungsprämien des Mühlengesetzes gegeben hätte. Die Nachwirkungen der Stillegungsaktion hemmen also heute noch den Kapazitätsabbau. Nur in den fünf Jahren zwischen Mitte 1957 und Anfang 1962 hat die Stillegungsaktion die Überkapazität mit einer Geschwindigkeit schrumpfen lassen, die im Bereinigungswettbewerb wahrscheinlich nicht erreicht worden wäre. Insgesamt aber sprechen die Erfahrungen der Vergangenheit eher gegen als für das Argument des schnelleren Kapazitätsabbaus.

Sollte es in den nächsten Jahren zu einer neuen Stillegungsaktion kommen, so wären ihr wiederum negative Ankündigungswirkungen zuzurechnen: Die Müller sind durch die Fachpresse von den Plänen über einen staatlich unterstützten Kapazitätsabbau unterrichtet. In manchen Fällen wird die Hoffnung auf künftige Abfindungen den Unternehmer vom

[5] Von privater Seite wurden später noch einige Betriebe stillgelegt. Siehe etwa Jahresbericht 1957 der Arbeitsgemeinschaft Deutscher Handelsmühlen, a. a. O., S. 13.

Entschluß zur sofortigen Stillegung abgebracht haben. Bei demokratischer Willensbildung sind solche Vorauswirkungen einer wirtschaftspolitischen Maßnahme unvermeidbar: Eine tiefgreifende Intervention in einer Branche erfordert sorgfältige Vorbereitungen, bei denen auch die Vertreter der Produzenteninteressen angehört werden müssen [6].

Im Vorschlag der EWG-Kommission ist vorgesehen, die Überkapazität in zwei bis drei Jahren abzubauen. Wenn — anders als beim Mühlengesetz — die Prämien hoch genug sind und die Schätzungen über das Ausmaß der abzubauenden Kapazitäten zutreffen, könnte diese Frist eingehalten werden. Jede Änderung der Modalitäten würde aber die Dauer der Stillegungsaktion verlängern. Bei einer Intervention, die gleichzeitig die Mühlenwirtschaft mehrerer Staaten betrifft, sind Verzögerungen eher zu erwarten als bei einem Eingriff nur in einem Land.

Es spricht manches dagegen, eine Stillegungsaktion in allerkürzester Zeit abwickeln zu wollen. Die Unternehmer dürfen nicht zu übereilten Entscheidungen gezwungen werden. Weil die Stillegung einer Mühle häufig davon abhängt, ob ein benachbarter Betrieb fortbesteht oder nicht, wäre es falsch, sehr kurze Anmeldefristen festzusetzen.

Auf der Seite des Staates ist der Zeitbedarf eher noch größer: Die Kapazität der stillegenden Betriebe muß festgestellt werden. Über die Anträge auf Stillegungsprämien ist zu entscheiden. Gegebenenfalls erfordert es Zeit, den Mehlmarkt zu beobachten und zu ermitteln, wann die Überkapazität beseitigt ist.

Deshalb scheint die Annahme der EWG-Kommission realistisch zu sein, eine Stillegungsaktion dauere im kürzesten Falle mindestens zwei Jahre. Insgesamt mag es unter günstigen Umständen zutreffen, daß ein staatlich geförderter Kapazitätsabbau die Überkapazität etwas schneller beseitigen kann, als es der Bereinigungswettbewerb vermag.

---

[6] So rechnen Fachleute bei einer multinationalen Stillegungsaktion in der Rheinschiffahrt mit einer Vorbereitungszeit von mindestens zwei Jahren. Siehe Doch Einigung der Verkehrsminister, in: Frankfurter Allgemeine Zeitung vom 29. Januar 1970.

b) Kostensenkungen

Wenn eine Branche übersetzt ist, Verlustabschlüsse häufig sind und eine Stillegungsaktion gefordert wird, werden in den meisten Fällen mögliche Kostensenkungen als Argument für einen Kapazitätsabbau mit Staatshilfe genannt [7]. Das liegt schon daran, daß ein Rückgang der Beschäftigung ein Unternehmen besonders dann hart trifft, wenn sich die Gesamtkosten nicht so leicht senken lassen, wie es dem rückläufigen Absatz entspräche. Umgekehrt hat ein Unternehmen kaum Schaden von einem Beschäftigungsrückgang, wenn sich die Stückkosten bei schwankender Auslastung kaum ändern. Es ist bezeichnend, daß man von Kapazität und Auslastung viel häufiger in kapitalintensiven Branchen spricht als in Bereichen, in denen viele unqualifizierte Arbeitskräfte und nur wenige Maschinen eingesetzt werden.

Auch in der Diskussion über die schlechte Lage der Mühlen nimmt das Argument großen Raum ein, eine Stillegungsaktion sei volkswirtschaftlich vorteilhaft, weil die Kosten sinken würden [8]. Dabei wird jedoch immer mit dem herkömmlichen Kostenbegriff gerechnet, der an den historischen Beschaffungswerten ansetzt, obwohl die Überkapazität viele Betriebsmittel entwertet hat.

Eine der frühesten Schätzungen der möglichen Kostensenkung aus dem Jahre 1953 rechnet mit 60 bis 70 Millionen DM jährlich [9]. Dieses Ergebnis kommt so zustande: Unterstellt wird, daß bei einer Auslastung von 50 Prozent eine Hälfte der

---

[7] Etwa in Bergbau, Binnenschiffahrt und Zementindustrie. Bei der deutschen Landwirtschaft, für deren Produkte der Staat eine Abnahmegarantie übernahm, liegen die erwarteten Kostensenkungen teilweise im staatlichen Bereich.

[8] Siehe unter anderem: EWG-Vorschlag, a. a. O., S. 2 und 7; Werner Kamm, a. a. O., S. 101 ff.; Heinr. Auer Mühlenwerke KGaA, Köln-Deutz, Bericht über das Geschäftsjahr 1966, Köln 1967, S. 8; (vergleiche auch: Auer begrüßt „vernünftige Vermahlungspolitik", in: Frankfurter Allgemeine Zeitung vom 14. August 1967); siehe auch S. 70 f.

[9] Die Übersetzung der deutschen Getreidemüllerei, a. a. O., S. 516 f. Diese Schätzung wurde auch in andere Arbeiten übernommen: Eberhard Meyer-Johann, a. a. O., S. 103; Werner Kamm, a. a. O., S. 102; siehe auch Dieter Grupe und Roderich Plate, Gesichtspunkte für eine Neuregelung der deutschen Getreidewirtschaft, Braunschweig 1954, S. 11.

Verarbeitungskosten [10] von 60 DM je Tonne Vermahlung fix und die andere proportional sei. Nimmt die Beschäftigung von 50 Prozent auf 75 Prozent zu, sinken die fixen Kosten je Tonne Vermahlung von 30 DM auf 20 DM. Diese Stückkostensenkung von 10 DM wird multipliziert mit der durchschnittlichen Gesamtvermahlung von 5,6 Millionen Tonnen Brotgetreide. Daraus ergibt sich eine Kostensenkung von 56 Millionen DM jährlich. Hinzugefügt wird, „daß durch den verschärften Wettbewerb die Versand- und Vertriebskosten steigen. Wenn man unterstellt, daß die Versandkosten, die zur Zeit der Marktordnung im Durchschnitt etwa 0,50 DM je dz Mehl betrugen, sich um die Hälfte erhöht haben, d. h. um 0,25 DM je dz Mehl, so macht das ... rd. 10 Mill. DM an Mehraufwand aus" [11]. „Insgesamt dürfte also der durch die Überkapazität hervorgerufene Mehraufwand an Vermahlungs-, Vertriebs- und Verwaltungskosten sowie an Mehlfrachten in der Größenordnung von jährlich 60 bis 70 Mill. DM liegen [12]."

Es mindert den Wert dieser Berechnung, daß 1953 die durchschnittliche Beschäftigung beträchtlich unter 50 Prozent lag [13]. Von da her müßte die mögliche Kostensenkung noch größer gewesen sein. Auf der anderen Seite ist zu bedenken, daß das Rechnungswesen der Mühlen — damals noch stärker als heute — kaum betriebswirtschaftlichen, sondern fast nur steuerlichen Zwecken diente [14]. Deshalb wird etwa die Abschreibung den fixen Kosten zugeordnet, obwohl sie betriebswirtschaftlich zu einem großen Teil von der Beschäftigung abhängig, teilweise also variabel ist. Einige andere systematische Fehler einer derartigen Berechnung werden später aufgezeigt [15]. Auf die reichlich pauschale Betrachtung der Vertriebskosten soll

---

10 Gesamtkosten ohne Kosten des Getreides.

11 Gemeint ist, die Vertriebskosten seien wegen des schärferen Wettbewerbs höher als in Zeiträumen, in denen entweder die Überkapazität durch eine Kontingentierung (Mehlmarktordnung) verdeckt ist oder kein Kapazitätsüberhang mehr besteht.

12 Die Übersetzung der deutschen Getreidemüllerei, a. a. O., S. 517.

13 Im Jahre 1953 gab es nur vage Schätzungen über die Auslastung der Mühlenwirtschaft. Erst das Mühlengesetz führte zu genauen Zahlen.

14 Vergleiche Hans Furthmann, Spannen ..., a. a. O., S. 41; siehe auch Die Mühle, Heft 24, vom 11. Juni 1964, S. 422.

15 Siehe die Bemerkungen zu den Berechnungen von Lochbihler und Grupe auf S. 134 f. und 136 ff.

nicht näher eingegangen werden[16]. Empirische Untersuchungen darüber gab es nicht[17].

Eine andere Schätzung möglicher Kostensenkungen hat sich in mehreren, zeitlich weit auseinanderliegenden Schritten entwickelt: Aus einem Betriebsvergleich aus dem Jahre 1953[18] hat Lochbihler[19] 1956 die Senkung der Stückkosten für eine bestimmte Beschäftigungszunahme errechnet. Grupe[20] verwendet diese Rechnung 1961 als Faustformel in einem Gutachten und schätzt damit die Einsparungen, die durch den Kapazitätsabbau erzielt werden können, auf 400 Millionen DM jährlich für das Gebiet der EWG. Grupes Schätzung findet dann 1967 Eingang in den Vorschlag der EWG-Kommission für eine neue Stillegungsaktion[21]. Es liegt nahe, diese Schätzung getrennt nach den Schritten ihrer Entstehung zu beurteilen.

Am Betriebsvergleich beteiligten sich nur 76 — hauptsächlich bayrische — Mühlen. Auch hier wird die Abschreibung zu den fixen Kosten gerechnet. Zurek hält quantitative Aussagen über das Verhältnis zwischen Stückkosten und Beschäftigung nach diesen Unterlagen nicht für möglich, weil die Kosten nicht nach betrieblichen Funktionen aufgeteilt sind[22].

Lochbihler entnimmt dem Betriebsvergleich durchschnittliche Stückkosten[23] für Mühlen, die zwischen 40 und 50 Prozent beziehungsweise zwischen 70 und 80 Prozent ausgelastet sind. Die Kosten je Tonne betragen 79,44 DM und 64,45 DM. „Einer Beschäftigungszunahme von 30 % entspricht demnach

---

[16] Der mühelose Absatz zur Zeit der Kontingentierung dürfte nur wenig zur Rationalisierung des Vertriebs angetrieben haben.

[17] Siehe Ernst Zurek, Marktstruktur und Preisbildung bei Getreide und Getreideerzeugnissen (Forschungsgesellschaft für Agrarpolitik und Agrarsoziologie, Heft 163), Bonn 1966, S. 30 f.

[18] Betriebsvergleich der Handelsmühlen 1952/53 — 1953 — 1953/54, Ifo-Institut für Wirtschaftsforschung, München 1955.

[19] Karl Lochbihler, a. a. O., S. 64 f.

[20] Grupe-Gutachten, a. a. O., S. 6, 10, 13 f. und 31.

[21] EWG-Vorschlag, a. a. O., S. 7.

[22] Ernst Zurek, a. a. O., S. 30 f.

[23] Genauer: Verarbeitungskosten. Sie enthalten nicht die Kosten des Getreides und die Transportkosten.

eine Kostensenkung um etwa 15.— DM je Tonne, und auf 1 % Beschäftigungszunahme entfallen etwa —.50 DM je Tonne [24]."

Dabei übersieht Lochbihler, daß einer der beiden von ihm verwendeten Stückkostenwerte im Betriebsvergleich als extremer Wert bezeichnet wird, der durch außerordentliche Verhältnisse einzelner Betriebe bedingt sei [25]. Setzt man Lochbihlers Verfahren bei den Betriebsvergleichen späterer Jahre ein, so ergeben sich weitaus niedrigere Kostensenkungen [26].

Grupe schätzte dann im Jahre 1961 in einem Gutachten für die EWG-Kommission die Überkapazität der Mühlen in den EWG-Ländern und die bei einem Abbau der Überkapazität erreichbare Kostensenkung. Die Mühlen in der EWG könnten „jährlich rd. 40 Mill. t Brotgetreide vermahlen. Berücksichtigt man, daß eine 24stündige Arbeitszeit in den kleineren Betrieben im allgemeinen nicht praktikabel ist, so verbleibt eine wirtschaftlich ausnutzbare Jahreskapazität von etwa 33 bis 34 Mill. t. Diesem Leistungsvermögen steht ein Vermahlungsbedarf für den inländischen Verbrauch von rd. 20 Mill. t gegenüber. Der durchschnittliche Beschäftigungsgrad beträgt danach rd. 50 v. H., bezogen auf die technische, und 59 v. H., bezogen auf die ökonomische Jahreskapazität. Der Kapazitätsüberhang beläuft sich auf 13 bis 14 Mill. t Jahresleistung, das sind ungefähr 58 000 t Tageskapazität oder rd. 41 v. H.

---

24 Karl Lochbihler, a. a. O., S. 65.

25 Betriebsvergleich der Handelsmühlen 1952/53 — 1953 — 1953/54, a. a. O., S. 58 f., und Karl Lochbihler, a. a. O., S. 65. Zudem dürften nur die Zahlen aus etwa 20 bis 30 Betrieben in seine Rechnung eingegangen sein. Das gleiche Bedenken gilt auch für einen Betriebsvergleich des Deutschen Müllerbundes. Aus ihm errechnete Lochbihler wiederum eine Kostensenkung von —,50 DM, falls die Beschäftigung um ein Prozent zunehme. Auch in dieser Untersuchung scheint einer der beiden von Lochbihler verwendeten Werte, der untere, aus dem „Normalen" herauszufallen, wenn man ihn mit den entsprechenden Werten einer Trendberechnung vergleicht. Schließlich hat der Autor noch durch großzügiges Abrunden die Übereinstimmung mit seinem früheren Ergebnis erreicht. Eine genaue Rechnung ergibt nur —,45 DM. Diese kleine Abweichung würde die Schätzung von Grupe immerhin um 40 Millionen DM jährlich verringern. Vergleiche die Betriebswirtschaftliche Untersuchung des Deutschen Müllerbundes, München 1954.

26 Die Ergebnisse der Betriebsvergleiche von 1953 bis 1958 sind zusammengestellt bei Hans Furthmann, Ursachen . . ., a. a. O., Tabelle 186 ff.

der technischen Gesamtkapazität[26a]." Grupe stützt sich dann auf Lochbihlers These, daß eine um ein Prozent höhere Auslastung die Kosten um 0,50 DM je Tonne sinken lasse[26b]: „Überträgt man diese Beziehung auf die EWG, so müssen dort die normal kalkulierten Durchschnittskosten bei einem durchschnittlichen Beschäftigungsgrad von rd. 59 v. H. um ca. 20 DM/t Getreide über den Kosten bei optimaler Kapazitätsausnutzung liegen[26c]."

Dann errechnet er die „volkswirtschaftlichen Verluste", die sich aus der unzureichenden Beschäftigung ergeben: „Bei einer Jahresvermahlung der Handelsmühlen für den Eigenbedarf der EWG von rd. 20 Mill. t macht die Kostensteigerung insgesamt jährlich rd. 400 Mill. DM aus[27]."

Diese Berechnung ist aus vielen Gründen nicht haltbar. Wenn 13 bis 14 Millionen Tonnen technischer Jahreskapazität stillzulegen wären, so sind das nicht rund 41 Prozent, sondern nur rund 34 Prozent der technischen Gesamtkapazität[28]. Diese Berichtigung allein ließe die jährliche Kostensenkung von 400 Millionen DM auf 340 Millionen DM schrumpfen[29]. Grupe meint, etwa 85 Prozent der technischen Kapazität seien wirtschaftlich ausnutzbar, und bezeichnet sie als ökonomische Kapazität. Ob diese Annahme zutrifft, sei dahingestellt. Sehr zweifelhaft ist aber, daß dieser Grad durchschnittlicher Beschäftigung sich ergibt, wenn die Überkapazität verschwunden ist. Manche Mühle wird auf die höchste noch erreichbare

---

[26a] Grupe-Gutachten, a. a. O., S. 13 f. Grupe unterstellt also, daß die wirtschaftlich ausnutzbare (ökonomische) Kapazität 85 Prozent der technischen Kapazität betrage. Für die Bundesrepublik rechnet Grupe mit nur 80 Prozent. Vergleiche Grupe-Gutachten, a. a. O., S. 10, Tabelle 3, und S. 34 f.

[26b] Ebenda, S. 6.

[26c] Ebenda, S. 14.

[27] Grupe-Gutachten, a. a. O., S. 31. Aus Grupes Angaben kann man nach seiner Methode für die Bundesrepublik eine Kostensenkung von 90 Millionen DM errechnen. Siehe Grupe-Gutachten, a. a. O., S. 10, Tabelle 3.

[28] Im nächsten aus Grupe zitierten Satz findet sich der gleiche Fehler in anderer Form: Der Beschäftigungsgrad von rund 59 Prozent ist in „ökonomischer Kapazität" gerechnet. Lochbihlers Zahlen beziehen sich aber auf die technische Kapazität. Deshalb darf man nicht rechnen: (100 Prozent ./. 59 Prozent) mal 0,5 DM = rund 20 DM. Richtig ist vielmehr: (85 Prozent ./. 50 Prozent) mal 0,5 DM = rund 17 DM.

[29] Dem entspricht für die deutsche Müllerei: Von 90 auf 72 Millionen DM.

Beschäftigung verzichten, wenn die gewinnmaximale niedriger liegt.

Außerdem fehlt die Vermahlung für den Export — ein bis zwei Millionen Tonnen jährlich — in der Rechnung. Dadurch wird die gegebene Beschäftigung zu niedrig und die Überkapazität zu hoch angesetzt. Gegen Grupes Berechnung spricht ferner, daß er die Formel von Lochbihler verwendet, obwohl diese an sich zweifelhaft ist und auf veraltetem, wenig repräsentativem Material aufbaut. Bei Lochbihler soll sie für eine Verbesserung der Beschäftigung von etwa 45 Prozent auf etwa 75 Prozent gelten; Grupe setzt sie bei einer Steigerung der Auslastung von 50 auf 85 Prozent ein. Je näher man aber der Vollbeschäftigung kommt, desto geringer ist die Senkung der Stückkosten, die von den fixen Kosten herrührt; bei zunehmender Auslastung wird das Gefälle der Stückkostenkurve immer geringer [30].

Eine andere Frage ist, ob heute schlecht beschäftigte Mühlen nach einer Stillegungsaktion mit gleichen Stückkosten bei einer bestimmten hohen Auslastung arbeiten würden wie Mühlen, die diesen Beschäftigungsgrad heute schon erreicht haben. Bei den bisher betrachteten Untersuchungen wird das implizit unterstellt.

Dagegen spricht folgende Überlegung: Zu den möglichen Gründen für die geringe Auslastung eines Betriebes gehören auch Fehler der Unternehmensleitung. Ein schlechtes Management wird aber auch sonst Rationalisierungsmöglichkeiten nicht voll ausschöpfen. Es kann also vermutet werden, daß die heute schlecht beschäftigten Mühlen bei besserer Auslastung ihre Kosten tendenziell nicht in dem Maß senken könnten, wie es nach den Betriebsvergleichen anzunehmen wäre [31].

---

[30] Um den Einfluß dieses Fehlers zu schätzen, sei einmal heroisch angenommen, in der Mühlenwirtschaft gebe es nur fixe und proportionale Kosten. Dann ergibt sich nach Schmalenbachs mathematischer Kostenauflösung eine Stückkostensenkung von rund 14 DM je Tonne, wenn die Auslastung von 50 auf 85 Prozent steigt. Das sind 0,40 DM je Prozent höherer Auslastung. Damit würde allein diese Berichtigung Grupes Schätzung von 400 Millionen DM um 20 Prozent auf 320 Millionen DM herabdrücken. Natürlich wäre es besser gewesen, aus neueren Kostenvergleichen die Zahlen für höhere Beschäftigungsgrade zu entnehmen.

[31] Auch ist in einer wenig automatisierten, personalintensiven (Klein-) Mühle, die bei geringer Auslastung noch recht gut abschneidet, die Kosten-

Schließlich rechnet Grupe in herkömmlichen betriebswirtschaftlichen Kosten, bezeichnet seine Schätzungen aber als volkswirtschaftlich [32]. Der wesentliche Unterschied liegt in den Abschreibungen bei Mühlen, die in absehbarer Zeit stillegen werden. In diesen Betrieben dürfen für Anlagegüter, die nicht mehr ersetzt werden müssen, keine Abschreibungen von ehemaligen Anschaffungs- oder vom Wiederbeschaffungspreis mehr berechnet werden. Bewertungsgrundlage muß der Veräußerungserlös sein, der am Bilanzstichtag zu erzielen wäre. Diese Bewertungsmethode entspricht den volkswirtschaftlichen Kosten im Sinn von Opportunitätskosten, ist aber auch Teil des modernen betriebswirtschaftlichen Rechnungswesens. Die kalkulatorischen Zinsen vermindern sich damit auch. In der Mühlenwirtschaft ist das Gewicht dieser Umbewertung beträchtlich, da Mühlenmaschinen außerhalb der Branche kaum, Gebäude und Grundstücke meist nur zu geringeren Preisen zu verwerten sind.

Bei der Frage, ob die Überkapazität schneller durch eine Stillegungsaktion oder langsamer durch den Wettbewerb abgebaut werden sollte, ist dies von großem Einfluß: Wenn man die Bewertung des Anlagevermögens berichtigt, sinken die kalkulatorischen Kosten. Die Gesamtkosten der Branche während des allmählichen Kapazitätsabbaus liegen dann weniger hoch über den Gesamtkosten, die in der Branche nach ihrer Bereinigung anfallen. Damit schwindet die Berechtigung einer Stillegungsaktion.

Insgesamt ist die Berechnung Grupes unzureichend. Die möglichen Kostensenkungen sind zu hoch angesetzt. Im Vorschlag der EWG-Kommission für eine Stillegungsaktion in der Mühlenwirtschaft wird dennoch allein diese Schätzung aufgeführt [33]. In einem offiziellen Schriftstück des Jahres 1967 mit zweifelhaften Zahlen zu argumentieren, die letztlich aus dem Jahre 1953 stammen, ist etwas leichtfertig. Die Ergebnisse neuerer Betriebsvergleiche auszuwerten, wäre nicht

---

degression klein, weil sie weniger kapitalintensiv arbeitet und damit in der Tendenz weniger mit Fixkosten belastet ist.

[32] Grupe-Gutachten, a. a. O., S. 31.

[33] EWG-Vorschlag, a. a. O., S. 7.

schwer gewesen. Selbst gegenüber 1961, als Grupe seine Arbeit fertigstellte, hat sich vieles geändert: Herausgegriffen sei nur, daß die durchschnittliche Auslastung der Mühlen in der EWG von 50 Prozent auf 63 Prozent [34] gestiegen ist.

Die Schätzung stillzulegender Kapazitäten, die im EWG-Vorschlag enthalten ist, scheint in manchem einer näheren Prüfung wert. Besonders fragwürdig ist die Annahme, die Überkapazität sei erst dann beseitigt, wenn — von den Kleinstbetrieben abgesehen — die Mühlen durchschnittlich zu 95 Prozent (technischer Kapazität) beschäftigt seien [35]. Dieser Prozentsatz liegt weit über den sonst üblichen Schätzungen [36].

Über mögliche Stückkostensenkungen bei den Mühlen kann wahrscheinlich eine neuere Untersuchung von Furthmann bessere Informationen liefern als bisher bekannt waren [37]. Danach sinken zum Beispiel die Fertigungskosten um rund 3,60 DM je Tonne Getreide, wenn eine Mühle, die bisher zu 70 bis 80 Prozent beschäftigt war, ihre Auslastung um 10 Prozent steigern kann.

Bevor die Ergebnisse Furthmanns dargestellt werden, sollten einige Fehler aufgezeigt werden, die in der Methode der ausgewerteten Betriebsvergleiche liegen [38].

---

[34] Gerechnet in Prozent der technischen Kapazität. Die vergleichbaren Zahlen für die Bundesrepublik Deutschland sind 53 Prozent und 60 Prozent. Siehe Grupe-Gutachten, a. a. O., S. 10, und EWG-Vorschlag, a. a. O., S. 8 f. Wegen geänderter statistischer Verfahren dürften sich die Zahlen nicht völlig entsprechen.

[35] EWG-Vorschlag, a. a. O., S. 8. Wollte man vielleicht damit der Tatsache Rechnung tragen, daß trotz Erweiterungsverboten zahlreiche Mühlen in den letzten Jahren vergrößert wurden?

[36] Grupe hatte 1961 noch 85 Prozent für die EWG und 80 Prozent für die Bundesrepublik angesetzt. Grupe-Gutachten, a. a. O., S. 10, Tabelle 3. Der Landwirtschaftsausschuß des Deutschen Bundestages rechnete 1966 mit etwa 73 Prozent. Schriftlicher Bericht des Ausschusses ... über den Entwurf eines Fünften Gesetzes zur Änderung des Mühlengesetzes, a. a. O., S. 1; Gerhard Ellinger (a. a. O., S. 162) rechnet mit 80 Prozent.

[37] Hans Furthmann, Kosten und Kostenprobleme in der Handelsmüllerei, a. a. O., S. 38 f. Er wertet Zahlen aus, die in den Jahren nach 1962 in Groß- und Mittelmühlen berechnet wurden.

[38] Vielleicht liegen noch andere Mängel in der Aufbereitung des Materials, die nur kurz erläutert ist. Nicht angegeben wird, aus welchen „Jahren nach 1962" die Zahlen stammen und wie viele Mühlen berücksichtigt wurden. Ausgewertet sind insgesamt 230 Fälle. Ebenso ist für die Analyse der Zahlen hinderlich, daß die Gruppe der Mühlen mit den geringsten und die

Furthmanns Ergebnisse bauen auf den Betriebsvergleichen der Handelsmühlen auf, die seit 1962 als Kostenträgerrechnung geführt werden. In diesen Betriebsvergleichen sind kalkulatorische Abschreibung und kalkulatorischer Zins nach einheitlichen Richtwerten angesetzt [39]. Dabei werden die kalkulatorischen Zinsen auf das Anlagevermögen von den vollen Wiederbeschaffungswerten berechnet. Betriebswirtschaftlich richtig ist dagegen, wenn mit Richtwerten gerechnet wird, vom halben Neuwert auszugehen. Wenn man diesen Fehler beseitigt, sinken zum Beispiel für eine zu 40 bis 50 Prozent ausgelastete Mühle die Stückkosten der Fertigung um mehr als 10 Prozent [40]. Auch die Berechnung der kalkulatorischen Abschreibung auf Anlagegüter erweckt Zweifel. Die Mühleneinrichtung, deren wichtigster Teil die Maschinen sind, wird linear mit sechs Prozent jährlich abgeschrieben. Unterstellt ist also, die Maschinen hätten eine durchschnittliche Lebensdauer von 16,6 Jahren, gleichgültig, wie hoch die Auslastung der Mühle ist. Sicherlich wird aber ein Walzenstuhl, der Tag und Nacht läuft, schneller verschleißen als einer, der nur in einer Schicht genutzt wird. Ein Teil der wirtschaftlichen Abnutzung der Anlagegüter ist also nicht vom Zeitablauf, sondern vom betrieblichen Einsatz abhängig. Der Verfasser versucht, dem gerecht zu werden, und schlägt ein Verfahren vor, das die Anlagegüter zur Hälfte fix und zur Hälfte variabel abschreibt [41].

---

mit den höchsten Auslastungen „offene Gruppen" sind: Kapazitätsausnutzung bis 40 Prozent und über 90 Prozent. (Beschäftigungsgrade von über 100 Prozent kommen gelegentlich bei Mühlen vor, die häufig am Wochenende arbeiten.) Um die Angaben der Gruppe „Kapazitätsausnutzung über 90 Prozent" dennoch verwenden zu können, hat der Verfasser eine durchschnittliche Beschäftigung von 95 Prozent unterstellt. Die Stückkostendegression bei wachsender Auslastung wird etwas durch die Kostendegression bei wachsender Betriebsgröße überlagert, weil bei den schlecht beschäftigten Betrieben die kleineren Mühlen und bei den gut ausgelasteten die größeren Mühlen überwiegen. Das führt zu einer Überschätzung der Kostendegression bei zunehmender Beschäftigung. Nur mit den Angaben einer Größenklasse nach der Kapazität zu rechnen (Furthmann teilt in drei Gruppen ein) scheint aber dennoch nicht ratsam, weil so die Zahl der berücksichtigten Mühlen zu klein würde. Der Einfluß des Zufalls wäre vielleicht zu stark.

[39] Siehe S. 39, Fußnote 63.

[40] Die Fertigungskosten je Tonne Vermahlung betragen nach Furthmann 68,30 DM; der Fehler macht 7,— DM aus.

Wenn man die geänderte Berechnung der kalkulatorischen Kosten des Anlagevermögens in die Ergebnisse Furthmanns einfügt, ergibt sich folgendes Bild (Tabelle 11).

Es zeigt sich also, daß die falsche Berechnung der kalkulatorischen Kosten die Kostendegression zu groß erscheinen läßt.

Es liegt nahe, mit diesen modifizierten Zahlen die möglichen Einsparungen beim Abbau der Überkapazität berechnen zu wollen. Der Verfasser hält jedoch eine einigermaßen exakte Schätzung nicht für möglich, da mehrere Größen, die in die Rechnung eingehen müßten, nicht quantifizierbar sind. Weil aber diese Einflußgrößen zusammengenommen die möglichen Einsparungen senken, scheint eine Rechnung, die von den Fertigungskosten ausgeht, doch sinnvoll zu sein: Sie zeigt, unterhalb welcher Größenordnung die tatsächlichen Kostensenkungen zu vermuten sind.

---

[41] Im einzelnen wird so vorgegangen: Die Abschreibung auf die Gebäude wird unverändert mit zwei Prozent jährlich vorgenommen. Der Wiederbeschaffungswert der Maschinen und der übrigen Anlagegegenstände wird zur Hälfte linear zu sechs Prozent abgeschrieben wie in den „Richtwerten". Bei dieser fixen Abschreibung beträgt die rechnerische Lebensdauer 16,6 Jahre. Die andere Hälfte wird variabel abgeschrieben; bei Vollbeschäftigung wird mit einer Nutzungsdauer von 10 Jahren gerechnet (lineare Abschreibung von 10 Prozent). Bei niedrigeren Beschäftigungsgraden vermindert sich die variable Abschreibung entsprechend. Bei einer Auslastung von 60 Prozent ist die Abschreibung sechs Prozent jährlich und führt zum gleichen Ergebnis wie das Verfahren der Arbeitsgemeinschaft Deutscher Handelsmühlen. Sonst wird bei der Methode des Betriebsvergleichs bei höherer Beschäftigung zu wenig und bei niedrigerer zuviel abgeschrieben. Gegen das vorgeschlagene Verfahren könnte eingewandt werden, die Einteilung der Abschreibung in fix und variabel entspreche nicht dem tatsächlichen Verschleiß. Leider gibt es aber keine Untersuchung, die eine bessere Zuordnung ermöglicht. Immerhin wird auch im Rechnungswesen einiger Großmühlen halb fix und halb variabel abgeschrieben. Bei Mühlen, die sehr schlecht beschäftigt sind — unter 30 Prozent etwa —, müßte der Anteil der fixen Abschreibung etwas höher sein, weil der technische Fortschritt die wirtschaftliche Lebensdauer erheblich kürzer werden läßt als die technisch mögliche Nutzung. Für die Umrechnung der Ergebnisse von Furthmann ist das aber unwichtig, weil dort nur höhere Beschäftigungsgrade vorkommen. Bei der Neuberechnung sind nur die Werte für 100-Tonnen-Mühlen berücksichtigt, damit der Rechenaufwand begrenzt bleibt. Die Abweichung ist gering.

Tabelle 11

Degression der Fertigungskosten in DM je Tonne Vermahlung

	Ausnutzung der Kapazität in Prozent [a]					
	40 — 50	50 — 60	60 — 70	70 — 80	80 — 90	über 90
Fertigungskosten nach Furthmann [b]	68,3	60,5	55,9	51,6	48,0	45,5
Kostensenkung nach Steigerung der Auslastung um 10 Prozent nach Furthmann [b]		7,8	4,6	4,3	3,6	2,5
Fertigungskosten (berichtigt) [c]	59,9	54,4	51,4	48,3	45,6	43,8
Kostensenkung (berichtigt) [c]		5,5	3,0	3,1	2,7	1,8
Fertigungskosten ohne kalkulatorische Kosten des Anlagevermögens	42,0	39,0	37,7	35,8	34,1	33,0

[a] Bei der Neuberechnung der kalkulatorischen Kosten wurde jeweils der arithmetische Mittelwert einer Gruppe ausgewählt (für die Mühlen, die zwischen 40 und 50 Prozent Auslastung erreichten, also 45 Prozent).

[b] Zitiert nach Hans Furthmann, Kosten und Kostenprobleme der Handelsmüllerei, a. a. O., S. 38. Einige Rechenfehler beim Bilden der gewogenen arithmetischen Mittel aus den Zahlen für die Kapazitätsgrößenklassen sind nach Rücksprache mit Herrn Furthmann berichtigt.

[c] Zur Methode, die bei der Neuberechnung der kalkulatorischen Kosten angewandt wird, siehe S. 141, Fußnote.

Die Stillegungen nach dem Mühlengesetz hätten, wenn die Jahresvermahlung der deutschen Mühlenwirtschaft unverändert geblieben wäre, die durchschnittliche Auslastung um rund zehn Prozent gesteigert [42]. Dem könnte eine Senkung der Fertigungskosten von rund 4 DM je Tonne entsprochen haben [43]. Die jährliche Vermahlung von Brotgetreide hat zur Zeit der Stillegungsaktion rund 5,8 Millionen Tonnen betragen [44]. Daraus ergäbe sich eine Senkung der Fertigungskosten um 20 bis 25 Millionen DM jährlich. Diese Zahl wäre nun mehrfach zu modifizieren [45].

In erster Linie sind die niedrigen Stückkosten der Mühlen zu berücksichtigen, die ohnehin bald stillgelegt werden — sei es im Bereinigungswettbewerb oder innerhalb einer Stilllegungsaktion. Weil kaum noch reinvestiert werden muß, sind hier die kalkulatorischen Kosten sehr viel niedriger als in weiterbestehenden Betrieben [46]. Wie gewichtig diese Bewertungsfragen sind, zeigt ein Blick in Tabelle 11.

Bei einer nur halb ausgelasteten Mühle liegen die Stückkosten der Fertigung ohne kalkulatorische Kosten des Anlagevermögens unter den vollen Fertigungsstückkosten eines zu 100 Prozent beschäftigten Betriebes [47].

Gleichfalls von großer Bedeutung sind die Vertriebskosten. Sie können mit steigender Auslastung zunehmen, weil die Versandwege länger werden. Die Degression der Fertigungs-

---

42 Vor Beginn der Stillegungsaktion soll die Gesamtkapazität etwa 53 000 Tonnen und die Auslastung 40 bis 50 Prozent betragen haben; 10 000 Tonnen Kapazität sollten stillgelegt werden. Siehe S. 23 f., 25 und 74.

43 Mit diesem Ansatz dürfte die schlechte Auslastung der stillegenden Mühlen hinreichend berücksichtigt sein. Für eine genauere Berechnung müßte bekannt sein, wie sich vor und nach der Kapazitätsverringerung die Vermahlung auf die Betriebe der verschiedenen Ausnutzungsgrade verteilt hat.

44 Nach einer Übersicht der Mühlenstelle vom Dezember 1959.

45 Zum Vergleich sei nochmals erwähnt, daß frühere Schätzungen zu Endergebnissen zwischen 60 und 100 Millionen DM jährlich kamen. Siehe S. 133 und 136.

46 Steuerlich ist es in der Regel günstiger, weiter abzuschreiben wie bisher.

47 42 DM gegenüber 43,80 DM. Natürlich gibt es auch in Betrieben, die in naher Zukunft stillgelegt werden, kalkulatorische Kosten des Anlagevermögens. Sie sind allerdings sehr niedrig. Der kalkulatorische Zins auf das Grundstück bleibt auch im Extremfall bestehen.

kosten gleichen sie zu einem großen Teil aus. Auch Furthmann schreibt: „Ein größeres Absatzvolumen bringt vielfach höhere Vertriebskostensätze mit sich, die mögliche Ersparnisse bei den Fertigungskosten ausgleichen können [48].

Einige weitere Faktoren, die das Ausmaß möglicher Kostensenkungen durch Abbau der Überkapazität verringern, sind schon früher erwähnt [49].

Die gleiche Rechnung auf der Basis der Fertigungskosten, wie sie für den Kapazitätsrückgang aufgrund des Mühlengesetzes aufgemacht wurde, wird für eine neue Stillegungsaktion noch zweifelhafter, weil der Umfang der Überkapazität nicht genau bekannt ist [50]. Wenn durch die Beseitigung der heute noch bestehenden Überkapazität die durchschnittliche Auslastung um 10 Prozent stiege, die Senkung der Fertigungskosten rund 3 DM je Tonne betrüge und die Jahresvermahlung in Deutschland 5,5 Millionen Tonnen wäre, ergäbe sich als Zwischenergebnis eine Kostensenkung von etwa 15 bis 20 Millionen DM jährlich [51].

Selbst bei der extremen Annahme, erst bei einer Zunahme der Beschäftigung um 20 Prozent sei die Überkapazität beseitigt, käme man vielleicht auf 28 bis 35 Millionen DM [52]. Auch diese Beträge sind — wie oben erwähnt — mehrfach zu verringern.

---

[48] Er meint jedoch, durch Fusion der Absatzorganisationen mehrerer Unternehmen und durch andere Rationalisierungsmaßnahmen ließe sich der Anstieg der Vertriebskosten abmildern. Hans Furthmann, Kosten und Kostenprobleme der Handelsmüllerei, a. a. O., S. 39. In einer anderen Veröffentlichung Furthmanns findet sich ein Betriebsvergleich zwischen 30 Mühlen, bei dem die Progression der Vertriebskosten sogar geringfügig größer ist als die Degression der Fertigungskosten. Siehe Hans Furthmann, Spannen . . ., a. a. O., S. 169 f.

[49] Die Überlagerung der Kostendegression bei wachsender Auslastung durch die Kostendegression bei zunehmender Betriebsgröße (S. 139), das von einer schlechten Unternehmensleitung verursachte Zusammentreffen von niedriger Auslastung und ungünstiger Stückkostenkurve (S. 137) und die geringere Kostendegression bei personalintensiveren Mühlen (S. 137).

[50] Siehe S. 16 ff. und S. 84.

[51] Eine Steigerung um 10 Prozent läßt sich aus Angaben errechnen, die in der Begründung der Bundesregierung zum Entwurf eines Sechsten Gesetzes zur Änderung des Mühlengesetzes vom 7. März 1969 (a. a. O., S. 3) enthalten sind.

[52] Eine stärkere Zunahme der Beschäftigung führt in den flacheren Abschnitt der Stückkostenkurve; die Kostendegression nimmt ab.

Es zeigt sich also, daß die Kostensenkungen, die der Abbau der Überkapazität mit sich bringen kann, viel kleiner sind als bisher angenommen wurde.

c) Vorteile für die Verbraucher

Wenn für eine Stillegungsaktion vorgebracht wird, sie lasse die Produktionskosten sinken, liegt die Erwartung nahe, auch den Verbrauchern werde ein Vorteil aus den Einsparungen in Aussicht gestellt. Bei den bisher vorgeschlagenen Stillegungsaktionen findet sich das Argument einer Preissenkung bei den Produkten allerdings nicht. Man denke an den Steinkohlenbergbau, die Landwirtschaft oder die Binnenschiffahrt. Die Kostensenkung soll den übrigbleibenden Unternehmen zu einer besseren Ertragslage verhelfen. Es ist aber nicht ausgeschlossen, daß doch einmal eine Branche das Argument der Preissenkung vorbringt, mit dem die Forderungen politisch leichter durchzusetzen wären. Deshalb ist es von allgemeinem Interesse, ob von einer Stillegungsaktion oder vom Bereinigungswettbewerb Preissenkungen für Mehl eher zu erwarten sind [53]. Die deutsche Mühlenwirtschaft argumentiert nicht damit, daß eine Stillegungsaktion den Mehlpreis sinken lasse. Im Vorschlag der EWG-Kommission findet sich jedoch die Voraussage, eine Sanierung der Mühlenwirtschaft würde „auch eine Preissenkung beim Verbraucher gestatten" [54].

Vorauszuschicken ist, daß eine Kostensenkung bei den Mühlen nicht über den Mehlpreis auf den Brotpreis durchschlagen kann. Der Anteil der Vermahlungskosten am Brotpreis ist so gering, daß selbst der starke Preisrückgang am Mehlmarkt zwischen 1952 und 1955 den Brotpreis nicht sinken ließ [55].

---

[53] Die Märkte für Nebenprodukte der Mühlen, wie Kleie, werden außer Betracht gelassen, um die Darstellung nicht übermäßig auszuweiten.

[54] EWG-Vorschlag, a. a. O., S. 7. Nur im Geschäftsbericht 1966 der Heinr. Auer Mühlenwerke (a. a. O., S. 8 f.), der kurz nach dem EWG-Vorschlag veröffentlicht wurde, findet sich der gleiche Gedanke. Vergleiche auch S. 70 dieser Arbeit.

[55] Vergleiche dazu Jahresbericht 1956 der Arbeitsgemeinschaft Deutscher Handelsmühlen, a. a. O., S. 92, Tabelle 19; Jahresbericht 1965 der Arbeitsgemeinschaft Deutscher Handelsmühlen, Bonn 1966, S. 78, Tabelle 22; Ernst Zurek, a. a. O., S. 39 f. und 42.

Außerdem sind für die meisten Brotsorten glatte Preise üblich, die nur in Stufen von —,05 oder —,10 DM erhöht werden. Rückläufige Mehlpreise können deshalb nur die Zeitspanne verlängern, in der das Backgewerbe an einem Preisniveau festhält, nicht aber den Brotpreis senken [56]. Für den Verbraucher von Brot wäre diese relative Preissenkung natürlich dennoch von Nutzen. Die Überlegungen über preissenkende Wirkungen des Kapazitätsabbaus beschränken sich am besten auf den Mehlmarkt, weil dort ein fühlbarer Einfluß eher denkbar ist.

Die Stillegungsaktion des Mühlengesetzes brachte keine Preissenkungen. Dies hat mehrere Gründe: Die Auslastung der Mühlen nahm kaum zu; die Stückkosten sinken bei steigender Auslastung nicht so stark, wie gemeinhin angenommen wird; die Vermahlungsabgabe erhöhte die Kosten der Mühlen; schließlich dürfte auch der Einfluß des Kartells gewachsen sein, weil die Zahl der Anbieter sank.

Würde eine neue Stillegungsaktion den Mehlpreis sinken lassen? Dagegen sprechen mehrere Überlegungen:

(a) Nur bei einem kleinen Teil der Anbieter können die Kosten merklich sinken: Das Gewicht der Mühlen ist gering, die heute noch schlecht beschäftigt und deshalb zu starken Absatzausweitungen fähig sind.

(b) Die Großmühlen sind Preisführer; gerade bei ihnen aber sind keine großen Kostensenkungen zu erwarten, weil sie heute schon gut ausgelastet sind.

(c) Die möglichen Kostensenkungen sind selbst bei vorsichtiger Schätzung viel kleiner, als die EWG-Kommission annimmt.

(d) Die vorgeschlagene Form der Vermahlungsabgabe läßt erwarten, daß die Finanzierung der Stillegungsaktion wiederum auf die Verbraucher abgewälzt wird [57]. Die neue

---

[56] Deshalb meint Ackermann zu Unrecht, das Mühlenkartell stabilisiere den Brotpreis. Das Kartell erhöht und stabilisiert den Mehlpreis; der Brotpreis dagegen war vor Bestehen des Kartells genausowenig Schwankungen unterworfen wie jetzt. Siehe Friedrich Ackermann, Rede auf dem Handelsmühlentag 1967, a. a. O., S. 301 und 310.

[57] Zu einer Ausgestaltung der Abgabe, die eine Überwälzung verhindern kann, siehe S. 111 ff.

Abgabe soll etwa doppelt so hoch sein wie die derzeitige des Mühlengesetzes.

(e) Wenn aber während der Stillegungsaktion der Wettbewerb nicht eingeschränkt wird, ist allerdings mit Preissenkungstendenzen zu rechnen. Die noch bestehende Überkapazität könnte die Mehlpreise unter Druck setzen und die preiserhöhenden Wirkungen der Stillegungsaktion ausgleichen oder sogar übertreffen. Beim Kapazitätsabbau nur durch den Bereinigungswettbewerb wäre der Preisdruck wahrscheinlich aber stärker und länger wirksam [58].

Für die Verbraucher bringt eine Stillegungsaktion also keinerlei Nutzen.

d) *Vorteile für die Mühlenwirtschaft*

Aus der Stillegungsaktion zog die gesamte Mühlenwirtschaft Nutzen; das wird von kaum jemandem bestritten [59].

Es erleichtert die Untersuchung, wenn die stillegenden Unternehmer und die Eigentümer von Mühlen, die nach Abbau der Überkapazität noch im Markt sind, getrennt betrachtet werden.

Die Stillegungswilligen erhielten öffentlich-rechtliche Abfindungen, die sie sonst nicht bekommen hätten; Verwertung von Maschinen, Gebäuden und Grundstücken sowie Abfindungen von benachbarten Mühlen dürften sich in einer Stillegungsaktion nicht wesentlich anders vollziehen als bei einer Aufgabe des Betriebes im Bereinigungswettbewerb. Für diese Gruppe von Müllern ist eine Stillegungsaktion naturgemäß von großem Vorteil.

Unternehmer, die in der Mühlenwirtschaft blieben, dürften aus dem Kapazitätsabbau mit öffentlichen Abfindungen eben-

---

[58] Für einen schwächeren Preisdruck bei einer Stillegungsaktion spricht folgende Überlegung: In rascher Folge werden viele Mühlen aufgegeben. Nach jeder Stillegung dehnen benachbarte Betriebe ihren Absatz aus und ziehen sich vielleicht sogar aus entfernten Märkten zurück, weil sie vollbeschäftigt sind. Von diesen Mühlen geht kein Preisdruck mehr aus.

[59] Nur einige Kleinmüller glauben, ihnen bringe der Kapazitätsabbau keinen Vorteil, weil ihr Absatz nicht auszudehnen sei. Vergleiche S. 108 f.

falls Vorteile haben. Mögliche Kostensenkungen träten wahrscheinlich schneller ein als beim Ausscheidungswettbewerb. Die Vermahlungsabgabe wird auf die Verbraucher abgewälzt. Ausschlaggebend ist jedoch, daß während des Kapazitätsabbaus in der Stillegungsaktion die Mehlpreise höher lagen als bei der rein marktwirtschaftlichen Kapazitätsbereinigung. Die Mühlen konnten den Mehlpreis sogar erhöhen.

Eine Stillegungsaktion nach den Vorstellungen der EWG-Kommission könnte in einem Punkt geringere Vorteile für die Mühlenwirtschaft bringen als die vergangene deutsche Mühlensanierung: Falls es zur Beseitigung von Wettbewerbsbeschränkungen (Kartellen) käme, wäre der Kapazitätsabbau mit niedrigen Mehlpreisen verbunden. Sollte es gelingen, auch die Überwälzung der Vermahlungsabgabe zu verhindern, wäre der Nutzen einer neuen Stillegungsaktion für die weiterarbeitenden Betriebe noch geringer. Es ist sogar gut möglich, daß die Finanzierung der Abfindungen schwerer wiegt als die Vorteile, die ein — gegenüber dem reinen Ausscheidungswettbewerb — etwas schnellerer Kapazitätsabbau den Mühlen bringen kann. Diese Vorteile liegen in der rascheren Kostensenkung und in der kürzeren Periode gedrückter Absatzpreise.

e) Schutz der Lieferanten in der Landwirtschaft

Es liegt nahe zu vermuten, daß bei Branchenkrisen Absatz- und Gewinneinbußen in vorgelagerten Stufen als Argumente für Erhaltungssubventionen und ähnliche Maßnahmen herangezogen werden. Wenn man aber die Realität daraufhin überprüft, finden sich keine Beispiele. Das mag daran liegen, daß manche kranke Branche kaum Vorleistungen bezieht (Urproduktion Bergbau) oder daß die Betriebsstoffe auch außerhalb der Branche verwendet werden (Dieselöl für Binnenschiffe). Vielleicht ist im Falle der Automobilindustrie der Hinweis zutreffend, eine Absatzkrise würde zahlreiche spezialisierte Zulieferer hart treffen. Bei anderen Branchenkrisen sind jedoch keine Fälle bekannt geworden, wo Vorlieferer für die eine und gegen die andere Form der Kapazitätsbereinigung aufgetreten sind. In unserem Beispiel, der Mühlenwirtschaft, wird jedoch behauptet, der Preiswettbewerb auf dem Mehlmarkt könne der Landwirtschaft schaden. Diese These wird auf verschiedene Weise vorgebracht: Angeblich zahlt eine rentable Müllerei höhere Getreidepreise [60]. Es ist doch aber so, daß ein Unternehmen, das Gewinne erzielen will, immer versucht, günstig einzukaufen. Es zahlt also den niedrigsten Preis, zu dem es die benötigten Güter noch beziehen kann. Einen direkten Zusammenhang zwischen der Ertragslage und den Einkaufspreisen gibt es nicht. Dennoch können steigende Gewinne und steigende Einkaufspreise zeitlich zusammentreffen, wenn die höheren Gewinne von zunehmendem Absatz herrühren. Dann kann bei wenig preiselastischem Angebot der Lieferanten das Niveau der Bezugspreise gleichfalls steigen. Absatz und Getreidebezug der Mühlenwirtschaft sind aber nicht von der Gewinnlage der Mühlen abhängig, weil die Nachfrage nach Mehl preisunelastisch ist [61]. Schrumpfende Gewinne der Mühlen im Ausscheidungswettbewerb berühren daher den Getreidepreis nicht. Außerdem verhindert schon die Getreidemarktordnung ein stärkeres Absinken der Preise.

Für die drohenden Einbußen der Landwirtschaft bei einem stärkeren Preiswettbewerb am Mehlmarkt wird noch ein anderes Argument vorgetragen: „Die starke Marktstellung der Mühlen als wichtigste Käufer von Brotgetreide hat einen erheblichen Einfluß auf die Preisbildung am Getreidemarkt. Dabei ist die Gefahr, daß die Mühlen diese Marktstellung zu ungunsten der Landwirtschaft ausnutzen, um so größer, je schwieriger die Absatzlage der Mühlen und je stärker der Preisdruck am Mehlmarkt sind [62]." Zunächst ist es sehr fraglich, ob die Mühlen schon deshalb Marktmacht haben, weil sie den größten Teil des Brotgetreides kaufen. Die Mühlen sind zahl-

---

[60] „Je besser die Ertragslage der Mühlen ist, desto höhere Preise können sie den Getreideerzeugern zahlen", EWG-Vorschlag, a. a. O., S. 7.

[61] Wenn die Mehlnachfrage preiselastisch wäre, könnte bei gedrückten Mehlpreisen und kleinerer Mühlenspanne die Landwirtschaft sogar mehr Getreide über die Mühlen absetzen.

[62] Europäische Wirtschaftsgemeinschaft, Kommission, 1750/VI/65—D, Entwurf einer Verordnung über ein Verbot der Errichtung und Erweiterung von Mühlen sowie über eine Kapazitätserhebung, Brüssel, 2. Februar 1965, S. 1.

reich und auf der Einkaufsseite nicht kartelliert. Es gibt noch andere Käufer für Brotgetreide, wie die Hersteller von Futtermitteln. Schließlich ist das Netz der Interventionsplätze der Einfuhr- und Vorratsstelle dicht genug, um regionale Preiszusammenbrüche zu verhindern.

Selbst wenn man annimmt, daß einige Mühlen eine starke Marktstellung haben, ist fraglich, ob sie sie bei schlechter Ertragslage stärker zu ungunsten der Landwirtschaft einsetzen. Nur eine schlecht geführte Mühle wird in guten Zeiten für Getreide mehr bezahlen als notwendig. Auf der anderen Seite werden finanziell geschwächte Unternehmen eher bei Verhandlungen über Preise nachgeben müssen als finanzstarke. Auch von dieser Seite her ist nicht anzunehmen, daß sinkende Mehlpreise zu sinkenden Getreidepreisen führen.

Schließlich wird noch behauptet, die im Preiswettbewerb verschlechterte Finanzlage der Mühlen störe Absatz und Lagerung des Getreides kurz nach der Ernte: „Bei normaler Rentabilität tragen die Mühlen entscheidend zum Absatz der Getreideproduktion bei, vor allem bei dem zur Erntezeit auf dem Getreidemarkt anfallenden Stoßgeschäft. Bei schlechter Rentabilität können die Mühlen diese Aufgabe nicht mehr erfüllen, und ihre ungünstige Lage übt einen negativen Einfluß auf die Preisbildung auf dem Getreidemarkt aus [63]."

Wenn die jahreszeitliche Entwicklung der Getreidepreise und die Höhe der Lagerkosten es günstig erscheinen lassen, kurz nach der Ernte viel Getreide zu übernehmen, würden diese Käufe auch mit Fremdkapital finanziert, das dinglich gesichert werden kann. Wahrscheinlich sind die Absatzschwierigkeiten im Herbst eher aus der nicht marktgerechten jahreszeitlichen Preisstaffelung (Reports) zu erklären. Außerdem ist die in der Bundesrepublik insgesamt vorhandene Silokapazität für Rekordernten zu klein.

Es ist zu erwarten, daß die Stillegung von Mühlen auch die Silokapazität der Mühlenwirtschaft verringert. Zwar wird der Lagerraum stillgelegter Mühlen in der Regel auch weiterhin für Getreide und Mehl genutzt, aber gelegentlich werden

[63] EWG-Vorschlag, a. a. O., S. 2.

Mühle und Silo abgerissen oder für andere Zwecke verwendet. Aus der deutschen Stillegungsaktion sind genügend Beispiele für diese Entwicklung vorhanden. Das Argument der größeren Lagerhaltung spricht also eher für als gegen den langsameren Kapazitätsabbau im Wettbewerb. Großes Gewicht ist der These ohnehin nicht beizumessen [64].

f) Schutz vor falscher Auslese

Die Forderung nach einer Stillegungsaktion wird auch damit begründet, daß die Alternative, der marktwirtschaftliche Anpassungswettbewerb, nicht immer die unwirtschaftlichen Betriebe beseitige; häufig müßten Mühlen ausscheiden, die bei hoher Beschäftigung sehr niedrige Stückkosten hätten, andere unwirtschaftlichere dagegen weiterarbeiten, die nur wegen der besseren Liquidität oder der höheren erreichten Beschäftigung überleben. Zu optimistische Erwartungen über künftige Preise und Absatzmengen sollen die Eigentümer unwirtschaftlicher Mühlen von der notwendigen Stillegung abbringen. Insgesamt sei der Ausscheidungswettbewerb über den Preis nicht geeignet, die volkswirtschaftlich richtige Auslese zu treffen [65].

Ist es tatsächlich in jedem Fall volkswirtschaftlich erwünscht, daß Mühlen mit einem niedrigen Stückkostenminimum weiterbestehen, auch wenn sie zur Zeit wegen schlechter Beschäftigung unrentabel sind? Es gibt zahlreiche Betriebe, die bei fast völliger Auslastung ihrer Anlagen sehr billig produzieren könnten, die aber auch dann schlecht beschäftigt

---

64 Bezeichnend ist, daß sie erst 1961 in der Literatur erscheint. Siehe Grupe-Gutachten, a. a. O., S. 31.

65 Diese These tragen viele Autoren vor: Grupe-Gutachten, a. a. O., S. 22 f.; EWG-Vorschlag, a. a. O., S. 6; Friedrich Ackermann auf den Handelsmühlentagen 1957 und 1967 (siehe: Die Mühle, Heft 20, vom 16. Mai 1957, S. 262, und: Die Müllerei Heft 20, vom 20. Mai 1967, S. 299); derselbe, Ein neues Mühlenkonzept?, in: Ernährungsdienst, Hannover, vom 3. August 1968, S. 10; Werner Kamm, a. a. O., S. 117; Karl Lochbihler, a. a. O., S. 156 f.; Mühlen — Opfer der Wirtschaftspolitik?, a. a. O., S. 25.

Das Argument der falschen Auslese tragen auch die Interessenvertreter anderer „kranker" Branchen vor. Vergleiche etwa die Zusammenstellung und Beurteilung bei Hans H. Scheib (a. a. O., S. 76 ff.) aus der Verkehrswirtschaft.

wären, wenn die gesamte Überkapazität bereinigt wäre. Der regionale Absatzmarkt ist zu klein, und über größere Entfernungen zu liefern, ist wegen der hohen Transportkosten nicht möglich. Zwischen der jetzt erreichten Auslastung und der, die nach Abbau der Überkapazität erreicht werden kann, besteht ein enger Zusammenhang [66]. Ob eine Mühle ausscheidet, hängt auch bei einer Stillegungsaktion oft mehr vom Standort oder auch vom Fortbestehen einer benachbarten Mühle ab als von den Kosten im Vergleich zu allen anderen Mühlen.

Konkurse von Mühlen, die an und für sich lebensfähig sind und nur aus Liquiditätsmangel in Schwierigkeiten kamen, führen häufig zur Fortführung des Betriebes in neuer Hand. Für den neuen Eigentümer lohnt es meist, die Mühle weiterlaufen zu lassen, weil die Einnahmen noch über den laufenden Ausgaben liegen [67]. Die Insolvenz rührt oft von hohen Fremdkapitalzinsen her, die für inzwischen entwertete Anlagen zu zahlen waren.

In der Müllerei sagt man: „Der Müller geht, die Mühle bleibt". Dies sehen viele als unerwünschte Verzögerung des Bereinigungsprozesses an und leiten daraus eine Schwäche des Ausscheidungswettbewerbs ab [68]. Es ist aber ganz im Gegenteil eine sinnvolle Nutzung volkswirtschaftlichen Kapitals, die zufällige Unterschiede der Finanzierung überspielt. Ein Unternehmen, das nur deshalb in Konkurs geriet, weil es mit wenig Eigenkapital ausgestattet war und keine Mittel von verbundenen Unternehmen anderer Branchen bekam, bleibt erhalten [69]. Fehlentscheidungen bei der Stillegung aus fal-

---

66 Siehe S. 97 f.

67 Ähnlich ist es gelegentlich bei Hotels und Parkhochhäusern. Natürlich gibt es auch Fälle, in denen der Erwerber nach einiger Zeit gleichfalls aufgeben muß, etwa weil er sich in der Beurteilung des Absatzmarktes geirrt hat.

68 Siehe die Hinweise auf der vorhergehenden Seite (Fußnote 65).

69 Es ist deshalb widersprüchlich, wenn Gegner des Kapazitätsabbaus durch Wettbewerb meinen: „Bei freier Auseinandersetzung über den Markt müßte die Kapitalkraft der Wettbewerber die praktisch entscheidende Rolle vor Standort und Betriebsführung spielen; und im übrigen würde die Bereinigung außergewöhnlich kostspielig und langwierig sein, weil nach weltweiten Erfahrungen schwachwerdende größere Betriebe nicht verschwinden, sondern zunächst nur den Eigentümer wechseln, der bei billigem Erwerb neue Dynamik entwickelt." Friedrich Ackermann, Ein neues Mühlenkonzept?, a. a. O., S. 11.

schen Erwartungen oder traditionsbedingtes Festhalten an Beruf und Besitz lassen sich allerdings nicht ausschließen.

Aber sind denn bei einer Stillegungsaktion nur richtige Entscheidungen über Stillegung oder Weiterarbeiten zu erwarten? Zu denken ist etwa an Unternehmer, die im Bereinigungswettbewerb den geeigneten Zeitpunkt zur Stillegung verstreichen lassen und aus falschen Hoffnungen ihre Mühle bis zum Konkurs weiterführen; werden diese Müller, wenn es zu einer Stillegungsaktion kommt, nicht die für sie günstigen Abfindungen ausschlagen und ihre Mühle recht und schlecht weiterführen? Wenn die Überkapazität abgebaut werden soll, müssen dafür andere, wirtschaftlichere Betriebe durch höhere Prämien zur Stillegung bewegt werden. Bei den gegebenen beschränkten Informationen wird es immer Fehlentscheidungen geben. Warum sie aber im Fall des Ausscheidungswettbewerbs zahlreicher oder schwerer sein sollen, ist nicht einzusehen.

g) Schutz vor übermäßiger Konzentration der Vermahlung an wenigen Orten

Ein weiteres Argument lautet, eine Stillegungsaktion sei auch deswegen erforderlich, weil der Kapazitätsabbau im Bereinigungswettbewerb die Versorgung der Bevölkerung gefährde.

Die wettbewerbliche Anpassung verstärke den regionalen Konzentrationsprozeß: Das Getreide werde mehr und mehr von Großmühlen an Wasserstraßen und in den Ballungsgebieten verarbeitet. Es sei zu befürchten, daß dies in Krisenzeiten — Krieg oder örtlich begrenzte Unruhen — zu Versorgungsstörungen führen könne. Wenn Energieversorgung oder Transportwege der wenigen großen Mühlen unterbrochen seien, sei die Versorgung besonders der entfernten Gebiete nicht mehr gesichert [70]. Deshalb sei es notwendig, dafür

[70] Dieses Argument findet sich am ausführlichsten in der Entscheidung des Bundesverfassungsgerichts über die Verfassungsmäßigkeit des Mühlengesetzes vom 18. Dezember 1968, a. a. O., S. 501. Siehe auch Werner Kamm, a. a. O., S. 118; Begründung der Bundesregierung zum Gesetzentwurf des Mühlengesetzes, a. a. O., S. 5.

zu sorgen, daß eine große Zahl von Mühlen regional weit gestreut sei. Die Erhaltung kleinerer Mühlen in den Getreideanbaugebieten sei auch notwendig, um überflüssige Frachten für Getreide und Kleie zu sparen [71].

Gegen diese Thesen sprechen viele Überlegungen:

(a) In keiner anderen Branche hat der Staat, um die Versorgung der Bevölkerung zu sichern, ähnlich tief eingegriffen wie in der Mühlenwirtschaft. Die Standorte vieler anderer Produktionsbereiche müßten verändert werden, wenn die Furcht vor künftigen Versorgungsschwierigkeiten das Mühlengesetz rechtfertigen würde.

(b) Es ist nicht zu erkennen, weshalb der Preiswettbewerb zu einer anderen regionalen Struktur der Müllerei führen sollte als eine Stillegungsaktion. Einige Verfechter der Stillegungsaktion behaupten, wie oben dargestellt, im Wettbewerb müßten auch Mühlen, die langfristig rentabel sind, nur deswegen stillegen, weil sie die Periode gedrückter Mehlpreise nicht durchstehen könnten. Wenn dieses Argument, dem der Verfasser kein Gewicht zumißt [72], doch zuträfe, müßten gerade die kleineren Mühlen auf dem flachen Land den Preiswettbewerb besonders gut überdauern, weil sie häufig mit anderen Betrieben verbunden sind [73].

(c) Das Mühlengesetz enthält eine Bestimmung, nach der die Stillegungsprämie nicht an Mühlen zu zahlen ist, deren Stillegung die Versorgung im bisherigen Absatzgebiet gefährden würde [74]. Diese Klausel ist nie angewandt worden [75]. Auch ist nie eine Neuinvestition genehmigt worden, weil sie für die Versorgung der Gegend notwendig sei [76]. Der Preiswettbewerb vor Beginn der Stillegungs-

---

[71] Vergleiche Franz Weiß, Mühlenkrise und Landwirtschaft, in: Deutsche Müller-Zeitung, Heft 24, vom 25. November 1953, S. 570; Friedrich Ackermann, Rede auf dem Handelsmühlentag 1957, a. a. O., S. 260 und 262.

[72] Siehe S. 152.

[73] Vergleiche Hans Furthmann, Spannen . . ., S. 94 und 149 ff., und Hans Furthmann, Ursachen . . ., Tabelle 240; Werner Kamm, a. a. O., S. 31 bis 35.

[74] Mühlengesetz, Paragraph 7 Absatz 1 Nr. 1.

[75] Außer in Berlin.

aktion scheint also die Sicherheit der Versorgung nicht gefährdet zu haben.

(d) Selbst wenn in einem Gebiet die Zahl der Mühlen stark zurückgeht, halten doch Landhandel, Genossenschaften und Mühlenkonzerne große Mehllager. Wichtig ist, daß nach Stillegung einer Mühle deren Lagerraum häufig von einer anderen Mühle weitergenutzt wird. Wenn man nicht meint, eine Gegend könnte monatelang von der Umwelt abgeschlossen sein, ist ein größeres Mehllager wichtiger für die Versorgung als die Vermahlungskapazität der dazugehörigen Mühle.

(e) Es bedarf nicht unbedingt der herkömmlichen Getreidemühlen, um Getreide für den Verbrauch zu bearbeiten. Fahrbare Mühlen und die Schrotmühlen der Landwirtschaft lassen sich kurzfristig einsetzen. Auch der Import kann Versorgungsschwierigkeiten beheben helfen.

(f) Auch nach Abschluß des Kapazitätsabbaus besteht noch eine gewaltige Reservekapazität, die zwar in normalen Zeiten nicht ausgenutzt wird, aber bei Versorgungskrisen zu mobilisieren wäre. Selbst wenn alle Großmühlen zusammen ausfielen, könnte wahrscheinlich die gleiche Menge Brotgetreide vermahlen werden wie bisher [77].

(g) Aus den kürzeren Transportwegen der kleineren Binnenmühlen bei Getreide und Kleie abzuleiten, diese Betriebe sollten vor dem Preiswettbewerb geschützt werden, ist ebenfalls unberechtigt. Der Vorteil bei den Transportkosten schlägt sich im Betriebsergebnis nieder und gibt ihnen einen Wettbewerbsvorsprung vor den Großmühlen. Nur wenn von den kleinen Mühlen der Getreidegebiete Vorteile ausgingen, die diesen selbst nicht zugute

---

[76] Nur unter dieser Bedingung durfte eine Mühle neu errichtet oder stärker erweitert werden, abgesehen von Sonderregelungen für Kleinmühlen oder bei Betriebsverlegungen. Mühlengesetz, Paragraph 3 Absatz 3 in der ursprünglichen Fassung des Gesetzes.

[77] Dazu müßten die übrigen Mühlen auch an Wochenenden und Feiertagen arbeiten und ihre technische Kapazität voll ausnutzen. Zudem können die Maschinen für einige Zeit schneller laufen. Notfalls läßt sich die Kapazität noch weiter steigern, indem die Qualität des Mehls gemindert wird.

kämen (externe Ersparnisse), wäre es ein Grund, ihnen zu helfen [78].

Insgesamt zeigt sich, daß aus der Furcht vor übermäßiger regionaler Konzentration kein durchschlagendes Argument gegen den Wettbewerb abzuleiten ist. Das Mühlenprogramm des Bundesministeriums für Ernährung, Landwirtschaft und Forsten vom Juni 1969 enthält den Vorschlag, einige hundert mittelgroße Mühlen durch zwanzig Großmühlen zu ersetzen [79]. Darin liegt ein schroffer Gegensatz zur bisher verfolgten Politik und ein Abrücken vom hier dargestellten Argument gegen den Ausscheidungswettbewerb.

2. Argumente gegen eine Stillegungsaktion

a) Aufwand für Abfindungen übersteigt Kostensenkung

Bei einer neuen Mühlenstillegung — etwa nach den Vorschlägen der EWG-Kommission — wäre der Aufwand für die Abfindungen viel höher als die Kostensenkung, die der schnellere Kapazitätsabbau mit sich brächte. Alle Größen, die in den Vergleich eingehen, entziehen sich einer genauen Berechnung. Um aber nachzuweisen, daß bei einer neuen Stillegungsaktion die Aufwendungen auf jeden Fall größer wären als die Einsparungen, sind alle Annahmen so gewählt, daß sie für die Stillegungsaktion und gegen die wettbewerbliche Auslese sprechen.

Unterstellt ist: Vorbereitung und Durchführung der Stillegungsaktion erfordern jeweils nur zwei Jahre [80]. Der Preis-

---

[78] Einige, allerdings nicht ernst zu nehmende Argumente dieser Art finden sich: „Bei einer Konzentration der Handelsmehlherstellung auf eine beschränkte Zahl von Großmühlen müßte der Bauer die Fracht für das Spazierfahren von Brotgetreide und Kleie zahlen ..." „Wenn bei einem solchen Schrumpfungsprozeß Wassermühlen stillgelegt und Mühlen mit künstlicher Kraft die Vermahlung übernehmen würden, so würde auch dafür niemand ein Verständnis aufbringen." Franz Weiß, a. a. O., S. 570. „Die Klein- und Mittelmühlen ... ersparen überflüssige Frachten durch kurze Transportwege ..., sie entlasten damit den Straßenverkehr." Die Mühlenwirtschaft der Bundesrepublik Deutschland in Zahlen, a. a. O., S. 7.

[79] Mühlensanierung soll abgeschlossen werden, a. a. O., S. 1.

[80] Siehe S. 130 f.

wettbewerb kann die vollständige Bereinigung dagegen erst in zehn Jahren erreichen. Die Gesamtkosten der deutschen Mühlenwirtschaft lassen sich durch den Kapazitätsabbau um 30 Millionen DM auf 3 Milliarden DM jährlich senken[81]. Der Zinssatz ist 7 Prozent. In der Vorbereitungszeit der Stilllegungsaktion ändert sich die Kapazität nicht. Zur Vereinfachung ist angenommen, daß die Kostensenkung in beiden Fällen in jährlich gleich großen Stufen jeweils am Jahresende eintritt.

Tabelle 12

Kostensenkung durch Kapazitätsabbau

Jahr	Gesamtkosten in der deutschen Mühlenwirtschaft in Millionen DM bei Kapazitätsabbau		„Nettokostensenkung" durch Stillegungsaktion in Millionen DM
	im Auslesewettbewerb	durch eine Stillegungsaktion	
−2	3 030	3 030	0
−1	3 030	3 030	0
0	3 030	3 030	0
1	3 027	3 030	−3
2	3 024	3 030	−6
3	3 021	3 015	6
4	3 018	3 000	18
5	3 015	3 000	15
6	3 012	3 000	12
7	3 009	3 000	9
8	3 006	3 000	6
9	3 003	3 000	3
10	3 000	3 000	0
11	3 000	3 000	0
Summe ohne Ansatz von Zinsen			60
Summe abgezinst auf das Jahr 2			rund 46

Die dritte Zahlenreihe zeigt, um wieviel größer die Kostensenkung durch die Stillegungsaktion gegenüber den Einsparungen im Auslesewettbewerb in den einzelnen Jahren wäre.

[81] Siehe S. 144 f.

Die Summe daraus ist die Kostensenkung, die der schnellere Kapazitätsabbau durch die Stillegungsaktion insgesamt bewirkt. Herabgezinst auf die Zeit, in der die Stillegungsaktion anläuft (Jahr 2) beträgt sie ~ 46 Millionen DM. Die Summe der „Entschädigungen" und der Verwaltungskosten betrüge dagegen nach den Vorschlägen der EWG-Kommission etwas über 100 Millionen DM, bezogen auf den gleichen Zeitpunkt.

Die Stillegungsaktion führt also per Saldo zu Einsparungen, die nur halb so hoch wie die Aufwendungen sind[82]. Weil in dieser Rechnung extreme, für das Projekt einer Stillegungsaktion günstige Annahmen gemacht wurden, erscheint es dem Verfasser unmöglich, daß andere Schätzungen mit realistischen Annahmen für eine neue Stillegungsaktion sprechen könnten.

Vergliche man in ähnlicher Weise die Folgen der deutschen Mühlenstillegung nach dem Mühlengesetz mit denen des Auslesewettbewerbes, wäre das Resultat noch ungünstiger für den Kapazitätsabbau mit Staatshilfe: Von der ersten Entscheidung für die Stillegungsaktion bis zu ihrem Abschluß vergingen rund sieben Jahre. Die Kostensenkungen waren gering. Nach wie vor herrscht Überkapazität. Der Wettbewerb hätte dagegen längst zur völligen Bereinigung geführt. Es ist sogar gut möglich, daß der Auslesewettbewerb, wenn man die Kosten der Vermahlung in den Jahren von 1955 bis heute zusammenfaßt, größere Einsparungen gebracht hätte als die Stillegungsaktion.

b) Künftige Fehlinvestitionen

Gegen eine Stillegungsaktion spricht, daß staatliche Hilfen beim Abbau der Überkapazität langfristig zu Fehlinvestitionen führen können. Es ist anzunehmen, daß Produzenten besonders dann mit staatlicher Hilfe im Falle einer künftigen Krise rechnen, wenn der Staat schon einmal zu ihren Gunsten eingegriffen hat.

---

[82] Oder in der Sprache der Cost-Benefit-Analyse: Die Kosten sind mehr als doppelt so hoch wie der Nutzen.

Es ist gut möglich, daß in einigen Jahren die Produktionsmöglichkeiten der Mühlenwirtschaft wiederum für einige Zeit zu groß sind, so daß die (historischen) Kosten nicht gedeckt werden. Die Nachfrage nach Mehl könnte noch mehr zurückgehen, wenn die Ernährungsgewohnheiten sich wandeln. Der Mehlexport könnte stark schrumpfen, weil die Hauptabnehmer, die Entwicklungsländer, selbst Mühlen errichten. Auch könnte eine schnelle Fortentwicklung in der Mühlentechnik die bestehenden Anlagen vorzeitig verdrängen.

Wenn es in der Zukunft zu einer neuen Krise kommt und wenn der Staat — entgegen den Erwartungen der Produzenten — nicht eingreift, erweisen sich viele Investitionen als verfehlt, weil die möglichen Gewinneinbußen bei den Investitionsentscheidungen außer acht gelassen wurden. Waren die Gewinne in den Jahren vor der Krise nicht höher, als sie auch in risikoarmen Verwendungen außerhalb der Branche zu erzielen sind, dann führen die unerwarteten Verluste zu einem langfristig niedrigen Niveau der Gewinne (Gewinndisparität).

Unternehmer, die das Risiko zeitweilig niedriger Erträge in ihren Überlegungen berücksichtigen, investieren nur so viel, daß die höheren Gewinne günstiger Zeiten zusammen mit den möglichen Verlusten (oder geringen Gewinnen) ungünstiger Perioden noch zu einer befriedigenden Durchschnittsrendite und zum langfristigen Gewinnmaximum führen [83].

Je weniger also eine Branche für den Fall einer Krise mit Staatshilfe rechnet, desto geringer ist die Gefahr übermäßiger Kapazitätsausweitungen.

Ist jedoch damit zu rechnen, daß der Staat bei einer neuen Überkapazität der Branche eine Stillegungsaktion gewährt oder ein Preiskartell zuläßt, tragen die Unternehmer nicht mehr das Risiko des Verlustes aus übergroßen Produktionsmöglichkeiten. Hamm schreibt dazu in Hinblick auf die Binnenschiffahrt und andere Verkehrsbranchen [84]: „Können sich freilich die Unternehmer, wie das im Verkehr bisher der Fall war, darauf verlassen, daß trotz falschen unternehmerischen

---

[83] Vergleiche dazu auch S. 51 f.

[84] Walter Hamm, Preise als verkehrspolitisches Ordnungsinstrument, a. a. O., S. 131.

Verhaltens der Staat im Notfalle helfend ... einspringt, so kann man Fehlinvestitionen nicht mehr als irrationales Verhalten bezeichnen. In der Hochkonjunktur können mit zusätzlichen Schiffseinheiten Gewinne erzielt werden, und geht die Nachfrage zurück, können die Unternehmer auf Staatshilfe rechnen. Wird das Investitionsrisiko in dieser Weise eingeschränkt oder sogar beseitigt, darf man sich nicht über mangelnde Voraussicht der Verkehrsunternehmer und ihrer Kreditgeber wundern."

c) Mühlenstillegung als Präzedenzfall

Ein weiteres Argument gegen eine Stillegungsaktion in der Mühlenwirtschaft ist die Gefahr, daß zahlreiche andere Branchen ihre Forderungen nach staatlicher Unterstützung mit dem Präzedenzfall Mühlensanierung begründen könnten. Diese Meinung vertraten der Wirtschaftsausschuß des Bundestages bei der Vorbereitung des Mühlengesetzes und Mitglieder der EWG-Kommission und des Wirtschafts- und Sozialausschusses bei den Beratungen über den EWG-Vorschlag [85].

Die Befürworter einer Stillegungsaktion leugnen die Gefahr eines Präzedenzfalles und verweisen auf die „Sonderlage" der Mühlen, die einen außergewöhnlichen Eingriff rechtfertige [86].

Für die „besondere Situation" der Müllerei werden zahlreiche Argumente vorgetragen [87].

---

85 Siehe Kriedemann, a. a. O., S. 11767, Widerstand gegen Mühlenhilfe, in: Blick durch die Wirtschaft vom 22. April 1967; EWG-Mühlensanierung erleichtern, in: Ernährungsdienst vom 15. Juli 1967.

86 Siehe Kriedemann, a. a. O., S. 11767; Stellungnahme des Wirtschafts- und Sozialausschusses, a. a. O., S. 2; Friedrich Ackermann, Rede auf dem Handelsmühlentag 1967, in: Die Mühle + Mischfuttertechnik, a. a. O., S. 309 und in: Die Müllerei, a. a. O., S. 300.

87 Siehe etwa Friedrich Ackermann, Rede auf dem Handelsmühlentag 1967, a. a. O., passim, und Stellungnahme des Wirtschafts- und Sozialausschusses, a. a. O., S. 2. So wird für eine Sonderbehandlung der Mühlen angeführt: Die Mühlenwirtschaft steht zwischen der landwirtschaftlichen Marktordnung und dem Preiswettbewerb in der gewerblichen Wirtschaft. Der Staat hat immer wieder in die Getreideverarbeitung eingegriffen. Die Nachfrage nach Mehl ging zurück. Die Veredelungsspanne der Mühlen ist

Ein Teil davon stützt sich auf Vorteile, die eine Stilllegungsaktion angeblich für andere Branchen und für die Verbraucher mit sich bringt. Diese Argumente halten einer näheren Prüfung nicht stand [88].

Die übrigen sollen zeigen, daß die schlechte Lage der Branche von äußeren Einwirkungen herrühre und den Müllern nicht angelastet werden könne. Deshalb sei die Mühlenkrise nicht mit den Schwierigkeiten anderer Branchen zu vergleichen.

Wie es zu den übergroßen Produktionsmöglichkeiten der Mühlen kam, ist weiter oben untersucht worden [89]. Dabei zeigte sich, daß nur wenige der Erklärungen zutreffen, die von den Interessenvertretern der Mühlenwirtschaft vorgetragen werden: häufige Eingriffe des Staates und lange Lebensdauer der hochspezialisierten Anlagen. Zu bemerken ist dabei, daß einige der Interventionen, die zum Aufkommen oder Fortbestehen der Überkapazität führten, die Ertragslage der Mühlen verbessern sollten: Kontingentierung und Kartellisierung brachten den Mühlen höhere Gewinne.

Die übrigen Gründe für die Überkapazität liegen im Bereich der Unternehmensleitungen: Fehlschätzungen der Entwicklungen auf Beschaffungs- und Absatzmärkten sowie hinsichtlich des technischen Fortschritts, geringe berufliche Mobilität, Prestigedenken und Mängel im Rechnungswesen verursachten übermäßige Erweiterungen und unterlassene Desinvestitionen. Vergleicht man die Mühlenwirtschaft mit anderen übersetzten Branchen, zeigen sich viele Gemeinsamkeiten [90]. So ist etwa die Überkapazität in der Binnenschiffahrt im wesentlichen auf die gleichen Ursachen zurückzuführen wie die in der Müllerei. Einen branchenspezifischen Grund für die Mühlenkrise gibt es nicht. Dagegen gibt es Gründe für

---

klein. Die Müllerei ist stark auf Fremdfinanzierung angewiesen. Sie ist kapitalintensiv. Der Kapazitätsabbau im Preiswettbewerb ist langwierig. Nur eine finanziell starke Mühlenwirtschaft kann die Getreideernte ohne Schwierigkeiten übernehmen und lagern. Die Vermahlung muß dezentralisiert sein, um die Versorgung mit Mehl auch in Krisenzeiten zu sichern.

[88] Siehe S. 145 bis 156.

[89] Siehe S. 45 bis 63.

[90] Zu den Ursachen von Branchenkrisen siehe Hans H. Scheib, a. a. O., S. 84 ff.

Branchenkrisen, die in der Mühlenwirtschaft nicht auftreten [91]. Weil die Überkapazität in der Mühlenwirtschaft nicht von „Besonderheiten" dieser Branche verursacht wurde, ist zu befürchten, daß andere Branchen, die staatliche Hilfe beim Abbau selbstverschuldeter Überkapazität fordern, sich auf die Mühlenstillegung berufen.

---

[91] So ist der Niedergang der deutschen Juteverarbeitung eine Folge des Lohnkostenvorteils von Konkurrenten in Entwicklungsländern und des Vordringens anderen Verpackungsmaterials.

SCHLUSSBEMERKUNGEN

Die Wirtschaftspolitik im Bereich der Mühlenwirtschaft hat den Abbau der Überkapazität eher gebremst als gefördert. Nur während der Stillegungsaktion schrumpften die Produktionsmöglichkeiten wahrscheinlich schneller, als es im Bereinigungswettbewerb der Fall gewesen wäre. Vorher und nachher hemmte das Preiskartell der Mühlen den Strukturwandel. Ohne Mühlengesetz und Kartell wäre die Branche längst wieder so gut beschäftigt, daß — von wenigen Grenzunternehmen abgesehen — alle Mühlen bei freier Preisbildung mit Gewinn abschließen würden. Die Stillegungsaktion hat ihr Ziel, die Beseitigung der Überkapazität, nicht erreicht. Darin liegt einer, aber nicht der wichtigste der Gründe dafür, daß die Stillegungsaktion als verfehlt anzusehen ist. Mit höherem Aufwand bei unveränderter Methode hätte die Branche durchaus völlig „bereinigt" werden können.

Die Stillegungsaktion war vielmehr deswegen kein brauchbares wirtschaftspolitisches Intrument, weil der gesamtwirtschaftliche Nutzen kleiner als der finanzielle Aufwand war [1]. Die Kostensenkung, die eine Verbesserung der Beschäftigung mit sich bringt, ist viel kleiner als bislang angenommen wurde. Die überaus lange Vorbereitungszeit, während der die Kapazität viel langsamer schrumpfte als bei der Auslese im Wettbewerb, hat die mögliche Kosteneinsparung noch verringert. Die Stillegungsaktion hatte zahlreiche schädliche Nebenwirkungen; die angeblichen Vorteile für die Allgemeinheit halten einer Überprüfung nicht stand. Auf Kosten der Verbraucher bewahrte der Staat die Mühlenwirtschaft davor, die Folgen verfehlter Investitionen und früherer staatlicher Eingriffe zugunsten der Mühlen selbst tragen zu müssen.

Wenn die Erfahrungen mit dem Mühlengesetz ausgewertet werden, könnte eine neue Stillegungsaktion wahrscheinlich schneller ablaufen und einen Teil der negativen Neben-

---

[1] Vergleiche Otto Schlecht, Strukturpolitik in der Marktwirtschaft (FIW-Schriftenreihe Forschungsinstitut für Wirtschaftsverfassung und Wettbewerb Köln, Heft 46), Zweite durchgesehene und ergänzte Auflage, Köln, Berlin, Bonn und München 1968, S. 28.

wirkungen vermeiden. Nur wenn während der Stillegungen der Preiswettbewerb am Mehlmarkt nicht eingeschränkt ist, können in dieser Zeit Kapitalfehlleitungen bei Reinvestitionen eingedämmt werden. Staatliche Hilfen bei Kapazitätsabbau bringen aber immer die Gefahr mit sich, daß die Unternehmer bei Investitionsentscheidungen damit rechnen, eine Branchenkrise in ferner Zukunft werde wieder der Staat beheben; langfristig können so neue Überkapazitäten entstehen. Eine Neuauflage der Mühlenstillegung mit Staatshilfe ist jedoch hauptsächlich deshalb als ungeeignet für die Beseitigung der noch vorhandenen Überkapazität anzusehen, weil auch bei günstigsten Annahmen der finanzielle Aufwand die Kostensenkung bei weitem überstiege, die der Stillegungsaktion zuzurechnen ist. Die Untersuchung führt zu dem Ergebnis, daß die Stillegungsaktion kein rationales Instrument für die Wirtschaftspolitik in der Mühlenwirtschaft ist.

Welche Folgerungen für Stillegungsaktionen in anderen übersetzten Wirtschaftszweigen ließe diese Arbeit zu? Es zeigte sich, daß die Überkapazität in der Mühlenwirtschaft nicht auf die Besonderheiten der Branche zurückzuführen ist. Die Ursachen sind vielmehr die gleichen wie bei anderen Branchen. Argumente für eine Stillegungsaktion, wegen der „Sonderausstellung" der Mühlen schade eine Bereinigung im Preiswettbewerb der Allgemeinheit, erwiesen sich als unbegründet. Die Gefahr, daß ein einmaliges Eingreifen des Staates Hoffnungen auf künftige Hilfe bei Absatzschwierigkeiten weckt und so Fehlinvestitionen hervorruft, besteht auch in anderen Wirtschaftszweigen. Die These von der schnelleren Kostensenkung wäre, sofern sie zuträfe, ein wesentliches Argument für eine Stillegungsaktion; auch die Vertreter anderer Branchen versuchen, mögliche volkswirtschaftliche Einsparungen nachzuweisen, um ihre Forderungen nach staatlicher Hilfe zu begründen.

Nicht nur bei den Ursachen der Überkapazität und bei den zutreffenden Argumenten für und gegen die Stillegungsaktion zeigen sich Gemeinsamkeiten mit anderen Wirtschaftszweigen, auch die Mängel, die beim Mühlengesetz auftraten, gehen nicht auf Branchenbesonderheiten zurück; sie sind vielmehr Fehler eines bestimmten Typs einer Stillegungsaktion. Unzureichende Analyse der Branche, negative Ankündigungswirkungen, zu geringe Abfindungen, Überwälzung der Finanzierung, verfehlte Investitionen bei Wettbewerbsbeschränkungen, alles dies ist auch bei anderen Stillegungsaktionen zu beobachten.

Wegen der Fülle der Gemeinsamkeiten bei den Wirtschaftszweigen und dem geringen Gewicht der Branchenbesonderheiten sprechen die Erfahrungen aus der Mühlenwirtschaft allgemein gegen Stillegungsaktionen als wirtschaftspolitische Maßnahmen. Bei zukünftigen Plänen für eine Kapazitätsverringerung mit staatlicher Hilfe durch Abfindungen ist kritisch zu prüfen, ob nicht gesamtwirtschaftliche Argumente vorgeschoben werden, um andere politische Motive für eine Intervention zu verschleiern.

LITERATURVERZEICHNIS

ACKERMANN, Friedrich, Ein neues Mühlenkonzept?, in: Ernährungsdienst, Hannover, vom 3. August 1968, S. 10 f.

— Mühlenpolitik gestern — heute — morgen, in: Ernährungsdienst, Hannover, vom 6. September 1969, S. 5.

— Rede auf dem Handelsmühlentag 1957, zitiert nach: Die Mühle, Detmold, Heft 20, vom 16. Mai 1957, S. 261 ff.

— Rede auf dem Handelsmühlentag 1967, zitiert nach: Die Müllerei, Stuttgart, Heft 20, vom 20. Mai 1967, S. 298 ff., und Die Mühle + Mischfuttertechnik, Detmold, Heft 20, vom 18. Mai 1967, S. 306 ff.

Arbeitsgemeinschaft Deutscher Handelsmühlen, Bundesdeutsche Mühlenstatistik, Bonn 1968.

— Geschäftsbericht der Arbeitsgemeinschaft Deutscher Handelsmühlen zur Getreidewirtschaft 1945—1952, Bonn 1953.

Auer begrüßt „vernünftige Vermahlungspolitik", in: Frankfurter Allgemeine Zeitung vom 14. August 1967.

Ausschuß für Ernährung, Landwirtschaft und Forsten, Schriftlicher Bericht über den Entwurf eines Fünften Gesetzes zur Änderung des Mühlengesetzes vom 10. November 1966, Bundestagsdrucksache V/1109.

Ausschuß zur Untersuchung der Erzeugungs- und Absatzbedingungen der deutschen Wirtschaft (Enqueteausschuß), Die Struktur der deutschen Getreidemühlenindustrie und ihre Stellung im Rahmen der deutschen Wirtschaft, Verhandlungen und Berichte des Unterausschusses für Landwirtschaft (II. Unterausschuß), Band 16, Berlin 1930.

BAUMBACH-DUDEN, Handelsgesetzbuch, 17. Auflage, München und Berlin 1966.

Betriebsvergleich der Handelsmühlen 1952/53 — 1953 — 1953/54, Ifo-Institut für Wirtschaftsforschung, München 1955.

Betriebsvergleich der Handelsmühlen 1953/54 — 1954 — 1954/55, Ifo-Institut für Wirtschaftsforschung, München 1956.

Betriebsvergleich der Handelsmühlen 1954/55 — 1955 — 1955/56, Ifo-Institut für Wirtschaftsforschung, München 1957.

Betriebsvergleich der Handelsmühlen 1955/56 — 1956 — 1956/57, Ifo-Institut für Wirtschaftsforschung, München 1958.

BROCKMANN, Heinrich, Das wirtschaftliche Problem in der räumlichen Verteilung der deutschen Getreidemüllerei: Standort und Betriebsgröße, Dissertation Kiel 1941.

Muß der Brotpreis erhöht werden?, in: Frankfurter Allgemeine Zeitung vom 11. November 1960.

Bundeshaushaltsrechnung für das Rechnungsjahr 1967, Berlin 1969.

Der Bundesminister für Wirtschaft, Brief an die Dekartellisierungsgruppe der Alliierten Hohen Kommission vom 26. Januar 1954, in: Wirtschaft und Wettbewerb, Entscheidungssammlung zum Kartellrecht, Teil II, Düsseldorf o. J., Grundwerk, S. ALL 51 ff.

Der Bundesminister für Wirtschaft, Verfügung über die Mühlenkartelle, Bonn, 15. Juli 1969, I B 5 — 812551.

Bundesmühlenkontor GmbH, Bonn, Freiwillige Stillegung von Getreidemühlen, Gesamtstatistik der Stillegung, Stand 30. November 1963.

Bundesverfassungsgericht, Beschluß vom 18. Dezember 1968 über die Verfassungsmäßigkeit des Mühlengesetzes, in: Neue Juristische Wochenschrift, 1969, Heft 12, S. 499 ff.

Buxbaum, Richard M., Alternativen zum freien Wettbewerb? Der Fall des Mühlenkartells, in: Zeitschrift für das gesamte Handelsrecht und Wirtschaftsrecht, Band 131, Stuttgart 1968, Nr. 2 (Juli), S. 97 ff.

Cassels, J. M., Excess Capacity and Monopolistic Competition, in: Quarterly Journal of Economics, Band 51, Cambridge 1937, S. 426 ff.

Clausen, Heinrich, Entwicklung und gegenwärtige Struktur der Mühlenwirtschaft in westeuropäischen Ländern, Dissertation Kiel 1959.

Dekartellisierungsgruppe der Alliierten Hohen Kommission, Ablehnung des Antrags der Mühlen vom 13. August 1954, in: Wirtschaft und Wettbewerb, Entscheidungssammlung zum Kartellrecht, Teil II, Düsseldorf o. J., Grundwerk, S. ALL 53.

Deutscher Müllerbund, Betriebswirtschaftliche Untersuchung, München 1954.

Doch Einigung der Verkehrsminister, in: Frankfurter Allgemeine Zeitung vom 29. Januar 1970.

Ellinger, Gerhard, Die hauptsächlichen gegenwärtigen Probleme bei westdeutschen Getreidemühlen, Dissertation Heidelberg 1961.

Ellrott, Heinrich, Bereinigung eines Wirtschaftszweiges: Die Liquidationshilfe in der Tabakindustrie, in: Karl-Heinrich Hansmeyer, Subventionen in der Bundesrepublik Deutschland, Finanzwissenschaftliche Forschungsarbeiten, neue Folge Heft 25, Berlin 1963.

Entschließung des Bundestages zur Gesundung der Mühlenwirtschaft, 74. Sitzung des 2. Deutschen Bundestages vom 18. März 1955, Sitzungsberichte, S. 4080.

Entwurf des Mühlengesetzes, Bundestagsdrucksache II/2376 vom 9. Mai 1956.

Entwurf eines Sechsten Gesetzes zur Änderung des Mühlengesetzes vom 7. März 1969, Bundestagsdrucksache V/4115.

Erhebungen über die Produktionsverhältnisse des Mühlengewerbes für die Erntejahre 1908/09 und 1909/10, bearbeitet im Reichsamt des Inneren, Berlin 1913.

Europäische Wirtschaftsgemeinschaft, Kommission, 1750/VI/65-D, Entwurf einer Verordnung über ein Verbot der Errichtung und Erweiterung von Mühlen sowie über eine Kapazitätserhebung, Brüssel, 2. Februar 1965.

Europäische Wirtschaftsgemeinschaft, Kommission, Vorschlag für eine Verordnung des Rats zur Sanierung des Marktes für Erzeugnisse der Brotgetreidevermahlung, Bundestagsdrucksache V/1857 vom 12. Juni 1967.

Europäische Wirtschaftsgemeinschaft, Rat, Verordnung Nr. 19 über die schrittweise Errichtung einer gemeinsamen Marktorganisation für Getreide, in: Amtsblatt der Europäischen Gemeinschaften, Nummer 30, vom 20. April 1962, S. 933.

Europäische Wirtschaftsgemeinschaft, Wirtschafts- und Sozialausschuß, Stellungnahme zu dem Vorschlag für eine Verordnung des Rates zur Sanierung des Marktes für Erzeugnisse der Brotgetreidevermahlung, Brüssel, 25. Oktober 1967.

EWG-Mehlimporte drücken den Ertrag, in: Frankfurter Allgemeine Zeitung vom 7. August 1969.

Zur EWG-Mühlensanierung, in: Deutsche Müller-Zeitung, München, Heft 7, vom 11. April 1968, S. 174.

EWG-Mühlensanierung erleichtern, in: Ernährungsdienst, Hannover, vom 15. Juli 1967.

Zum EWG-Mühlen-Sanierungsprogramm, in: Deutsche Müller-Zeitung, München, Heft 14, vom 20. Juli 1967, S. 347 f.

Fricke, Werner, Kollektivmonopole, Band 6 der Veröffentlichungen des Forschungsinstitutes für Wirtschaftspolitik an der Universität Mainz, Heidelberg 1956.

Fuchs, Friedrich, Die Problematik der wirtschaftlichen Lage der deutschen Getreidemüllerei, Dissertation Mannheim 1960.

Furthmann, Hans, Kosten und Kostenprobleme der Handelsmüllerei, in: Die Mühle + Mischfuttertechnik, Detmold, Heft 3 vom 16. Januar 1969, S. 38 f.

— Spannen und Kosten im Mühlengewerbe der Bundesrepublik Deutschland (Institut für Agrarpolitik und Marktforschung der Universität Bonn, herausgegeben von der Forschungsgesellschaft für Agrarpolitik und Agrarsoziologie, Band 196, Bonn 1968).

— Ursachen und Auswirkungen von Strukturwandlungen im Mühlengewerbe des Bundesgebietes, unveröffentlichtes Manuskript, Bonn 1963 und 1966.

Gandenberger, Otto, Die Ausschreibung — Organisierte Konkurrenz um öffentliche Aufträge, Band 14 der Schriftenreihe des

Forschungsinstitutes für Wirtschaftspolitik an der Universität Mainz, Heidelberg 1961.

Vorläufige Genehmigung des Mühlenkartells vom 9. November 1955, in: Bundesanzeiger, Nr. 220, vom 12. November 1955.

Gesetz über die Errichtung, Inbetriebnahme, Verlegung, Erweiterung und Finanzierung der Stillegung von Mühlen (Mühlengesetz) vom 27. Juni 1957, Bundesgesetzblatt I, S. 664.

Gesetz zur Änderung und Ergänzung des Mühlengesetzes vom 2. Juni 1959, Bundesgesetzblatt I, S. 277.

Zweites Gesetz zur Änderung des Mühlengesetzes vom 3. Juli 1961, Bundesgesetzblatt I, S. 865.

Viertes Gesetz zur Änderung des Mühlengesetzes vom 27. August 1965, Bundesgesetzblatt I, S. 982.

Fünftes Gesetz zur Änderung des Mühlengesetzes vom 23. Dezember 1966, Bundesgesetzblatt I, S. 685.

Gesetz über den Verkehr mit Getreide und Futtermitteln (Getreidegesetz) vom 4. November 1950, Bundesgesetzblatt I, S. 721.

Giersch, Herbert, Aufgaben der Strukturpolitik, in: Hamburger Jahrbuch für Wirtschafts- und Gesellschaftspolitik, 9. Jahr, Tübingen 1964, S. 61 ff.

Glauner, W., Die historische Entwicklung der Müllerei, 2. Auflage, Braunschweig 1951.

Grupe, Dieter, Probleme der Mühlenwirtschaft in der Europäischen Wirtschaftsgemeinschaft, Europäische Wirtschaftsgemeinschaft, Kommission, Generaldirektion Landwirtschaft, Bilanzen und Studien, VI/1908/61-D, Brüssel 1961.

Grupe, Dieter und Plate, Roderich, Gesichtspunkte für eine Neuregelung der deutschen Getreidewirtschaft, Braunschweig 1954.

Gutenberg, Erich, Grundlagen der Betriebswirtschaftslehre, erster Band: Die Produktion, 15. Auflage, Berlin — Heidelberg — New York 1969.

Hamm, Walter, Die öffentlichen Abwrackhilfen, in: Frankfurter Allgmeine Zeitung vom 10. November 1967.

— Preise als verkehrspolitisches Ordnungsinstrument, Band 17 der Veröffentlichungen des Forschungsinstitutes für Wirtschaftspolitik an der Universität Mainz, Heidelberg 1964.

— Regelung der Kapazität als Voraussetzung der künftigen Preisfreiheit in der nationalen und internationalen Binnenschiffahrt, in: Sammelband der Vorlesungen des 8. Internationalen Hochschullehrgangs über die Organisation des Transportwesens im Rahmen der wirtschaftlichen Integration Europas 1967, Triest 1968.

Hanau, Arthur, Die Prognose der Schweinepreise, Berlin 1927.

HANSMEYER, Karl-Heinrich, Subventionen in der Bundesrepublik Deutschland, Finanzwissenschaftliche Forschungsarbeiten, neue Folge Heft 25 Berlin 1963.

HARDACH, Fritz, Artikel „Getreidemühlen", in: Handwörterbuch der Sozialwissenschaften, Band IV, Stuttgart — Tübingen — Göttingen 1965, S. 461 ff.

— Entwicklungstendenzen des Mühlengewerbes, in: Getreide und Mehl, Detmold 1966, Heft 4, S. 34 ff.

Heinr. Auer Mühlenwerke KGaA, Köln-Deutz, Bericht über das Geschäftsjahr 1966, Köln 1967.

HOLZMANN, E., Zum Problem der Überkapazität, in: Deutsche Müller-Zeitung, München, Heft 11, vom 13. Juni 1968, S. 66.

— Überkapazität und Mühlenkrise, in: Die Mühle, Detmold, Heft 17 vom 29. April 1954, S. 213 ff.

HOPF, Leo, Mühlentechnisches Praktikum, Band 1, Stuttgart 1950.

HOPSTEIN, R., Das Sanierungsprogramm der deutschen Mühlenwirtschaft, Dissertation Graz 1960.

ILAU, Hans, Die Ordnung durch Wettbewerb, in: Frankfurter Allgemeine Zeitung vom 15. Mai 1954.

In Italien sind zu viele Papiermühlen zu wenig beschäftigt, in: Blick durch die Wirtschaft vom 16. Januar 1968.

Jahresberichte 1953 bis 1968 der Arbeitsgemeinschaft Deutscher Handelsmühlen, Bonn.

JONAS, Friedrich, Staatliche Hilfe bei wirtschaftlichen Strukturänderungen dargestellt am Cotton Industry Act 1959, Schriftenreihe der Hochschule Speyer, Band 18, Berlin 1963.

KAMM, Werner, Anlaß und Umfang der manipulierten Kapazitätseinschränkungen auf dem Gebiete des deutschen Mühlengewerbes, Dissertation Mannheim 1964.

KILGER, Wolfgang, Produktions- und Kostentheorie, Wiesbaden 1958.

KLASING, Wilhelm, Gedanken zur Neuordnung der Mühlenwirtschaft, Vortrag, gehalten am 11. April 1959 in Kiel, zitiert nach: Die Mühle, Detmold, Heft 19, vom 7. Mai 1959, S. 252.

KREIKEBAUM, Hartmut, Das Prestigeelement im Investitionsverhalten, in: Hartmut Kreikebaum und Günter Rinsche, Das Prestigemotiv in Konsum und Investition (Beiträge zur Verhaltensforschung, Heft 4), Berlin 1961.

KRENGEL, Rolf, Anlageinvestitionen und Anlagevermögen der westdeutschen Industrie 1959 und 1960, in: Vierteljahreshefte zur Wirtschaftsforschung (Institut für Konjunkturforschung), Berlin 1961, S. 49 ff.

KREUTZ, O., Änderungsvorschlag zum Mühlengesetz, in: Die Mühle, Detmold, Heft 27, vom 2. Juli 1959, S. 359.

KRIEDEMANN, Rede auf der 206. Sitzung des 2. Deutschen Bundestages vom 3. Mai 1957, Sitzungsberichte, S. 11766 f.

Landshuter Kunstmühle C. A. Meyer's Nachfolger AG, Geschäftsbericht für 1964, zitiert nach: Blick durch die Wirtschaft vom 6. Juli 1965.

LINKE, Josef, Wichtige Veränderungen in der betrieblichen Lage der deutschen Müllerei, Dissertation Berlin 1931.

LOCHBIHLER, Karl, Das Mühlenproblem, Dissertation München 1957.

LÜBKE, Heinrich, Rede auf dem Handelsmühlentag 1957, zitiert nach: Die Mühle, Detmold, Heft 20, vom 16. Mai 1957, S. 260 f.

LUDWIG, Edgar, Kapazitätsabbau in der Mühlenwirtschaft, in: Ernährungsdienst, Hannover, 30. November 1968, S. 5.

— Konzentration durch Mühlenstillegung?, in: Ernährungsdienst, Hannover, vom 7. August 1965, S. 6.

MACHLUP, Fritz, Artikel „Polypol", in: Handwörterbuch der Sozialwissenschaften, Band VIII, Stuttgart — Tübingen — Göttingen 1964, S. 407 ff.

— Wettbewerb im Verkauf, Göttingen 1966.

MAHLER, Oskar, Probleme des Mehlmarktes im Südwest-Raum, in: Ernährungsdienst, Hannover, vom 6. September 1969, S. 8.

MASUHR, Hans, Die Handelsmüllerei, in: Die Ernährungswirtschaft, Wiesbaden und Berlin, Heft 6/7, 1955, S. 180 f.

— Die Mühlenstillegung kann jetzt beginnen, in: Blick durch die Wirtschaft vom 13. Mai 1959.

Gebundene Mehlpreise auch für Bäckereien?, in: Frankfurter Allgemeine Zeitung vom 7. April 1959.

Werden die Mehlpreise überprüft?, in: Frankfurter Allgemeine Zeitung vom 20. Dezember 1966.

MEINHOLD, Helmut, Die Kapitallenkung und ihr Einfluß auf die Kapitalbildung, in: Kapitalbildung und Kapitalverwendung, Schriften des Vereins für Socialpolitik, N. F. Band 5, Berlin 1953, S. 137 ff.

La Meunerie belge et la CEE, in: Bulletin Hebdomadaire de la Kredietbank, Brüssel, Heft 37, 2. Oktober 1965, S. 321 ff.

MEYER-JOHANN, Eberhard, Das westdeutsche Mühlenproblem, Dissertation Bonn 1956.

1975 acht Millionen Tonnen Äpfel zuviel, in: Blick durch die Wirtschaft vom 21. Januar 1970 .

MOHR, Paul, Die Entwicklung des Großbetriebs in der Getreidemüllerei Deutschlands, Berlin 1899.

Mühlen — Opfer der Wirtschaftspolitik?, in: Die Mühle + Mischfuttertechnik, Detmold, Heft 2, vom 14. Januar 1965, S. 25 f.

Mühlensanierung soll abgeschlossen werden, in: Bundesministerium für Ernährung, Landwirtschaft und Forsten, BMELF-Informationen Nummer 26, vom 30. Juni 1969, S. 1 f.

Mühlenstelle, Entwicklung der Kapazität des Mühlengewerbes in der Bundesrepublik nach dem Kriege (Bonn), Aufstellung vom 11. Juli 1955.

Mühlenstelle (Herausgeber), Informationen Brotgetreide-Erzeugnisse, Bonn, Nr. 89, vom 24. Januar 1966.

Mühlenstelle, Statistische Übersichten aus den Jahren 1951 bis 1970, Bonn.

Mühlenstillegung war kein Erfolg, in: Blick durch die Wirtschaft vom 3. Mai 1961.

Die Mühlenwirtschaft der Bundesrepublik Deutschland in Zahlen, Verlag Deutsche Müller-Zeitung (Herausgeber), München 1954.

Müller für frei kalkulierte Preise, in: Blick durch die Wirtschaft vom 13. Mai 1959.

Musgrave, Richard A., Finanztheorie, 2. Auflage, Tübingen 1969.

Napp-Zinn, Anton Felix, Rheinschiffahrt 1913—1925, Berlin 1925.

Panzel, Burkhard, Übrig bleiben die Partikuliere, in: Frankfurter Allgemeine Zeitung vom 18. Mai 1968.

Pechthold, Lore, Zum Wohle der Verbraucher: Die Konsumbrotsubventionierung, in: Karl-Heinrich Hansmeyer, Subventionen in der Bundesrepublik Deutschland, Finanzwissenschaftliche Forschungsarbeiten, neue Folge Heft 25, Berlin 1963.

Pigou, Arthur C., The Economics of Welfare, 4. Auflage, London-New York 1960.

Pohle, Entwurf eines Mühlengesetzes, in: Deutsche Müller-Zeitung, München, Heft 5, 1956, S. 98 ff.

Die Produktionsstrukturen im Müller- und Mälzereigewerbe, in: Blick durch die Wirtschaft vom 23. Juni 1960.

Über den Rahmen der mühlenwirtschaftlichen Überkapazität in der Bundesrepublik, in: Die Mühle, Detmold, Heft 24, vom 11. Juni 1964, S. 421 f.

Sachverständigenrat zur Begutachtung der gesamtwirtschaftlichen Entwicklung, Jahresgutachten 1968, Bundestagsdrucksache V/3550 vom 2. Dezember 1968.

Scheib, Hans H., Branchenbesonderheiten, Band 22 der Veröffentlichungen des Forschungsinstitutes für Wirtschaftspolitik an der Universität Mainz, Heidelberg 1967.

Schlachtprämien, in: Der Spiegel vom 22. September 1969, S. 104.

Schlecht, Otto, Strukturpolitik in der Marktwirtschaft (FIW-Schriftenreihe Forschungsinstitut für Wirtschaftsverfassung und Wettbewerb Köln, Heft 46), Zweite durchgesehene und ergänzte Auflage, Köln — Berlin — Bonn und München 1968.

SCHMALENBACH, Eugen, Der freien Wirtschaft zum Gedächtnis, 2. Auflage, Köln und Opladen 1950.

SCHMIDT, Sigrid, Struktur und Entwicklungstendenzen der deutschen Mühlenwirtschaft mit besonderer Berücksichtigung des Landes Sachsen, Dissertation Leipzig 1939.

SCHÖNFELD, Peter, Probleme und Verfahren in der Messung der Kapazität und des Auslastungsgrades, in: Zeitschrift für die gesamte Staatswissenschaft, 123. Band, Tübingen, 1967, S. 25 ff.

SCHORK, Hans, Warum Verlängerung des Mühlengesetzes, in: Ernährungsdienst, Hannover, vom 7. Januar 1961, S. 5.

STAMER, Hans, Landwirtschaftliche Marktlehre, Band I: Bestimmungsgründe und Entwicklungstendenzen des Marktes, Hamburg und Berlin 1966.

Statistisches Jahrbuch für die Bundesrepublik, Wiesbaden 1962.

Statistisches Jahrbuch über Ernährung, Landwirtschaft und Forsten 1959, 1961 und 1966/67, Berlin und Hamburg.

Stellungnahme des Deutschen Müllerbundes zum Kommissionsvorschlag für eine Verordnung des Rats zur Sanierung des Marktes für Erzeugnisse der Brotgetreidevermahlung, Bonn 1967.

STRECKER, Otto, Zur Problematik der Kapazitätsermittlung in der Ernährungsindustrie, Dissertation, in: Forschungsgesellschaft für Agrarpolitik und Agrarsoziologie, Bonn, Heft 106, Bonn 1959.

STROTHE, Alfred, Kapazitätsabbau als zusätzliche Aufgabe des Mühlenkartells, in: Ernährungsdienst, Hannover, Heft 42, vom 9. April 1960, S. 5.

Zur Struktur der deutschen Mühlenwirtschaft, in: Deutsche Müller-Zeitung, München, Heft 24, vom 19. Dezember 1968, S. 616 ff.

TEICHMANN, Ulrich, Die Übersetzung des westdeutschen Mühlengewerbes, in: Mitteilungen des Wirtschaftswissenschaftlichen Instituts der Gewerkschaften, Köln 1953, Heft 10, S. 208 ff.

THIEDE, Günther, Mit Statistiken gegen die Apfelschwemme, in: Blick durch die Wirtschaft vom 21. Oktober 1969.

TORKLUS, Rüdiger von, Analyse der Kapitalausstattung der deutschen Unternehmen auf der Grundlage der Einheitswertstatistik (Deutsches Institut für Wirtschaftsforschung, Beiträge zur Strukturforschung, Heft 8), Berlin 1969.

TUCHTFELDT, Egon, Engpässe und Überkapazitäten als Probleme der Strukturpolitik, in: Methoden und Probleme der Wirtschaftspolitik, Gedächtnisschrift für Hans-Jürgen Seraphim, herausgegeben von Hans Ohm, Berlin 1964, S. 101 ff.

Übergangshilfe für EWG-Mühlen, in: Frankfurter Allgemeine Zeitung vom 5. Juni 1967.

Die Übersetzung der deutschen Getreidemüllerei, in: Die Mühle, Detmold, Heft 33 vom 13. August 1953, S. 502 f., und Heft 34 vom 20. August 1953, S. 516 f.

Erste Verordnung zur Durchführung des Mühlengesetzes vom 30. Juli 1957, in: Bundesanzeiger, Nr. 146, vom 2. August 1957.

Zweite, Dritte und Vierte Verordnung zur Durchführung des Mühlengesetzes vom 3. Dezember 1957, in: Bundesanzeiger, Nr. 234, vom 5. Dezember 1957.

Verordnung zur Änderung der Vierten Verordnung zur Durchführung des Mühlengesetzes vom 27. Oktober 1959, in: Bundesanzeiger, Nr. 209, vom 30. Oktober 1959.

Verordnung auf dem Gebiet des Preisrechts, Nr. 38/50, in: Bundesanzeiger, Nr. 183, vom 22. September 1950.

Vetter, Ernst Günter, Investitionslenkung, Band 5 der Veröffentlichungen des Forschungsinstitutes für Wirtschaftspolitik an der Universität Mainz, Heidelberg 1956.

Weiss, Franz, Mühlenkrise und Landwirtschaft, in: Deutsche Müller-Zeitung, München, Heft 24, vom 25. November 1953, S. 569 f.

Welter, Erich, Falsch und richtig konkurrieren, in: Frankfurter Allgemeine Zeitung vom 12. Februar 1955.

Wessels, Theodor, Wirtschaftliche Probleme des Steinkohlenbergbaus in den letzten hundert Jahren, in: Glückauf, Bergmännische Zeitschrift, 1959, S. 893.

Widerstand gegen die Mühlenhilfe, in: Blick durch die Wirtschaft vom 22. April 1967.

Wirtschaft und Statistik, Berlin 1928.

Zurek, Ernst, Marktstruktur und Preisbildung bei Getreide und Getreideerzeugnissen (Forschungsgesellschaft für Agrarpolitik und Agrarsoziologie, Heft 163), Bonn 1966.

NAMENVERZEICHNIS

STICHWORTVERZEICHNIS

VERÖFFENTLICHUNGEN DES FORSCHUNGSINSTITUTS FÜR WIRTSCHAFTSPOLITIK AN DER UNIVERSITÄT MAINZ

1. **Falsch und richtig planen.** Eine kritische Studie über die deutsche Wirtschaftslenkung im zweiten Weltkrieg. Von *Erich Welter.*

2. **Schiene und Straße.** Das Ordnungsproblem im Güterverkehr zu Lande. Von *Walter Hamm.*

3. **Patient — Arzt — Kasse.** Eine wirtschaftliche Betrachtung über Krankheit und Gesundheit. Von *Werner Bosch.*

4. **Die Saarfrage.** Eine wirtschaftliche Analyse. Von *Werner Bosch.*

5. **Investitionslenkung.** Möglichkeiten und Grenzen staatlicher Eingriffe in den Aufbau der Produktion. Von *Ernst-Günter Vetter.*

6. **Kollektivmonopole.** Die Rolle der Kartelle in der Volkswirtschaft. Von *Werner Fricke.*

7. **Die Drucksache.** Ein Beitrag zur Tarifpolitik der Deutschen Bundespost. Von *Werner Fricke.*

8. **Marktwirtschaft — Befehlswirtschaft.** Ein Vergleich der Wirtschaftsordnung in West- und Mitteldeutschland. Von *Werner Bosch.*

9. **Kollektiveigentum.** Die Rolle öffentlicher Unternehmen in der Marktwirtschaft. Von *Walter Hamm*

10. **Der Staat als Kunde.** Öffentliche Aufträge in der Wettbewerbsordnung. Von *Erich Welter.*

11. **Konstruktions- und Entwicklungsaufträge.** Ein Beitrag zur Beschaffungspolitik der öffentlichen Hand. Von *Armin Gutowski.*

12. **Der Kostenpreis bei öffentlichen Aufträgen.** Eine wirtschafts-wissenschaftliche Analyse. Von *Helmut Diederich.*

13. **Zentralisierung und Dezentralisierung des öffentlichen Einkaufs.** Grundfragen der Organisation des Beschaffungswesen. Von *Werner Fricke.*

14. **Die Ausschreibung.** Organisierte Konkurrenz um öffentliche Aufträge. Von *Otto Gandenberger.*

15. **Wirtschaftliche Weinbaupolitik.** Ein Beispiel angewandter Agrarwirtschaftslehre und Außenhandelstheorie. Von *Armin Gutowski.*

16. **Was ist ein Unternehmen?** Volkswirtschaftliche Überlegungen zum Gesetz gegen Wettbewerbsbeschränkungen. Von *Otto Gandenberger.*

17. **Preise als verkehrspolitisches Ordnungsinstrument.** Von *Walter Hamm.*

18. **Die gemeinwirtschaftlichen Grundsätze in der Tarifpolitik der Deutschen Bundespost.** Ein Beitrag zum Thema staatliche Interventionen im Verkehrswesen. Von *German Wegmann.*

19. **Vermögensstreuung.** Eine Betrachtung über Grundlagen der Vermögenspolitik. Von *Werner Bosch.*

20. **Der Konsument und seine Vertretung.** Eine Studie über Verbraucherverbände. Von *Christa von Braunschweig.*

21. **Verkehrspolitik in der SBZ.** Von *Horst Demmler.*

22. **Branchenbesonderheiten.** Falsche und richtige wirtschaftspolitische Argumente. Von *Hans H. Scheib.*

23. **Verkehrswissenschaft.** Von *A. F. Napp-Zinn.*

24. **Das Finanzmonopol.** Fiskalische und außerfiskalische Wirkungen im Vergleich zur Verbrauchssteuer. Von *Otto Gandenberger.*

25. **Konjunkturpolitik mit Fernmeldeinvestitionen?** Stabilitätspolitische Forderungen und betriebliche Möglichkeiten. Von *Horst Schwedes.*

Die Bände 1 bis 24 sind im Verlag Quelle & Meier, Heidelberg, erschienen. Ab Band 25 erscheint die Schriftenreihe im Verlag Duncker & Humblot, Berlin.